高等职业教育教学改革融合创新型教材·金融类

保险原理与实务

（第三版）

沈立君　莫嘉玲　主编

BAOXIAN YUANLI YU SHIWU

东北财经大学出版社
Dongbei University of Finance & Economics Press
大连

图书在版编目（CIP）数据

保险原理与实务 / 沈立君，莫嘉玲主编. —3版. —大连：东北财经大学出版社，2024.7
（高等职业教育教学改革融合创新型教材 · 金融类）
ISBN 978-7-5654-5267-3

Ⅰ. 保… Ⅱ. ①沈… ②莫… Ⅲ. 保险学 Ⅳ. F840

中国国家版本馆CIP数据核字（2024）第101707号

东北财经大学出版社出版
（大连市黑石礁尖山街217号 邮政编码 116025）
网 址：http://www.dufep.cn
读者信箱：dufep@dufe.edu.cn

大连日升彩色印刷有限公司印刷 东北财经大学出版社发行

幅面尺寸：185mm×260mm 字数：349千字 印张：16
2024年7月第3版 2024年7月第1次印刷

责任编辑：李丽娟 韩敌非 责任校对：那 欣
封面设计：原 皓 版式设计：原 皓

定价：45.00元

教学支持 售后服务 联系电话：（0411）84710309

如有印装质量问题，请联系营销部：（0411）84710711

第三版前言

保险学是理论性与实践性都很强的一门学科，保险原理与实务（或保险实务）是高等职业教育金融类专业必修的一门课程。因此，一本理论与实践兼备，且适用于高职教育的保险专业教材，是众多从事高职保险专业教育工作者开展教学活动的重要抓手。

本教材秉持“基于工作过程”的设计理念，根据工作岗位的能力要求来编排教材内容，体例新颖，案例丰富，时效性强，体现了“互联网+”的鲜明时代特征；理论适度，更注重于培养学生将知识运用到实践中的能力，体现了职业教育的特点。具体来说，本教材有以下几个特点：

1. 采用项目-任务体例编写。本教材的编写基于“保险经纪人”这一工作岗位，根据保险经纪人岗位的工作流程，采用项目化及任务驱动的体例来构建教材的整体框架，以民营企业主张先生寻求保险理财顾问帮助的情境作为教材的情境，安排了八个项目，充分展现保险经纪人的工作内容。

2. 具有明显的时代特征。本教材紧跟保险行业发展趋势和行业人才需求，收集了大量保险领域的新资讯，尤其是加入了有关互联网保险、保险科技的介绍，同时在实战演练环节引入互联网保险资源，而且增加了微课、视频等数字化资源，让学生能够利用互联网技术学习保险知识和技能，缩短学生与保险实际工作岗位的距离。

3. 紧密联系《中华人民共和国保险法》等法律法规。本教材突出《中华人民共和国保险法》的重要地位，体现其最新修订的内容，强化学生的守法意识和契约精神。

4. 融入课程思政内容。在教材内容中，有机融入课程思政内容，并通过每个项目学习目标中的“素养目标”，对其进行提炼和总结，贯彻正确的政治方向和价值导向，体现习近平新时代中国特色社会主义思想和中华民族风格，融合专业知识和与思政相关的现实问题，引发学生思考，引导学生树立正确的价值观，打造专业知识与德育功能相结合的新型教材。

本次修订更新了部分数据、案例和阅读材料，增加了有关互联网保险、人工智能等科技手段在保险业的运用等内容以及相关图表，以增强教材的时效性和可读性。

本教材由广西金融职业技术学院沈立君担任第一主编，南宁职业技术大学莫嘉玲担任第二主编。本教材具体编写分工为：沈立君编写项目一、项目二、项目五及负责教材定稿，广西金融职业技术学院黎秋华编写项目三，莫嘉玲编写项目四、项目七、项目八，广西金融职业技术学院韦汉四编写项目六，广西金融职业技术学院廖玲玲参与编写项目四。本教材的编者均具有丰富的保险行业从业经历和高职教育教学经历，大部分为“双师型”教师。本教材在编写过程中融入了编者多年的教学经验和工作实践经验，同时也参考了众多保险教材和专著。此外，阳光财产保险股份有限公司广西分公司黄锦华总监、泰康人寿保险南宁营销本部陈攀总监、中国平安财产保险广西分公司张笛经理、广西保险行业协会植丹希主任等几位行业内人士在本教材编写过程中给予了宝贵的建议。在此谨向这些作者及行业人士表示诚挚的敬意和感谢！

本教材可供高等职业院校金融服务与管理、保险实务、财富管理等金融类专业以及其他财经商贸专业的学生使用，教师在教学时可根据专业及学生特点对教材内容有所侧重地讲述。同时，本教材也可供保险行业内人士或对保险感兴趣的人士阅读参考。

虽然编者尽最大努力提高教材质量，但由于水平有限，书中难免有疏漏或不足之处，恳请读者批评指正。

编　者

2024年4月

目录

数字化资源目录

项目七　认识保险合同

项目八　保险理赔

项目一 风险管理

学习目标

知识目标：

1. 了解风险的定义和特征；
2. 熟悉风险的构成要素和种类；
3. 掌握风险管理的含义、程序、目标和方法。

技能目标：

1. 能根据情境为企业和家庭识别风险；
2. 能根据情境为企业和家庭选择适合的风险管理方法。

素养目标：

强化居安思危的观念，筑牢风险防范意识，在日常生活中能及时发现风险隐患并管控风险，最大限度减轻风险事故对人民群众生命和财产的损害。

情境导入

张先生今年40岁，5年前他创办了一家名为“家乐”的食品加工厂。工厂位于南方某省的一个沿海城市，主要生产水果加工产品，产品主要销往国内，还有一部分销往东南亚国家。近年来，由于气候异常，极端天气频发，地处沿海城市的“家乐”食品加工厂经常遭受台风侵扰，企业的生产经营受到不利影响。加上近年来我国经济增速放缓，经济下行压力增大，很多小微企业生存困难，面临更大的竞争压力。在这样的经济环境下，“家乐”食品加工厂也感受到日益加剧的经营风险。

从家庭情况来看，张先生目前正处在“上有老下有小”的人生责任最重大的时期。张先生的太太王艳，35岁，是全职太太；儿子张小宝，今年7岁，刚上小学一年级；张先生还需要赡养两位老人。张先生一家目前拥有一套商品房、一辆奥迪轿车，商品房仍有贷款尚未还清。

作为私营企业主和家庭经济支柱的张先生感到压力很大，也深刻地体会到风险管理的重要性。在朋友的介绍下，张先生找到某保险经纪公司寻求帮助，希望保险能帮助他解决部分问题。

任务一　识别风险

一、风险的含义

风险是指某种事件发生的不确定性。从广义上讲，只要某一事件的发生存在两种或两种以上的可能性，就认为该事件存在风险。在保险理论与实务中，风险一般仅指损失的不确定性。

二、风险的构成要素

一般认为，风险由风险因素、风险事故和损失三个要素构成。

（一）风险因素

风险因素是指促使某一特定风险事故发生或扩大其损失程度的原因或条件。例如，对于建筑物而言，风险因素有建筑材料的质量、建筑设计的科学性、建筑结构的稳定性等；对于人而言，风险因素有健康状况、年龄、生活习惯等。

根据风险因素的性质不同，通常将其分为有形风险因素和无形风险因素两种类型。

（1）有形风险因素。有形风险因素也称实质风险因素，是指某一标的本身所具有的增加风险事故发生概率或加重损失程度的因素。一个人的健康状况、某一建筑物所处的地理位置、地壳的异常变化、恶劣的气候等都属于实质风险因素。对于这类风险因素，人类有些时候可以在一定程度上加以控制，但大多时候还是无能为力的。在保险实务中，由实质风险因素所引起的损失风险，大多属于保险责任范围。

（2）无形风险因素。无形风险因素是与人的心理或行为有关的风险因素，包括道德风险因素和心理风险因素。道德风险因素是与人的品德有关的因素，即由于人们不诚实、不正直或有不轨企图，故意促使风险事故发生的因素，如投保人或被保险人的欺诈、纵火、故意制造保险事故等都属于道德风险因素。在保险实务中，对于投保人或被保险人的道德风险因素引起的损失，保险人不承担赔偿或给付责任。心理风险因素是与人的心理状态有关的因素，即由于人们疏忽、过失以及主观上不注意、不关心、心存侥幸、注意力不集中，导致发生风险事故的因素。例如，吸烟后随意丢弃烟头引发火灾、出门忘记关门关窗导致家庭财物被盗等都属于心理风险因素引发的事故。

教学互动 1-1

造成车祸的主要原因有天气原因（比如大雾）、路况不好、司机注意力不集中、司机故意撞人等，请分析以上造成车祸的原因分别属于哪一种风险因素。

（二）风险事故

风险事故是指造成人身伤害或财产损失的偶发事件，是损失的媒介物，即风险只有通过风险事故的发生才能导致损失。例如，汽车刹车失灵造成车祸而导致车毁人亡，其中刹车失灵是风险因素，车祸是风险事故，如果仅有刹车失灵而没有车祸发生，就不会造成人员伤亡和车辆的损失。

（三）损失

在风险管理中，损失是指非故意的、非预期的、非计划的经济价值的减少，即经济损失，一般有丧失所有权、丧失预期利益、支出费用和承担责任等形式表现，而精神损失、政治迫害、折旧等行为的结果一般不能视为损失。

在保险实务中，通常将损失分为两种：直接损失和间接损失。直接损失是指风险事故导致的财产本身损失和人身伤害，这类损失又可称为实质损失；间接损失则是指由直接损失引起的其他损失，包括额外费用损失、收入损失和责任损失等。

从风险因素、风险事故与损失三者之间的关系来看，风险因素引发风险事故，而风险事故导致损失。也就是说，风险因素的存在不一定导致风险事故的发生，风险因素是风险事故发生的潜在原因，是造成损失的间接原因，而风险事故是造成损失的直接的或外在的原因，风险因素、风险事故与损失之间的关系如图 1-1 所示。

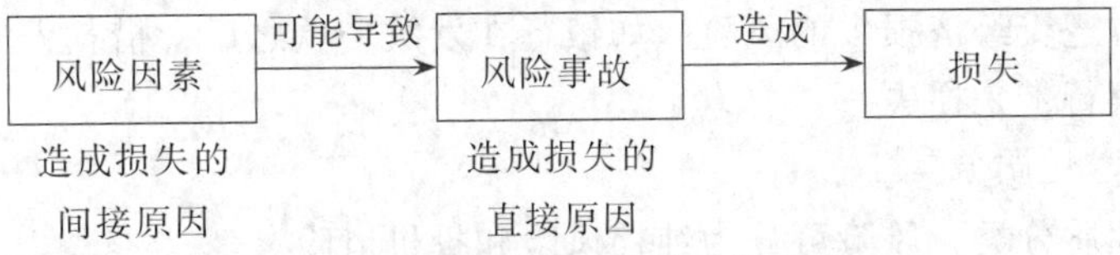

图1-1 风险因素、风险事故与损失关系图

三、风险的种类

（一）按风险产生的原因分类

依据风险产生的原因分类，风险可分为自然风险、社会风险、政治风险、经济风险和技术风险。

（1）自然风险。自然风险是指由于自然力的不规则变化使社会生产和生活遭受威胁的风险，如地震、洪水、风灾、旱灾、虫灾等。在各类风险中，自然风险是保险人承保最多的风险。自然风险的形成具有周期性，且一般不可控，自然风险事故涉及的对象往往很广。

（2）社会风险。社会风险是指由于个人或团体的行为使社会生产和生活遭受损失的风险，如盗窃、抢劫、故意破坏等行为对他人财产造成损失或人身造成伤害。

（3）政治风险。政治风险又称为国家风险，是指在对外投资和贸易过程中，因政治原因或订约双方所不能控制的原因，例如进口国发生战乱、实施外汇管制、变更外贸法令等，致使债权人可能遭受损失的风险。

（4）经济风险。经济风险是指在生产经营活动中由于市场供求关系、经济贸易条件等因素变化的影响或经营决策失误、对前景预期出现偏差等导致经营失败的风险。

（5）技术风险。技术风险是指由于科学技术的发展、生产方式的改变而产生的威胁人们生产和生活的风险，如核辐射、环境污染等。

（二）按风险标的分类

依据风险标的，即风险事故侵害的对象来分类，风险可分为财产风险、人身风险、责任风险与信用风险。

（1）财产风险。财产风险是指导致一切有形财产的损毁、灭失或贬值的风险以及经济的或金钱上损失的风险。如工厂的厂房、机器设备等会遭受火灾、爆炸、台风、地震等风险；车辆在行驶过程中，可能遭受碰撞、自然灾害等风险。财产损失通常包括财产的直接损失和间接损失两个方面。

（2）人身风险。人身风险是指导致人的伤残、死亡、丧失劳动能力以及增加医疗费用支出的风险，即人的生、老、病、死、残。人身风险所致的损失一般有额外费用损失和收入能力损失。

（3）责任风险。责任风险是指由于个人或团体的疏忽或过失行为，造成他人财产损失或人身伤亡，依照法律、契约或道义应承担民事法律责任的风险。责任风险中所说的责任包括民事责任、刑事责任和行政责任，但保险人所承保的责任风险仅限于民事损害赔偿责任。例如，由于产品设计或制造上的缺陷所致消费者的财产损失或人身伤害，产品的设计者、制造者和销售者依法要承担经济赔偿责任。

（4）信用风险。信用风险是指在经济交往中，权利人与义务人之间，由于一方违约或违法致使对方遭受经济损失的风险。如银行在发放贷款之后，借款人未能按时偿还所借款项就会给银行带来损失。

（三）按风险性质分类

依据风险性质分类，风险可分为纯粹风险和投机风险。

（1）纯粹风险。纯粹风险是指只有损失机会而无获利可能的风险。例如火灾或车祸发生时，往往只会导致财产的损失或人身伤害。

（2）投机风险。投机风险是指既有损失机会又有获利可能的风险。投机风险的后果一般有三种：一是无损失，二是有损失，三是盈利。股票投资和赌博就属于投机风险。

在保险实务中，保险人承保的风险必须是没有获利可能的纯粹风险。

（四）按风险产生的社会环境分类

依据风险产生的社会环境分类，风险可分为静态风险和动态风险。

（1）静态风险。静态风险是指在社会经济正常的情况下，由于自然力的不规则变化或人们的过失行为所致损失的风险。例如洪水、台风、地震等自然灾害以及火灾、爆炸等意外事故。

（2）动态风险。动态风险是指由于社会经济、政治、技术以及组织等方面发生变动所致损失的风险。例如人口增长、资本增加、生产技术的改进、消费者爱好的变化等。

（五）按产生风险的行为分类

依据产生风险的行为分类，风险可分为基本风险和特定风险。

（1）基本风险。基本风险是指由非个人行为引起的风险，它对整个团体乃至社会产生影响，而且是个人无法预防的风险，如洪水、地震、经济衰退等。

（2）特定风险。特定风险是指由个人行为引起的风险，它只与特定的个人或部门相关，而不影响整个团体和社会，如火灾、爆炸、盗窃等，此类风险一般较易为人们所控制和防范。

案例分析 1-1

2008年"5·12"汶川地震

案例：2008年5月12日14时27分59.5秒，四川省阿坝藏族羌族自治州汶川县发生里氏8.0级地震，造成69 227人遇难，374 643人受伤，17 923人失踪。震中位于汶川县映秀镇与漩口镇交界处、成都市西北偏西方向79千米处。地震造成的直接经济损失为8 452亿元人民币，四川损失最严重，占总损失的91.3%，甘肃占总损失的5.8%，陕西占总损失的2.9%。

资料来源：根据百度百科相关资料整理。

问题：根据不同的风险分类标准划分，地震属于哪一种风险？

分析：根据风险的性质分类，地震属于纯粹风险；根据风险产生的原因，地震属于自然风险；根据风险产生的社会环境分类，地震属于静态风险；根据产生风险的行为分类，地震属于基本风险。

四、风险的特征

（一）风险的客观性

风险是一种不以人的意志为转移，独立于人的意识之外的客观存在。人们只能在一定的时间和空间内改变风险存在和发生的条件，降低风险发生的概率和损失程度，但是，从总体上说，风险是不可能彻底消除的。风险的客观存在，决定了保险活动或保险制度存在的必要性。

（二）风险的普遍性

人类的历史就是与各种风险相伴的历史。人类自从出现后，就面临着各种各样的风险，科学技术的发展和生产方式的改变又带来了新的风险，且风险事故造成的损失也越来越大。可以说，风险存在于社会、企业、个人生活的方方面面，风险无处不在，无时不有。正是这些普遍存在的，对人类社会生产和生活构成威胁的风险，才有了保险存在的必要和发展的可能。

（三）风险的不确定性

风险的不确定性体现在三个方面。首先，风险是否发生不确定。就个体风险而言，其是否发生是偶然的，是一种随机现象，具有不确定性，但在总体上，风险的发生往往呈现出明显的规律性，具有一定的必然性。其次，风险发生的时间不确定，有些风险是必然要发生的，但何时发生是不确定的，例如人的死亡。最后，风险产生的结果不确定，即损失程度的不确定性。

微课1

风险的特征

（四）风险的可测定性

个别风险的发生是偶然的、不可预知的，但观察大量风险事故可以发现，其往往呈现出明显的规律性。根据以往大量的资料，利用概率论和数理统计的方法可以测算出风险事故发生的概率及其损失程度，并且可构造出损失分布的模型，以作为风险估测的基础。风险的可测定性使保险人根据风险事故发生的概率和损失程度来厘定保险费率成为可能。

（五）风险的发展性

人类推动社会进步和发展的同时，也创造和发展了风险，例如原子能的利用、核电站的建立，带来了核污染及核爆炸的巨大风险。因此，风险会因时间、空间因素的变化而不断发展变化。

任务二　选择风险管理方法

一、风险管理的含义与演变

（一）风险管理的含义

风险管理是社会组织或个人用以降低风险的消极结果的决策过程，通过风险识别、风险估测、风险评价，以及在此基础上选择与优化各种风险管理技术，对风险实施有效控制和妥善处理风险所致损失的后果，从而以最小的成本获得最大的安全保障。

（二）风险管理的演变

阅读材料1-1

"保险+期货"已成为不可或缺的农业风险管理模式

风险管理作为一种处理风险的活动，一直以来就在发挥着作用，只不过采取的形式不尽相同。在风险管理演变过程中，最普遍的风险管理形式是向保险公司购买保险。20世纪60年代开始，国际上一些较大的组织开始减少对购买保险这一传统风险管理形式的依赖，在自我承担风险的同时，积极主动地实施一些有效的防范措施，使风险管理功能得以扩展，风险管理得到更广泛的承认。20世纪90年代，风险管理继续发生变革，突出的变化是购买保险开始与其他风险管理组织行为相融合，如安全工程、法律风险管理、信息系统安全等。进入21世纪，巨灾风险事故频发，使许多国家政府介入了风险管理领域，而近年来区域性甚至国际性的巨灾风险事故频发又促使很多国际性机构、组织、保险公司间更加紧密地联合，共同建立巨灾信息的支持体系和重大危机、公共突发事件的预警和应急处理机制。这一不断发展的演变过程使风险管理的内涵越来越丰富。

二、风险管理的目标与程序

（一）风险管理的目标

风险管理的基本目标是以最小的成本获得最大的安全保障，风险管理的具体目标可以分为损失前目标和损失后目标。损失前目标是指通过风险管理降低风险事故发生的机会，以经济、合理的方法预防损失的发生。损失后目标是指通过风险管理在损失出现后及时采取措施，减轻损失的危害程度，及时提供经济补偿，使企业和家庭尽早恢复正常的生产和生活秩序。损失发生前和损失发生后的风险管理目标的有效结合，构成了完整而系统的风险管理目标。

（二）风险管理的程序

风险管理的基本程序分为风险识别、风险估测、风险评价、选择风险管理方法和评估风险管理效果五个环节。风险管理的工作流程如图 1-2 所示。

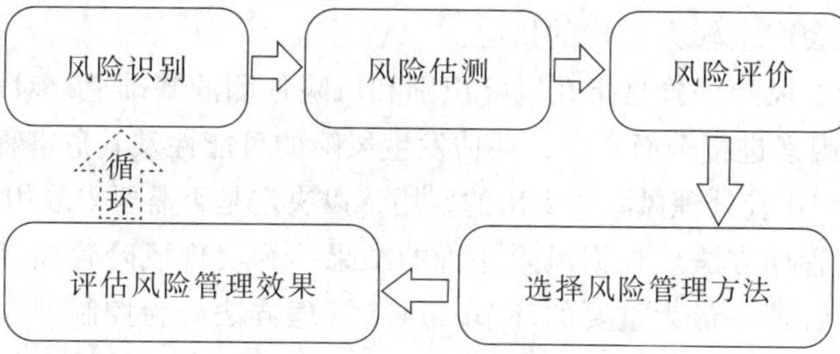

图1-2 风险管理的工作流程

（1）风险识别。风险识别是风险管理的第一步，主要包括感知风险和分析风险两方面内容。风险识别是指对企业、家庭或个人面临的和潜在的风险加以判断、归类以及对风险性质进行鉴定的过程。

知识拓展 1-1　识别风险的常用方法

识别风险的方法主要有以下几种：

（1）流程图分析法，将企业从投入到产出，直至产品销售到客户手中的整个流程绘制出来，通过对企业生产流程的各个环节进行调查分析，发现潜在的风险因素。

（2）财务报表分析法，即借助企业或单位的资产负债表、利润表、财产目录和其他财务报表，以及企业的固定资产和流动资产的分布及经营状况，分析企业主要财产面临的风险，同时通过分析各项财务指标的变化，识别企业在财务方面存在的风险。

（3）专家咨询法，是指设定条件征询专家意见，收回整理后反馈给专家，再收回整理，多次重复后得出结果的分析方法。

（4）现场检查法，即通过现场考察企业的设备、财产及生产流程等情况，发现潜在的风险。

各种风险识别的方法都有其自身的特点，风险管理者可以根据企业的性质、规模和技术条件，以及自身的特长，选择某种方法或几种方法的组合来进行风险识别工作。

（2）风险估测。风险估测是在风险识别的基础上，通过对所收集的大量资料进行分析，利用概率统计理论，估计和预测风险发生概率和损失程度。风险估测不仅使风险管理建立在科学的基础上，而且使风险分析定量化，为风险管理者进行风险决策、选择最佳管理方法提供了科学依据。风险估测的内容包括估测损失频率和损失程度两个方面。损失频率是指一定时期内损失可能发生的次数，而损失程度是指损失金额的大小。

风险估测需要对风险进行重要程度的排序，按照风险对企业生产经营的影响程度不同，将风险分为三类：一是致命风险，是指那些一旦发生将导致企业破产的风险；二是重要风险，是指那些虽不会导致企业破产，但对企业生产经营产生重大影响，使企业必须大量举债或者经过较长时间才能恢复正常生产经营的风险；三是一般风险，是指那些对企业生产经营不会产生较大影响的风险。

（3）风险评价。风险评价是指在风险识别和风险估测的基础上，对风险发生的概率、损失程度等方面的因素进行全面考虑，评估发生风险的可能性及其危害程度，通过对风险的定性、定量分析和比较处理风险所支出的费用，以决定是否需要采取相应的措施。

（4）选择风险管理方法。根据风险评价的结果，为实现风险管理目标，选择最佳风险管理方法是风险管理中最为重要的环节。风险管理方法分为控制型和财务型两类。控制型风险管理方法是降低损失概率和减轻损失程度，重点在于改变引起风险事故的各种条件；财务型风险管理方法是对无法控制的风险进行财务上的安排。

（5）评估风险管理效果。评估风险管理效果是指对风险管理技术适用性及成本等方面的情况进行分析、检查、修正和评估，在实务中一般要考虑是否以最小的成本获得了最大安全保障，风险管理与整体管理目标是否一致，是否具有具体实施的可行性、可操作性和有效性等问题。

三、风险管理方法

风险管理方法可分为控制型和财务型两大类。

（一）控制型风险管理方法

控制型风险管理方法的实质是在风险分析的基础上，针对企业所存在的风险因素采取控制技术以降低风险事故发生的频率和减轻损失程度，重点在于改变引起自然灾害、意外事故和扩大损失的各种条件。控制型风险管理方法主要包括：

1. 风险回避

风险回避是指设法避免损失发生的可能性，即采取主动放弃或改变该项活动的方式来回避风险。它是一种最彻底、最简单的方法，但也是一种消极的方法，因为主动放弃一项可能引致风险的活动，有时也意味着丧失利润，且有些风险回避的方法通常会受到限制而不具备可行性。例如，有人为了避免飞机失事造成死亡或残疾的风险而选择不坐飞机，但选择火车、汽车、轮船等其他的交通工具也存在着相应的风险；企业开发新产品、新工艺肯定会面临失败的风险，但如果为了回避这些风险而不开发新产品、新工艺，也就意味着企业放弃了新产品开发可能带来的巨额利润。因此，回避风险的方法一般在某种特定风险所致损失频率和损失程度相当高或处理风险的成本大于其产生的效益时采用。

2. 风险控制

风险控制是指在风险事故发生之前、发生时及发生后，采取有效的措施消除或减少可能引起损失的各种因素、减少损失程度的风险处理方法，主要包括损失预防和损失抑制两种。

（1）损失预防。损失预防是指在风险事故发生前，为了消除或减少可能引起损失的各种因素而采取的处理风险的具体措施，其目的在于通过消除或减少风险因素而降低损失发生的频率，即“防患于未然”。例如，对驾驶人员加强交通安全教育，交通事故发生的概率会有所降低。

（2）损失抑制。损失抑制是指在损失发生时或损失发生之后为降低损失程度而采取的各项措施，它是处理风险的有效方法。

教学互动 1-2

企业为了应对火灾风险，采取了加强管理，严禁烟火，在厂房和库房安装灭火器、自动喷淋设备等措施。请问，以上措施分别属于哪一种风险管理方法？

（二）财务型风险管理方法

由于受多种因素的制约，人们防范风险的各项措施都具有一定的局限性，很多时候风险事故造成的损失是不可避免的。财务型风险管理方法是以提供基金的方式，通过事故发生前的财务安排，为恢复企业生产经营、维持人们正常生活提供财务支持。财务型风险管理方法主要包括自留风险和转移风险。

1. 自留风险

自留风险是指对风险的自我承担，即企业、单位或个人自己承受风险损害后果。自留风险有主动自留和被动自留之分。通常在风险所致损失频率和程度低、损失在短期内可以预测以及最大损失不影响企业或单位财务稳定时可以采用自留风险的方法。自留风险的成本低，方便有效，但有时会因为风险单位数量或自我承受能力的限制，而无法实现其处理风险的效果。

2. 转移风险

转移风险是指一些单位或个人为避免承担损失，而有意识地将损失或与损失有关的财务后果转嫁给另一些单位或个人，主要包括非保险转移方式和保险转移方式。

（1）非保险转移

① 通过合同转移风险。合同转移是通过协议或合同将自己面临的损失风险的法律责任或财务后果转移给其他个人或组织（非保险公司）承担的一种方式。例如销售、建筑、运输合同及其他类似合同的免责规定和赔偿条款等。

② 通过金融衍生工具进行套期保值。传统的风险管理主要针对纯粹风险（只有可能带来损失的风险，如自然灾害等），但从20世纪末开始，风险管理越来越多地涉及金融风险管理，利用期权、期货、远期与互换等金融衍生工具将价格波动的方向转移到资本市场上，从而扩大了风险转移的范围。

（2）保险转移

保险转移是指风险管理单位或个人通过投保，将风险转移给保险公司，保险公司则在合同规定的责任范围内承担补偿或给付责任。保险并没有改变企业或个人所面临的风险，只是通过保险公司聚集所有投保人缴纳的保费建立的保险基金，来补偿一部分发生风险事故的被保险人的经济损失。

阅读材料 1-2

风险管理的历史与发展

对于企业和个人来说，通过缴纳保险费，其可以将自身面临的风险转移给保险公司，以较小的成本支出来解决未来不确定的大额损失。保险作为风险转移方式之一，有很多的优越之处，是进行风险管理最有效的方法之一。

近年来，巨灾风险频发，保险虽是风险管理的有效方法，但保障能力有限。因此，世界各国政府都开始纷纷介入巨灾风险保障领域，保险开始逐渐与其他风险管理技术融合，在巨灾风险管理上不断创新和发展。

教学互动 1-3

分析我国在新冠肺炎疫情中采取的各项防控措施，判断这些措施属于哪一种类型的风险管理方法。

知识拓展 1-2 **风险管理方法的适用情况**

不同的风险类型宜采用不同的风险管理方法，一般规则见表 1-1。

表 1-1 不同风险类型对应不同的风险管理方法

损失概率	损失程度	其他条件	风险管理方法
高	高	处理风险的成本大于收益，且无法转嫁	避免
高	高	风险可以转嫁	转移
低	低	最大损失也不影响财务稳定	自留
高	低	—	预防或抑制
低	高	—	抑制或转移

四、风险管理与保险的关系

风险需要管理，在风险管理中，对不同的风险有着不同的处理方法，而保险是其中的一种有效的转移风险的管理方法，因此，风险管理与保险有着密切的关系。

（一）风险与保险的关系

风险是保险产生和存在的前提，无风险则无保险。风险是客观存在的，时时处处威胁着人们的生产生活，人们也因此产生了对损失进行补偿的需要，从而产生了保险这一行业。随着社会进步和科技发展，新的风险不断涌现，对保险提出了新的要求，促使保险业不断设计出新的险种，风险的发展和变化促进了保险业的发展。

（二）风险管理与保险的关系

（1）风险管理和保险都以风险为研究对象。保险管理的风险是特定的，即保险将满足其承保条件的可保风险作为管理对象，而风险管理所管理的风险要比保险的范围更广泛，其处理风险的手段也比保险要多。

（2）风险管理和保险的科学基础相同。风险管理和保险都是将大数法则、概率论、数理统计等数学原理作为其分析的基础和方法，风险管理和保险都需要预测风险事故发生的概率和损失程度，利用大数法则将个别风险单位遭受损失的不确定性，变成多数风险单位可以预知的损失，使风险管理工作更有效，使保险费的计算更科学。

（3）保险是风险管理的有效措施。与其他风险管理技术相比，保险具有经济、安全的特点，通过保险，企业、单位或个人以小额的固定保费支出获得了巨额的风险保障，保险是最有效的风险管理方法之一。

（4）保险经营效益受风险管理技术的制约。保险经营效益受到多种因素的制约，风险管理技术是其中非常重要的一个因素。保险公司在经营过程中，需要对风险事故发生的概率和损失程度做出预测，以此作为保险产品定价的基础，风险管理技术直接影响着保险公司定价的准确性。另外，防灾防损是保险公司重要的经营环节，通过防灾防损可以降低事故发生的概率，降低损失程度，减少赔款支出。

可以说，保险与风险管理之间是相互促进、相互制约的关系。

项目小结

1. 风险是指损失的不确定性，由三个要素构成：风险因素、风险事故和损失，风险因素是造成损失的潜在原因，风险事故则是造成损失的直接原因。风险根据不同的分类标准，可以分为自然风险、社会风险、政治风险、经济风险和技术风险；或财产风险、人身风险、责任风险与信用风险；或纯粹风险、投机风险；或静态风险、动态风险；或基本风险、特定风险。风险具有不确定性、客观性、普遍性、可测定性和发展性的特征。

2. 风险管理的基本程序分为风险识别、风险估测、风险评价、选择风险管理方法和评估风险管理效果五个环节。风险管理的目标具体可分为损失前目标和损失后目标，风险管理的方法包括控制型和财务型两大类，控制型的风险管理技术有风险回避、损失预防和损失抑制三种，财务型的风险管理方法有自留风险和转移风险。保险属于转移风险的方法，是一种有效的风险管理方法。

重点回顾

1. 风险的构成要素及各个构成要素之间的关系。
2. 风险的种类。
3. 风险管理的方法。
4. 风险管理与保险的关系。

基础知识练习

一、单项选择题

1. 风险是指某种事件发生的（　　）。

A. 确定性　　B. 不确定性　　C. 概率　　D. 可能性

2. 下列引起火灾的风险因素中，属于心理风险因素的是（　　）。

A.纵火　B.木质结构　C.天干物燥　D.疏忽防范

3.按照产生风险的行为分类，由非个人行为引起、对整个团体乃至整个社会产生影响，个人无法预防的风险是（　）。

A.基本风险　B.动态风险　C.特定风险　D.经济风险

4.在社会生产和生活中，属于动态风险所导致的损失形式是（　）。

A.洪水所致的损失　B.地震所致的损失

C.由于技术进步所致的损失　D.因意外事故所致的损失和伤害

5.以下属于纯粹风险的是（　）。

A.股票投资　B.重大疾病　C.赌博　D.福利彩票投资

6.风险可分为自然风险、社会风险、政治风险、经济风险和技术风险，分类的依据是（　）。

A.风险的性质　B.风险影响的范围

C.风险发生的概率　D.风险产生的原因

7.通过对所收集的大量资料进行分析，利用概率统计理论，估计和预测风险发生概率和损失程度，这一程序被称为（　）。

A.风险识别　B.风险估测　C.风险评价　D.选择风险管理方法

8.在风险管理中，以下不属于损失的是（　）。

A.丧失所有权　B.支出费用　C.承担责任　D.精神打击

9.下雪之后道路结冰导致路滑，行人摔跤受伤，在这个事例中，（　）是风险事故。

A.下雪　B.结冰　C.受伤　D.摔跤

10.风险无处不在无时不有，体现了风险的（　）。

A.普遍性　B.客观性　C.科学性　D.不确定性

11.风险管理最为重要的环节是（　）。

A.风险识别　B.风险评价　C.风险估测　D.选择风险管理方法

12.保险属于（　）风险管理方法。

A.自留风险　B.损失抑制　C.转移风险　D.损失预防

13.工厂安装自动喷淋设备属于（　）风险管理方法。

A.自留风险　B.损失抑制　C.转移风险　D.损失预防

14.风险是不可能被彻底消除的，这体现了风险的（　）。

A.普遍性　B.客观性　C.可测定性　D.不确定性

15.以下说法中，错误的是（　）。

A.风险管理和保险都以风险为研究对象

B.风险管理和保险的科学基础相同

C.保险是风险管理的有效措施

D.风险管理技术对保险公司的经营没有任何影响

二、多项选择题

1. 无形风险因素包括（　　）。

A. 实质风险因素　B. 道德风险因素　C. 心理风险因素　D. 物质风险因素

2. 按照风险的性质分类，可以把风险分为（　　）。

A. 自然风险　B. 纯粹风险　C. 经济风险　D. 投机风险

3. 以下属于风险的特征的是（　　）。

A. 普遍性　B. 客观性　C. 可测定性　D. 阶段性

4. 以下属于控制型风险管理方法的是（　　）。

A. 自留风险　B. 风险回避　C. 损失预防　D. 损失抑制

5. 以下（　　）属于财务型风险管理方法。

A. 自留风险　B. 风险回避　C. 转移风险　D. 损失抑制

三、简答题

1. 风险的特征有哪些？

2. 简述风险管理的程序。

3. 风险管理的方法有哪些？

实战演练

1. 根据情境资料和提示，识别张先生的“家乐”食品加工厂面临的主要风险，选择其中两种风险，分析适合的风险管理方法，提出具体的风险管理措施。

2. 根据情境资料，识别出张先生的家庭面临的主要风险，选取其中两种风险，分析适合的风险管理方法，提出具体的措施。

3. 根据本项目学到的知识和技能，分析自己的家庭主要面临哪些风险，以及如何管理这些风险。

项目一　练习题参考答案及解析

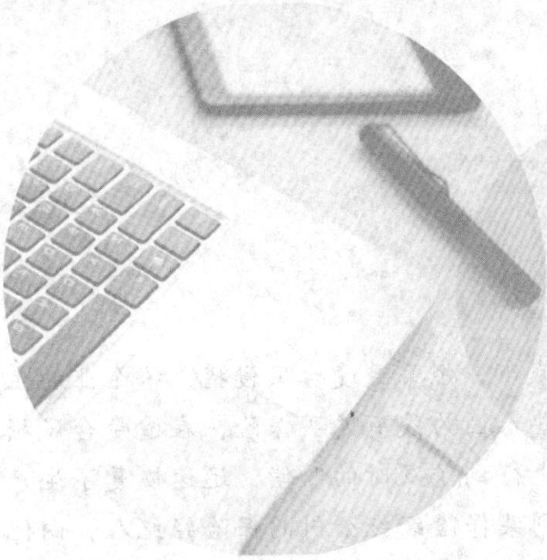

项目二 认识保险

学习目标

知识目标：

1. 掌握保险的定义、要素、特征和分类；
2. 理解保险的意义和功用。

技能目标：

1. 能用准确简练的语言描述保险的本质；
2. 能用一个简短的案例描述保险的功用。

素养目标：

通过本项目的学习，从保险互助的本质，理解团结合作精神的重要性；从保险业在历次大灾难中的表现，感受保险业在社会责任上的担当以及社会主义大家庭的温暖。

情境导入

张先生开办的“家乐”食品加工厂地处沿海城市，经常遭受台风侵扰，给企业的生产经营带来不利影响。张先生发现他的同行中有些人因为没有购买保险，在遭受台风损失之后一蹶不振，而有些人因为购买了保险，损失得到了及时的赔偿，迅速恢复了生产经营。张先生开始意识到保险的作用，于是他找到某保险经纪公司的保险经纪人，向他咨询了如下几个问题：保险是怎样的一种制度？保险具有什么作用？保险经纪人对张先生宣讲了保险观念，让张先生了解保险的意义与功用。张先生深有感触。

任务一　掌握保险的要素、特征与种类

一、保险的定义

保险可以从不同的角度来进行定义。

从风险管理角度来看，保险是一种风险管理的方法。通过保险，投保人将风险转移给保险公司，而保险公司将某一个投保人的风险在全部投保人中间进行分摊。保险可以说是一种非常有效的转移风险的管理方法。

从经济角度来看，保险是一种有效的财务安排。用当前确定的小额支出（保费）应付未来不确定的大额支出，同时，通过保险的赔付使被保险人获得经济保障，可以恢复到受灾以前的状况，快速恢复生产经营，生活水平不至于受到很大的影响。

从法律角度来看，保险是一种合同行为。《中华人民共和国保险法》中是这样定义保险的：保险是指投保人根据合同约定，向保险人支付保险费，保险人对于合同约定的可能发生的事故因其发生所造成的财产损失承担赔偿保险金责任，或者当被保险人死亡、伤残、疾病或者达到合同约定的年龄、期限时，承担给付保险金责任的商业保险行为。可见，我国是从法律角度来定义保险的。

保险有广义和狭义之分。广义的保险，一般包括由国家政府部门经办的社会保险、由专门的保险公司按商业原则经营的商业保险和由被保险人集资合办、体现自保互助精神的合作保险。狭义的保险一般指商业保险。本教材主要介绍商业保险。

二、保险的要素

现代商业保险的要素主要包括五个方面的内容。

（一）可保风险的存在

风险无处不在无时不有，人们在平时生活中面临的风险是多种多样的，但并不是所有的风险都在保险公司的承保范围中。符合保险人承保条件的风险，称为可保风险。一般来说，可保风险应满足以下条件：

（1）风险应当是纯粹风险，即风险一旦发生，便成为现实的风险事故，只有损失的机会，没有获利的可能。

微课 2

可保风险

（2）风险应当使大量标的均有遭受损失的可能性。保险标的数量的充足程度关系到保险人对于风险事故损失概率和损失程度预测的准确程度，也关系到实际损失与预期损失的偏离程度，从而影响保险公司经营的稳定性。换句话说，保险公司愿意承保的风险应该是大多数人面临的风险，也只有针对这种风险推出的保险险种才会受到大众的欢迎。

（3）风险应当有导致重大损失的可能性。只有那些被保险人不愿承担或无力承担的重大损失，才会考虑通过保险去进行风险转移，如果损失很轻微，就没有参加保险的必要。

阅读材料 2-1

明星保险

（4）风险不能使大多数保险标的同时遭受损失。保险这一机制是用多数人交付的小额保险费去赔付少数人遭遇的大额损失，如果发生如洪水、地震、核泄漏等巨灾风险事故，保险人通过收取保险费建立的保险基金根本无法支付庞大的赔款。因此，保险公司在经营中，一方面可以通过再保险的方式转嫁一部分风险；另一方面将部分巨灾风险列入除外责任，以稳定保险公司的经营。

（5）风险应当具有可测性。如果风险发生的概率和损失程度无法测定，保险人就无法制定可靠稳定的保险费率，这将使保险人面临很大的经营风险。

可保风险的基本条件关系到保险公司的稳定经营，但是，随着社会的发展和人们保险需求的变化，保险公司对可保风险的界定在坚持以上基本条件的同时，也应考虑其他因素的影响。

教学互动 2-1

明星保险严格来说并不完全符合可保风险的条件，请思考，保险公司为什么愿意为明星承保高额保险？

（二）风险的集合与分散

保险的经营就是风险的集合与分散的过程。保险人将众多投保人面临的风险集合起来，当发生保险责任范围内的损失时，又将少数人的损失分摊给全部投保人。

（三）保险费率的厘定

保险是一种特殊的商品，保险费是投保人为了获得经济保障而支付的代价，保险费包括纯保费和附加保费，纯保费根据风险事故导致损失的概率进行测算，附加保费用于保险公司的经营。保险费率就是保险这种特殊商品的价格，保险费率的厘定，应以损失率为基础，同时还要考虑利率、成本费用等因素。为保障保险双方当事人的利益，保险费率的厘定要遵循以下基本原则。

（1）公平性原则。一方面，保险人收取的保险费应与其承担的保险责任对等；另一方面，投保人缴纳的保险费应与其保险标的的风险状况相适应。

（2）合理及适度原则。如果保险费率偏低，将导致保险人收取的保险费不足以抵补可能发生的损失，会使保险公司偿付能力不足；如果保险费率偏高，又会影响投保人购买保险的积极性，不利于保险业务的发展。因此，制定合理且适度的保险费率对保险公司的经营来说意义重大。

（3）稳定但保持一定弹性的原则。保险费率在短期内应该是稳定的，这样既有利于保险经营，又有利于投保人续保。但从长期来看，保险费率应根据实际情况做适当的调整。例如，随着医疗卫生条件的改善、人民生活水平的提高，死亡率降低了，人的平均寿命延长了，那么过去厘定的人寿保险费率就需要进行调整以适应新情况。

鉴于保险费率对于保险公司经营的重要性，为防止各保险公司之间在保险费率上的恶性竞争，各国对于保险费率均实行较为严格的监管。

知识拓展 2-1

《中华人民共和国保险法》（以下简称《保险法》）第一百三十五条规定：关系社会公众利益的保险险种、依法实行强制保险的险种和新开发的人寿保险险种等的保险条款和保险费率，应当报国务院保险监督管理机构批准。国务院保险监督管理机构审批时，应当遵循保护社会公众利益和防止不正当竞争的原则。其他保险险种的保险条款和保险费率，应当报保险监督管理机构备案。

（四）保险合同的订立

保险作为一种民事法律关系，其存在的形式是保险合同，保险合同是保险双方当事人履行各自权利与义务的依据。投保人以交纳保费的义务换取了获得保险保障的权利，而保险人获得收取保险费权利的同时必须承担赔付的义务，双方的权利和义务都是相对应的。

（五）保险准备金的建立

保险准备金是指保险人为保证赔付义务的履行，从保费收入或盈余中提取的与其承担的保险责任相对应的一定数量的基金。保险公司提取的各种准备金包括：

（1）未到期责任准备金。未到期责任准备金是指保险公司为保险期限在1年以内（含1年）的保险合同项下尚未到期的保险责任而提取的准备金。

（2）寿险责任准备金。寿险责任准备金是指保险人把投保人历年交纳的保费和利息收入积累起来，为将来可能发生的保险给付和退保给付提取的准备金。

（3）未决赔款准备金。未决赔款准备金是指保险公司为尚未结案的赔案而提取的准备金，包括已发生已报案未决赔款准备金、已发生未报案未决赔款准备金和理赔费用准备金。

（4）总准备金。总准备金是从保险公司的税后利润中提取的，用来满足风险损失超过预期损失部分的责任准备金。

知识拓展 2-2

《保险法》第九十八条规定：保险公司应当根据保障被保险人利益、保证偿付能力的原则，提取各项责任准备金。保险公司提取和结转责任准备金的具体办法，由国务院保险监督管理机构制定。

三、保险的特征

（一）互助性

保险通过保险人用多数投保人交纳的保险费建立的保险基金对少数遭受损失的被保险人进行赔偿或给付，体现出“我为人人，人人为我”的互助特性。

（二）法律性

保险是一种合同行为，保险双方当事人通过订立保险合同约定双方的权利和义务，这种关系受到法律的保护和约束。

（三）经济性

保险的赔偿或给付一般都是以支付货币的形式来进行的。通过保险赔付，被保险人获得了经济上的保障，企业可以迅速恢复生产经营，个人和家庭也不会因为风险事故的发生而使得生活水平大幅降低，保障了社会生产的正常进行和人们生活的安定，这些都体现了保险的经济性。

（四）商品性

保险的保障不同于慈善，也不同于救济，它体现的是对价交换的经济关系，投保人要获得保险的保障，必须以支付保险费作为代价，保险是一种特殊的商品。

（五）科学性

保险是一种有效的风险管理措施，现代保险经营以概率论和大数法则等数理统计理论为基础，保险费率的厘定、保险准备金的提存都是以科学的数理计算为依据的。

四、保险与相似制度的比较

（一）保险与赌博

从表面上看，保险与赌博具有不少相似之处，比如说二者都是以随机事件为基础，都存在以较小的支出获得较大回报的可能，即“以小博大”。世界范围内发生的保险欺诈行为，其产生的根源往往就是与保险的这一特征有关。虽有共同点，但二者存在本质区别：

（1）目的不同。买保险的人属于风险厌恶者，其参加保险谋求的是经济生活的安定，使生产生活不会因为风险事故的发生而受到较大的影响。参与赌博的人属于风险爱好者，赌博的目的是获取暴利。

（2）机制不同。保险能够转移风险，达到互助共济的效果，使风险损失在被保险人之间分摊，从而实现对风险的管理。而赌博主动创造风险，产生了一种新的投机风险。

（3）社会后果不同。保险是受国家鼓励和支持的事业，保险合同受国家法律保护，参与保险对社会生产生活意义重大。赌博则会给家庭和社会带来不安定因素，甚至引发刑事犯罪，除了部分国家和地区经特许设有经营性赌场外，一般都明令禁止赌博。

（二）保险与救济

救济分为政府救济和社会救济，保险和救济都是补偿灾害事故损失的行为，它们的目的都是使社会生产生活恢复正常、保持稳定。两者的区别主要体现在以下几个方面：

（1）提供保障的主体和保障对象不同。保险保障是由保险公司提供的，是一种商业行为，保障对象是保险合同约定的被保险人，保障对象明确。救济的提供者有政府、单位和个人，救济对象往往不确定，而且十分广泛。

（2）权利和义务不同。保险是一种合同行为，保险双方当事人都有各自的权利和义务，对投保人来说，要想获得保险保障，必须支付保险费。救济是单方面的行为，救济者提供的是无偿援助，接受救济一方可以无偿获得保障，无须承担任何义务。

（3）资金来源和保障程度不同。保险保障基金的主要来源是投保人缴纳的保险费，一旦保险事故发生，被保险人就可以按照保险合同的约定获得及时、可靠的保障。救济的资金来源于政府或民间，被救济者得到的救济额度取决于救济方的意愿和能力，因此是不稳定、不充分的。

（三）保险与储蓄

保险和储蓄都是以当前剩余的资金作为未来的准备，体现的都是“未雨绸缪”的思想，尤其是人身保险中的两全保险等储蓄性很强的险种，与储蓄几乎难以区分，使不少人把保险和储蓄混为一谈，其实两者之间存在明显差异。在此主要将长期人身保险与储蓄进行比较：

（1）性质不同。保险是一种互助行为，少数保险事故受害者的损失由全体投保人共同分摊；而储蓄是个人将一部分财产留作未来的准备，无须求助他人，完全是一种自助行为。

（2）支付的条件不同。保险的赔付是不确定的，是否赔付取决于偶然性的保险事故是否发生；而储蓄的支付是确定的，存款人可以自行确定支取存款的时间。

（3）技术要求不同。保险经营与风险事故的概率和损失程度关系密切，需要以概率论和数理统计方面的理论作为基础，需要特殊的精算技术，保险的经营相对复杂；储蓄利息的计算相对简单，不需要特别复杂的技术。

另外，储蓄是可以随时支取的，而且本金不会有损失；而长期人身保险属于强制储蓄，保险未到期前退保，投保人将面临一定的损失。这主要也是源于保险费与储蓄本金在本质上的不同，投保人每年缴纳的保险费中，会有一部分用于保险给付和保险公司经营，因此，提前退保尤其是投保后几年内退保，退保金往往比投保人所交保费要少。

五、保险的分类

（一）按照保险标的分类

按照保险标的分类，保险可以分为财产保险和人身保险。

1. 财产保险

财产保险是以财产及其相关利益为保险标的的保险，主要包括财产损失保险、责任保险、信用和保证保险等险种。财产损失保险是以各种有形物质财产为保险标的的保险。责任保险是指以被保险人对第三者的财产损失或人身伤害依照法律或契约应承担的经济赔偿责任为保险标的的保险。信用和保证保险都是以各种信用风险为保险标的的保险。

2. 人身保险

人身保险是以人的寿命和身体作为保险标的的保险，包括人寿保险、人身意外伤害保险和健康保险等险种。人寿保险是以人的寿命作为保险标的，承保人的生存或死亡风险的一种人身保险。人身意外伤害保险是以人的身体作为保险标的，承保意外伤害导致的死亡或残疾风险的保险。健康保险是以人的身体作为保险标的，使被保险人对在疾病或意外事故所致伤害时发生的费用或收入损失获得补偿的一种人身保险业务。

（二）按照实施方式分类

按照实施方式分类，保险可以分为自愿保险和强制保险。

1. 自愿保险

自愿保险是在自愿原则下，投保人与保险人双方在平等的基础上，通过订立保险合同而建立的保险关系。投保人可以自由决定是否投保、向谁投保、中途退保，也可以自由选择保险金额、保险期限等。保险人也可以根据情况决定是否承保、以怎样的条件承保等。绝大部分商业保险都是自愿保险。

2. 强制保险

强制保险，又称法定保险，是由国家（政府）通过法律或行政手段强制实施的一种保险。目前，在各国采取强制方式实施的主要有社会保险、交强险等。

知识拓展 2-3　　商业保险与社会保险的比较

社会保险是国家或政府通过立法形式，采取强制手段在全体公民或劳动者因遭遇年老、疾病、生育、伤残、失业等风险暂时或永久失去劳动能力时为他们提供经济保障的一种制度，主要包括养老、医疗、工伤、失业和生育五个方面。

商业保险是通过订立保险合同运营，由专门的保险企业经营。商业保险关系是由当事人自愿缔结的合同关系，投保人根据合同约定向保险公司支付保险费，保险公司根据合同约定的可能发生的事故因其发生所造成的财产损失承担赔偿保险金责任，或者当被保险人死亡、伤残、疾病或达到约定的年龄、期限时承担给付保险金责任。

社会保险与商业保险中的人身保险所承保的风险都是人身风险，而且在经营过程中都需要用到数理统计方面的技术，也同样需要通过投保人（参保人）缴纳费用建立保险基金进行赔付。但社会保险与商业人身保险在很多方面存在不同点，具体见表2-1。

表 2-1　　社会保险与商业人身保险的不同点

不同点	社会保险	商业人身保险
经营主体	政府部门，不以营利为目的	商业保险公司，以营利为目的
行为依据	以社会保险相关法规为依据	以保险合同为依据
实施方式	强制实施	绝大多数是自愿投保
适用原则	社会公平的原则	个人公平的原则
保障功能	保障基本生活需要，保障水平较低	保障水平更高，保障范围更广
保费负担	由个人、单位、国家三方承担	完全由投保人个人承担

（三）按照风险转嫁的次数分类

按照风险转嫁的次数分类，可以将保险分为原保险和再保险。

1. 原保险

原保险是投保人与保险人之间直接签订保险合同而建立保险关系的一种保险，是风险的第一次转嫁。在原保险关系中，投保人将风险转移给保险人，当保险标的遭受保险责任范围内的损失时，保险人承担赔偿或给付责任。

2. 再保险

再保险也称分保，是保险人通过签订再保险合同，支付规定的分保费，将其所承保的全部或一部分风险和责任转移给其他保险人或再保险人，以分散风险责任，保证其业务经营的稳定性。再保险是风险的第二次转嫁。原保险与再保险的关系如图2-1所示。

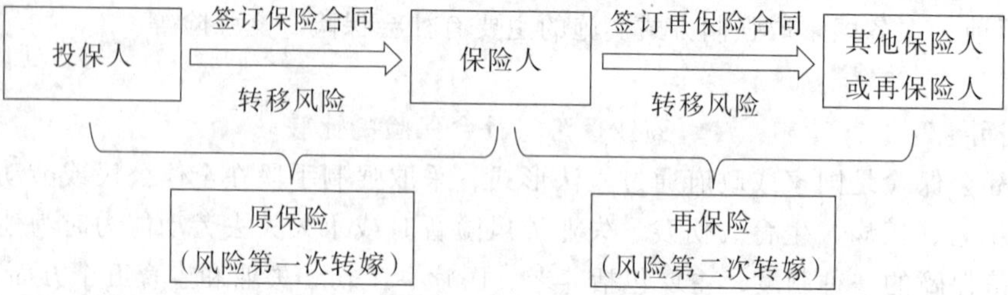

图2-1 原保险与再保险的关系

知识拓展 2-4 再保险

1.再保险的相关概念

在再保险交易中，将业务风险责任通过分保转移出去的保险公司称为原保险人或分出公司，接受业务风险责任的公司称为再保险人或分保接收人或分入公司。在市场中经营再保险业务的公司，既有保险公司也有专门经营再保险业务的再保险公司。

当被保险人发生保险责任范围内的保险事故时，原保险人按保险合同约定赔偿被保险人的损失或给付保险金，再保险人则按承担责任份额分摊赔款。再保险业务可以在本国保险公司之间进行，也可以在国际上的保险公司之间进行。

2.再保险与原保险之间的关系

再保险的基础是原保险，两者是相辅相成的，都是对风险的承担与分散。原保险是投保人将风险转嫁给保险人，其实质是在全体被保险人之间分散风险、互助共济；再保险是原保险人将风险转嫁给再保险人，在他们之间进一步分散风险、分担责任。因此，再保险是原保险的延续。

再保险与原保险的区别主要有：第一，参与的主体不同。原保险的参与主体，一方是保险公司，另一方是投保人，再保险的参与主体双方均为保险公司。第二，保险标的不同。原保险中的保险标的既可以是财产、利益、责任、信用，也可以是人的寿命与身体，再保险的保险标的只是原保险人对被保险人承保责任的一部分或全部。第三，合同性质不同。原保险合同中财产保险合同属于补偿性合同，人身保险合同属于给付性合同，再保险合同全部属于补偿性合同。

3.再保险的作用

对于原保险人来说，通过再保险机制转移风险，可以避免巨额损失，从而保证财务稳定。同时，再保险人可以扩大承保面，增加业务量，提高承保能力。

(四) 按照承保方式分类

阅读材料2-2

美国“9·11”恐怖袭击事件中再保险的作用

按照承保方式分类，可以将保险分为共同保险、复合保险和重复保险。

1.共同保险

共同保险是由几个保险人联合直接承保同一保险标的的保险，各保险人承保的保险金额总和等于保险标的的保险价值。在保险实务中，面对价值巨大的保险标的，如人造卫星，保险人往往采取共同保险的方式来承保。在实施过程中，可以采取多个保险人分别与投保人签订保险合同，也可采取多个保险人以某一个保险人的名义签发一份保险合同的方式。

案例分析 2-1

港珠澳大桥共同保险案例

案例：港珠澳大桥是一座连接香港大屿山、澳门半岛和广东省珠海市的跨海大桥，全长为49.968公里，主体工程“海中桥隧”长35.578公里，其中海底隧道长约6.75公里，桥梁长约29公里，总投资达720多亿元。

2009年12月15日，港珠澳大桥正式开工建设，作为世界最长、建设技术最难的跨海大桥，港珠澳大桥为罕见的“桥、岛、隧”一体化的交通集群项目，施工工艺复杂。为了做好主体工程的风险管理，2010年9月，港珠澳大桥管理局公开招标首席承保公司及共保公司。国际再保险公司也在港珠澳大桥建设期间全程参与风险管理服务。

2010年12月初，为确保港珠澳大桥主体工程12月底正式动工，主体工程项目建筑工程一切险及第三者责任险的保险签约仪式在广州举行，由中国人民财产保险股份有限公司为首席承保公司，中国平安财险、中国太平洋财险、中国大地财险、中银保险及太平财险为共保公司，达信保险经纪公司为港珠澳大桥主体工程的保险经纪公司，保险期限约为6年，投保金额高达人民币278亿元，创下内地单个工程保险标的的新高。

资料来源：高国辉．港珠澳大桥投保278亿 创全国单个工程保险标的新高［EB/OL］．［2010-12-19］．http：//news.sina.com.cn/s/2010-12-19/083421668607.shtml.

问题：港珠澳大桥工程这样的标的，适合用哪一种承保方式？

分析：港珠澳大桥建设工程具有投资数额巨大、工期长的特点，一家保险公司很难独自承保，该工程最后采取了共同保险的承保方式，这是最理想的选择。

2.复合保险

复合保险是指投保人以同一保险标的分别向数个保险人投保相同种类的保险，各保险人承保金额总和不超过保险价值的一种保险。在现实生活中，复合保险的产生往往是由于各家保险公司的赔偿条件不尽相同，投保人担心得不到足额赔偿，于是在多家保险公司进行投保。

3. 重复保险

重复保险是指投保人以同一保险标的、同一保险利益、同一保险事故分别与两个以上保险人订立保险合同，且各保险人承保金额总和超过保险价值的一种保险。现实生活中出现的重复保险，一部分是由于投保人不了解保险的原理造成的，属于无心之失，而大部分是因为投保人想获取超过保险价值的赔偿金而进行恶意投保。重复保险容易引发道德风险，各国保险法律对于重复保险一般都有严格限定。重复保险的有关规定只限于财产保险，人身保险中并不存在重复保险。

知识拓展 2-5

《保险法》第五十六条规定：重复保险的投保人应当将重复保险的有关情况通知各保险人。重复保险的各保险人赔偿保险金的总和不得超过保险价值。除合同另有约定外，各保险人按照其保险金额与保险金额总和的比例承担赔偿保险金的责任。重复保险的投保人可以就保险金额总和超过保险价值的部分，请求各保险人按比例返还保险费。

任务二　认识保险的职能和作用

保险的职能是保险内在的固有功能，它是由保险的本质和内容决定的。保险的作用是人们运用保险的职能产生的影响和效果。认识保险的作用，有助于人们在现实生活中充分利用保险这一风险转移手段，保障自身的经济生活稳定，进而实现整个社会经济生活的稳定。

一、保险的职能

保险的职能包括基本职能和派生职能，保险的基本职能是保险固有的职能，不会随着时间和外部环境的改变而改变。保险的派生职能是随着保险业的发展和客观环境的变化，在基本职能的基础上派生出来的职能。一般认为，保险的基本职能是补偿损失和给付保险金，保险的派生职能是防灾防损和融通资金。

（一）保险的基本职能

保险人通过向投保人收取保费建立保险基金，当被保险人遭受损失时，在保险金额限度内用保险基金进行赔付，这样，被保险人的损失就可以得到补偿。保险的基本职能实际上就是用全体投保人缴纳的保险费来补偿一部分人的损失，也就是将一部分人的风险分摊给所有投保人。可以说，保险的基本职能就是分摊风险，具体而言，保险的基本职能在财产保险和人身保险中有不同的体现：

（1）补偿损失的职能。在财产保险中，财产的损失可以用货币衡量，保险人的补偿只能弥补被保险人的实际损失，使其恢复受灾之前的状态，因此被保险人不能通过保险的补偿获取额外利益。

（2）给付保险金的职能。就人身保险而言，由于人的寿命和身体无法用货币衡量价值，人在灾难事故中受到的伤害也难以用货币来体现，因此，人身保险中被保险人的经济损失，主要根据保险合同中约定的保险金额来进行保险金的给付。

（二）保险的派生职能

（1）防灾防损职能。保险的这一职能是指保险公司积极主动开展防灾防损活动，稳定保险经营，提高了社会的防灾防损能力和水平。

首先，保险业经营的特点要求保险公司必须做好防灾防损工作。保险业是经营风险的行业，保险公司经营保险业务，需要分析和评估哪些风险可以作为承保风险。同时为了稳定经营和获得盈利，保险公司还要想方设法减少灾害事故发生的次数和减轻灾害损失程度，从而减少赔付金额。

其次，保险公司的防灾防损工作促进了整个社会防灾防损水平的提高，主要体现在两个方面：第一，保险公司一般都设立防灾防损机构，汇集众多专业技术人员，积累了丰富的防灾防损工作经验，通过积极参加防灾防损活动，减少灾害损失，维护社会稳定；第二，我国的《保险法》和保险合同中都有关于防灾防损方面的规定，保险公司通过实行差别费率，对防灾防损工作做得好的投保人给予一定的费率优惠，鼓励投保人做好风险管理工作，从而提高.整个社会的防灾防损能力。

（2）融通资金职能。保险的这一职能指的是保险公司将保险基金中暂时闲置的部分资金加以运用，使得保险基金保值增值，确保了保险公司的偿付能力。由于保险具有“事前收费，事后赔付”的特点，因而使保费收入与保险赔付之间存在时间差，这就为保险资金的运用提供了可能。融通资金的职能集中体现了保险的“金融”属性，主要体现在以下两个方面：第一，保险资金投资的过程，是资金重新进入社会再生产过程，为实体经济的繁荣发展做出贡献；第二，保险资金进入金融市场中进行投资，由于保险资金的运用强调安全性，因此保险公司作为重要的机构投资者，倡导理性投资，可以起到稳定金融市场的作用。

案例分析 2-2

“东方之星”客轮翻沉事件理赔情况

案例：2015年6月1日深夜11时许，一艘载有400多人的客轮“东方之星”突遇龙卷风，在长江湖北监利市大马洲水道倾覆。经有关各方反复核实、逐一确认，“东方之星”号客轮上共有454人，其中获救12人，遇难442人。

据当时的保监会副主席黄洪在6月10日召开的“东方之星”号客轮翻沉事件保险业理赔服务工作会议上透露，截至目前的排查结果显示，保险业共承保失事客船船东、相关旅行社、乘客和船员投保的各类保险340份，保险金额共计9 252.08万元。其中，失事客船涉及保险金额共计1 570万元，人保财险重庆分公司已就船舶一切险向重庆东方轮船公司支付了1 000万元保险理赔资金；旅行社责任险涉及保险金额共计1 200万元；396名乘客投保各类人身保险，身故保险金额共计6 169.35万元；18名船上工作人员投保人身保险，身故保险金额共计312.73万元。

资料来源：佚名．“东方之星”客轮翻沉事件所涉保险金额近亿元［EB/OL］．［2019-06-16］．http：//news.youth.cn/gn/201506/t20150616_6755514.htm.

问题：“东方之星”客轮翻沉事件发生后保险业的理赔服务，体现了保险的哪些职能？

分析：在这一案例中，充分体现了保险的基本职能，即财产保险中的补偿损失职能和人身保险中的给付保险金职能。

二、保险的作用

保险的作用是保险职能在运用中所发挥出来的影响和效果，在不同的社会制度和不同的历史时期并不完全相同。

（1）及时补偿灾害事故损失，帮助受灾企业及时恢复生产经营，保障社会再生产的顺利进行。在社会生产过程中，自然灾害和意外事故是客观存在和难以避免的，尤其是重大灾害事故会造成企业生产经营的停滞或中断，甚至导致企业破产倒闭。如果企业投保了保险，一旦发生灾害损失就可以及时得到补偿，尽快地恢复生产经营活动，最大限度地减轻灾害事故损失的消极影响，从而保证社会生产的连续性和稳定性。

（2）有助于企业加强风险管理和自身的经济核算。保险本身就是风险管理的方法之一，通过保险防灾防损职能的发挥，可以调动企业防灾防损的积极性，促进企业加强风险管理工作。另外，保险作为财务型风险管理方法，企业通过投保保险的方式将风险转移给保险公司，把企业不确定的大额灾害损失转变为固定的少量的保费支出，并摊入企业的生产成本和经营费用，这样既符合企业经营核算制度，又保证了企业财务成果的稳定。

阅读材料2-3

中国保险行业协会发布《2022中国保险业社会责任报告》

（3）安定人民生活，维护社会稳定。灾害事故的发生对个人及家庭来说也是不可避免的。当前我国居民的生活水平总体来说还不高，社会保障的覆盖面不广、程度不高，只能满足最低生活需要，不足以保障受灾居民恢复原本的生活水平。商业保险作为社会救济和社会保险的重要补充，在安定人民生活方面作用突出：一方面，在财产保险中，家庭财产保险和机动车辆保险等险种能使人们在自然灾害或意外事故中的财产损失得到及时补偿，迅速恢复安定的生活；责任保险可以保障受害人的经济利益，有助于民事纠纷的解决和民事赔偿责任的履行。另一方面，人身保险解决人们因生、老、病、死、残等人身风险造成的经济困难，起到安定人民生活、维护社会稳定的作用，保险也因此被称为“社会稳定器”。

项目小结

保险可以从不同的角度来定义。从风险管理角度来说，保险是一种风险管理的方法；从经济角度来说，保险是一种有效的财务安排；从法律角度来说，保险是一种合同行为。现代商业保险的要素主要包括五个方面的内容：可保风险的存在、风险的集合与分散、保险费率的厘定、保险合同的订立、保险准备金的建立。

保险的特征包括互助性、法律性、经济性、商品性、科学性。保险按照保险标的，分为财产保险和人身保险；按照实施方式，分为自愿保险和强制保险；按照风险转嫁的次数，可以分为原保险和再保险；按照承保方式，可以分为共同保险、复合保险和重复保险。

保险的职能包括基本职能和派生职能，一般认为，保险的基本职能是补偿损失和给付保险金，保险的派生职能是防灾防损和融通资金。

重点回顾

1. 保险的定义和特征。
2. 现代商业保险的要素。
3. 保险的分类。
4. 保险的职能。

基础知识练习

一、单项选择题

1.保险保障活动运行中要求的大量风险集合条件，一方面是基于风险分散的技术要求，另一方面要（　　）。

A.符合监管部门的规定　　B.体现经营的盈利目标

C.体现社会福利政策　　D.运用大数法则原理

2.保险费率厘定的公平性原则要求（　　）。

A. 保险费率与实际损失率一致

B. 同一险种对所有被保险人费率相同

C. 被保险人的风险状况与其保险费率一致

D. 所有保险公司同一险种的费率相同

3.保险体现了一种对价交换的经济关系，这体现了保险的（　　）。

A.经济性　　B.商品性　　C.法律性　　D.互助性

4.保险双方当事人在自愿原则下，通过签订保险合同而建立保险关系的一种保险被称为（　　）。

A.社会保险　　B.法定保险　　C.自愿保险　　D.强制保险

5.甲和乙两家保险公司以某大型市政工程为保险标的，价值为50亿元，甲和乙保额分别为30亿元和20亿元，这种承保方式为（　　）。

A.共同保险　　B.再保险　　C.复合保险　　D.重复保险

6.某人以价值100万元的房产向甲乙丙3家保险公司投保，保额分别为50万元、50万元和50万元，这种承保方式称为（　　）。

A.共同保险　　B.再保险　　C.复合保险　　D.重复保险

7.保险人为保证其如约履行赔偿或给付义务，从保费收入或盈利中提取一定数量的基金，指的是（　　）。

A.保险费　　B.保险准备金

C.保险金　　D.保险金额

8.2004年12月21日，我国发生了一起空难事故，保险公司对事故中的人身意外伤害赔付了1 300万元，飞机机身赔偿了2 300万元，这一赔案体现了保险的（　　）职能。

A.社会救济　　B.防灾防损

C.资金融通　　D.补偿损失和给付保险金

9.从经济角度来看，保险是（　　）。

A.一种合同行为　　B.一种有效的风险管理方法

C.一种有效的财务安排　　D.一种互助行为

10.以下（　　）不属于可保风险应满足的条件。

A.风险应当是投机风险

B.风险应当有导致重大损失的可能性

C.风险应当使大量标的均有遭受损失的可能性

D.风险应当具有可测性

11.现代保险经营以概率论和大数法则等数理统计理论为基础，这体现的是保险（　　）特征。

A.互助性　　B.科学性　　C.经济性　　D.商品性

12.关于保险和储蓄的比较，以下说法错误的是（　　）。

A.保险和储蓄都体现了“未雨绸缪”的思想

B.保险是互助行为，而储蓄是自助行为

C.保险的支付是确定的，储蓄的支付是不确定的

D.保险需要特殊的精算技术，经营相对复杂，储蓄不需要特别复杂的技术

13.保险分为财产保险和人身保险，是（　　）。

A.按照实施方式分类　　B.按照风险转嫁次数分类

C.按照承保方式分类　　D.按照保险标的分类

14.以下关于原保险和再保险的说法，错误的是（　　）。

A.再保险也称为分保

B.再保险是风险的第一次转嫁

C.原保险是投保人与保险人直接签订保险合同的保险

D.再保险是风险的第二次转嫁

15.保险公司将保险基金中暂时闲置的部分资金加以运用，使得保险基金保值增值，这体现的是保险（　　）。

A.融通资金的职能　　B.防灾防损的职能

C.补偿损失的职能　　D.给付保险金的职能

二、多项选择题

1.保险的定义可以描述为（　　）。

A.保险是一种有效的转移风险的管理方法

B.保险是一种有效的回避风险的管理方法

C.保险是一种有效的财务安排

D.保险是一种合同行为

2.保险的特征有（　　）。

A.可测定性　　B.互助性

C.商品性　　D.法律性

3.按照承保方式，保险可以分为（　　）。

A.共同保险　　B.复合保险

C.重复保险　　D.强制保险

4.以下属于现代商业保险要素的是（　　）。

A.可保风险的存在　　B.风险的集合与分散

C.保险费率的厘定　　D.保险合同的订立

5.有关保险的职能，以下说法正确的是（　　）。

A.在财产保险中，保险的基本职能体现为补偿损失

B.在人身保险中，保险的基本职能体现为给付保险金

C.防灾防损是保险的基本职能

D.融通资金的职能体现了保险的“金融”属性

三、简答题

1.可保风险应满足哪些条件？

2.简述现代商业保险的要素。

3.简述保险的特征。

实战演练

1.以下关于保险的说法，请你根据所学的知识进行简单的解释说明。

（1）保险可以用1万元做40万元、50万元甚至100万元才能做到的事情；

（2）保险是所有人的“需要”，但只有在“不需要”时才能买到；

（3）世上没有绝对的安全，但保险可以让人拥有绝对的保障；

（4）保险的真谛，是给自己一份安宁，给家人一份保障，确保万一发生事故时，自己与家人都能保有体面活着的尊严。

2.通过对李嘉诚和丘吉尔关于保险的看法，请说明保险有什么功用？

李嘉诚：别人都说我很富有，拥有很多财富，其实真正属于我个人的财富是给自己和家人买了足够的人寿保险。

丘吉尔：如果我办得到，我一定把“保险”两个字写在家家户户的门上，以及每一

位公务人员的手册上。因为我深信，通过保险，每一个家庭只要付出微不足道的代价，就可以免除万劫不复的灾难。

3.根据最近一段时间发生在世界各地的灾难事故，用简练的语言描述保险的作用。

项目二 练习题参考答案及解析

项目三 认识保险行业

学习目标

知识目标：

1.熟悉保险市场的构成；

2.了解保险公司的经营环节；

3.了解保险产生和发展的历程以及我国保险业发展的现状和前景。

技能目标：

能用通俗的语言有重点地简要介绍保险公司。

素养目标：

通过本项目的学习，结合我国保险业发展历程和现状，切实感受在中国共产党和政府的正确领导下，我国保险业在对外开放过程中发展壮大自身实力，并取得了辉煌的成就。

情境导入

经过与保险经纪人的沟通，张先生了解到保险契约式互助的本质，并对保险这一分摊风险的制度非常认同，想了解保险这一制度的发展历程和在我国的发展现状。同时，张先生对于保险经纪人这一职业产生了强烈的好奇，很想弄清楚保险经纪人和保险公司营销员有什么不同？对于张先生所关心的问题，保险经纪人与他进行了充分的沟通，让张先生了解到，保险行业在我国是一个朝阳行业，而保险经纪人是保险中介人的一种，在发达的保险市场上发挥着重要的作用，在我国具有非常大的发展潜力。

任务一　了解保险的起源与发展

一、保险的起源与发展

从保险发展的历史来看，海上保险早于陆上保险，财产保险先于人身保险。

（一）保险的起源

在各类保险中，起源最早、历史最长的险种当属海上保险，正是海上保险的发展，带动了整个保险业的发展。

1. 共同海损分摊原则是海上保险的萌芽

公元前2000年，地中海一带就有了广泛的海上贸易活动。那时的航海是一种风险极大的活动，要使船舶在海上遇险时免于沉没，一种有效的方法就是将部分货物抛弃入海以减轻船舶的重量。为了使被抛弃货物的货主获得补偿，当时的航海商提出了一条共同遵守的原则：凡因减轻船只载重量而投弃入海的货物如为全体利益而损失的，须由全体分摊，即“一人为众，众为一人”。这个原则被《罗地安海商法》采用，就是著名的共同海损分摊原则，它被认为是海上保险的萌芽。

2. 船货抵押借款制度是海上保险的雏形

保险界大多数学者认为船货抵押借款制度是海上保险的雏形。公元前800年至公元前700年，船货抵押借款制度盛行一时。它的具体做法是：船主把船舶或船上的货物作为抵押品，向放款人取得航海资金的借款，如果船舶安全完成航行，船主归还贷款，并支付较高的利息，如果船舶中途沉没，船主不必偿还本金和利息。这种方式下，借款实际上等于海上保险中预先支付的损失赔偿款，船货抵押借款的利息高于一般借款利息，其高出部分相当于海上保险的保险费，该项借款中的借款人、贷款人和用于抵押的船舶或货物，相当于海上保险中的被保险人、保险人和保险标的。

3. 人身保险的萌芽与雏形

15世纪的海上保险是人身保险的萌芽。在海上保险的产生与发展过程中，一度包括人身保险。15世纪后期，欧洲的奴隶贩子把运往美洲的非洲奴隶当作货物投保海上保险，这实际上是一种人身意外伤害保险，后来船上的船长、船员也可投保。到16世纪，又发展到承保旅客被海盗绑架而支付的赎金。这些都被认为是人身保险的雏形。

基尔特制度在人身保险的早期形式中是一种专门以会员及其配偶的死亡、年老、疾病等作为获得金钱救济的条件的制度。公典制度流行于15世纪后半期的意大利北部及中部城市，是一种慈善性质的金融制度，存款初期不计利息，经过一段时间后存款者可以取得数倍于存款金额的资金。年金制度于16、17世纪出现在英国，在荷兰尤为盛行。这些被视为人身保险的较早形式，尤其是年金制度，将资本、利息与生存死亡相结合，已十分接近现代的人寿保险。

（二）现代保险的形成与发展

现代海上保险发源于意大利。早在11世纪末，在经济繁荣的意大利北部城市特别是热那亚、佛罗伦萨、比萨和威尼斯等地，就已经出现类似现代形式的海上保险。世界上最早的一份从形式到内容与现代保险几乎完全一致的保险单，是1384年3月24日出立的航程保单。现代海上保险发源于意大利，形成于英国。15世纪以后，海上保险随着海上贸易中心的转移而从地中海区域转移至大西洋彼岸。

1. 财产保险的发展

继海上保险之后出现的是火灾保险，火灾保险是财产保险的前身。真正意义上的火灾保险是在1666年伦敦大火之后发展起来的。1666年9月2日，伦敦发生大火，大火持续了5天，导致20万人无家可归，造成了不可估量的财产损失，这场大火促使人们重视火灾保险。次年，一个名叫尼古拉斯·巴蓬的牙科医生开办了一家专门承保火灾保险的营业所，开创了火灾保险的先河。巴蓬首创了“差别费率法”，将火灾保险的费率与房屋的租金和房屋结构挂钩，砖石建筑的费率定位为2%的年房租，木屋的费率为5%，巴蓬也因此被誉为“现代保险之父”。

1710年，英国查尔斯·波文创办了伦敦保险人公司，后改为太阳保险公司，开始承保不动产以外的动产保险，是最早的股份公司形式的保险组织，也是英国最古老的保险公司之一。在美国，1752年由本杰明·富兰克林在费城创办了第一家火灾保险社。到了19世纪，欧美的火灾保险公司如雨后春笋般涌现，承保能力大大提高。截至20世纪中期，随着火灾保险的保险责任范围的不断扩大，火灾保险逐渐被更名为财产保险。

责任保险作为一类独立成体系的保险业务，始于19世纪的欧美国家，成形于20世纪70年代以后。1855年英国出现了铁路承运人责任保险，但直到20世纪初，责任保险才得到迅速发展，成为欧美各国保险公司的支柱业务之一。大多数国家还将多种公众责任作为强制投保的规定，如机动车交通事故责任强制保险、雇主责任保险等。在西方国家非寿险保险公司中，责任保险的保费收入一般占非寿险保费总收入的30%～50%，在保险市场上有举足轻重的地位。

信用保险是随着资本主义商业信用风险和道德风险的频繁发生而发展起来的。1702年，英国开办了诚实保险，1842年英国保证保险公司成立。1876年美国在纽约开办了诚实保证业务，1893年又成立了专营信用保险的美国信用保险公司。1934年，各国私营和国营出口信用保险机构在瑞士成立了国际信用保险协会，标志着国际信用保险的成熟和完善。目前，信用保险的承保范围已经相当广泛。

2. 人身保险的发展

英国数学家和天文学家埃德蒙·哈雷于1693年根据1687—1691年德国布雷斯劳市的市民按年龄分类的死亡统计资料，编制了一张生命表，为现代人寿保险奠定了数理基础。1762年，辛普森和多德森组织创办的公平保险社正式营业，首次将生命表用于计算人寿保险的费率，从此人寿保险经营建立在科学的保险基础之上，标志着现代人寿保险的开始。这是保险基础理论研究方面取得的突破性成果，使后人可以用概率论和数理统计的科学方法经营人寿保险。

二、我国保险业的发展历程与现状

（一）中国现代保险的形成

我国现代保险是伴随着外国的资本输入而传入的。19世纪初，外商保险公司将保险作为资本输出与经济侵略的工具输入中国。1805年，英国保险商在广州设立广州保险公司（又名“谏当保安行”“广州保险社”）。这是外商在中国开设的第一家保险机构，也是近代中国第一家保险公司。1865年，中国第一家民族保险企业——上海华商义和公司保险行创立，打破了外商保险公司独占中国保险市场的垄断局面，中国近代民族保险业正式诞生。之后，以1875年保险招商局的创办为契机，又相继成立了20多家水火保险公司，并在民族资本主义工商业的大发展中得以迅速发展。

1937年抗日战争全面爆发后，民族保险业的发展遭到沉重的打击。中华人民共和国成立后，1949年10月20日，中国人民保险公司正式挂牌营业，标志着中国现代保险事业的创立，开创了中国保险的新纪元。但是，由于“左”的错误思想影响，1958年10月，国内保险业务被迫停办，中断了20多年，直到1980年才得以恢复。

（二）我国保险市场的现状

（1）保险市场主体不断增加，多元化的市场格局已经形成，市场主体逐步完善。1988年以前，我国保险市场上只有中国人民保险公司独家经营保险业务。1988年以来，随着平安保险公司和太平洋保险公司相继成立，保险市场几十年独家垄断的格局被打破。根据中国保险行业协会官网公布的《保险机构法人名录》的数据，截至2023年6月，保险市场上有13家保险集团，1家政策性保险公司，89家财险公司，7家再保险公司，77家寿险公司，10家养老保险公司，7家健康险公司，33家资产管理公司，3家其他类型机构，保险机构法人数量达到240家。我国保险市场已形成了国有控股（集团）公司、股份制公司、政策性公司、专业性公司和外资保险公司等多种组织形式、多种所有制形式并存及公平竞争、共同发展的市场格局。保险中介机构也不断发展，保险中介市场格局初步形成。保险市场主体的多元化，有力地促进了保险公司经营观念的转变，逐步确立了服务意识、竞争意识、效益意识和发展意识，保险市场开始由量的扩张走向质的提高。

（2）保险业务持续发展，市场潜力巨大。根据国家金融监督管理总局的数据，2022年，我国总保费为46 957亿元，其中人身险保费收入为34 245亿元，占比高达73%；财产险保费收入为12 712亿元，占比为27%。2023年1至12月，保险业实现原保险保费收入5.12万亿元，按可比口径，行业汇总原保险保费收入同比增长9.13%。保险业原保险赔付支出1.89万亿元，同比增长21.94%。截至2023年12月末，保险行业资产总额达29.96万亿元，同比增长10.4%。行业净资产2.73万亿元，同比增长1.25%。从产寿险业务来看，2023年1至12月，财产险业务实现原保费收入1.36万亿元，人身险业务实现原保费收入3.76万亿元。从公司层面来看，1至12月，财产保险公司原保费收入1.59万亿元，赔付支出1.07万亿元。按可比口径，行业汇总原保险保费收入同比增长6.73%，赔款支出增长17.8%。分险种来看，车险、责任险、农险、健康险、意外险保费收入分别为8 673亿元、1 268亿元、1 430亿元、1 752亿元、509亿元。其中，车险保费保持稳健增长。2023年1至12月，人身保险公司原保费收入3.54万亿元，赔付支出8 189亿元。按可比口径，行业汇总原保险保费收入同比增长10.25%，赔付支出增长27.8%。分险种来看，寿险、意外险、健康险保费收入分别为2.76万亿元、450亿元、7 283亿元。

虽然我国保险业多年来平均增长速度均高于同期国内生产总值的年平均增长速度，但是就保险密度和保险深度而言，我国与保险业发达的国家相比仍存在较大差距。衡量一个国家或地区的保险市场发展情况的指标通常有两个，即保险密度和保险深度。保险密度是指按照一个国家的全国人口计算的人均保费收入，即用保费收入除以全国人口，就是一个人平均花多少钱买保险，这个指标反映了一个国家保险的普及程度。保险深度是指保费收入占国内生产总值（GDP）的比例，它反映了一个国家的保险业在其国民经济中的地位。

2013年至2022年我国保险密度和保险深度的数据如图3-1和图3-2所示：

图3-1　2013—2022年保险密度

图3-2　2013—2022年保险深度

（3）保险法规体系逐步完善，保险监管不断创新。保险法律法规体系，主要包括了专门调整保险法律关系的《保险法》、国务院制定的有关行政法规、保险监管机构制定或发布的部门规章。除此之外，在保险法没有特殊规定的情况下，保险合同主体还需要遵守《中华人民共和国民法典》《中华人民共和国消费者权益保护法》等基本法的相关规定，而惩治保险诈骗等犯罪行为则适用《中华人民共和国刑法》的有关规定。1995年6月30日，我国第一部《中华人民共和国保险法》颁布，同年10月1日正式实施（以下简称《保险法》）。《保险法》于1995年颁布后，一共经历了三次修正和一次修订，根据2015年4月24日第十二届全国人民代表大会常务委员会第十四次会议《关于修改〈中华人民共和国计量法〉等五部法律的决定》进行了第三次修正，即现行的《保险法》版本。行政法规是指国务院制定的规范性法律文件。属于行政法规层面的主要有：《农业保险条例》（2012年）、《国务院关于修改〈机动车交通事故责任强制保险条例〉的决定》（2013年）等。国务院所属部门制定或发布的规范性文件称为部门规章。属于部门规章的主要有：《保险销售行为管理办法》（2023年）、《保险公司偿付能力管理规定》（2021年）、《互联网保险业务监管办法》（2020）、《保险公估机构监管规定》（2013年）、《保险消费者投诉处理管理办法》（2013年）、《保险专业代理机构监管规定》（2013年）、《保险销售从业人员监管办法》（2013年）。我国保险法规体系不断完善，为保险业的健康发展创造了良好的法制环境。

（4）保险市场全面对外开放，国际交流与合作不断加强。保险市场的开放，一方面允许外国公司“走进来”，另一方面意味着国内的公司可以“走出去”。从1992年第一家外国保险公司——美国友邦获准在华营业开始，已有多家国际保险商拿到了进入中国市场的许可证。2004年12月11日，我国保险业加入世界贸易组织的过渡期结束，保险业进入了全面对外开放的新时期。活跃在中国保险市场的外资保险公司大多都实力雄厚，具有丰富和悠久的经营管理经验和较高的投资水平，在“与狼共舞”的竞争和学习中，我国的民族保险企业在管理和技术方面得到了提升，同时也加快了我国保险业国际化的进程。在引入外资的同时，中资保险公司纷纷加快了改革的步伐，2003年以来，中国人保、中国人寿和中国平安3家公司相继在境外上市，实现了我国保险业境外上市零的突破。此后，又有中保国际、民安控股等9家保险公司相继登陆国际证券市场。

三、我国保险业发展趋势

（一）经营主体数量进一步增加

随着我国保险市场准入机制的不断完善，新的市场主体相继产生。不仅不断有新的保险公司进入市场，而且在保险公司的专业化经营和组织形式创新方面取得了新的突破，如成立了专业性的农业保险公司、养老金保险公司、健康险保险公司、汽车保险公司等。从趋势上看，各种类型的市场经营主体的数量还将进一步增加。

（二）行业发展国际化

随着越来越多外资保险公司进入我国保险市场，外资公司在我国保险市场扮演着越来越重要的角色。随着保险公司境外融资和保险、外汇资金的境外运用，国际金融市场对我国保险市场的影响也越来越大。随着我国保险市场对外开放的进一步扩大，国内保险业务将逐步融入国际保险市场，国际化程度不断加深，中国保险业的经营管理也越来越符合国际规范。

（三）保险市场自由化

保险市场自由化是为了适应市场经济的发展，满足投保人或被保险人的客观要求而采取的必要政策。保险市场自由化主要体现在以下几个方面：第一，放宽费率管制。除了具有地域性的业务或特殊的业务仍采用管制费率外，其他业务的费率厘定应尽可能自由化，适度放宽费率管制，这对于保险企业的竞争十分有利。第二，保险服务自由化。随着社会的发展和民众保险意识的增强，消费者对保险产品的需求发生很大变化，因此，必须放宽对保险产品的管制，准许保险企业开辟新的服务领域。第三，放宽保险公司设立的限制。根据保险业法律的规定，只要是符合设立条件的申请者，就能成立保险公司。增加保险市场主体，有利于改变保险市场卖方垄断的局面，形成竞争态势。

（四）从业人员专业化

保险业是专业性和技术性很强的行业，因此，保险公司业务人员必须具有较高的专业技术和知识水平。保险公司高级管理人员以及核保、理赔和财务人员要经常进行专业训练，保险代理人和保险经纪人要经过专业考试并取得资格后才能销售保险产品。

（五）互联网对保险业的影响将进一步深化

2015年3月5日，李克强总理在《政府工作报告》中首次提出“互联网+”行动计划，推动移动互联网、云计算、大数据、物联网等与现代制造业的结合，促进电子商务、工业互联网、互联网金融健康发展，引导互联网产业拓展国际市场。“互联网+”代表的是一种新的经济形态，是互联网与传统行业的深度融合。而“互联网保险”则是借助互联网技术对传统保险行业进行创新、升级、改造的过程。互联网保险是指利用互联网和电商技术来进行保险业务的一种新型保险销售模式。它将保险的各个环节，包括咨询、投保、缴费、核保、承保、查询保单、变更保单、续交保费以及理赔等，都通过网络来完成。相比传统的保险销售方式，互联网保险给客户提供了更多的自主选择权。客户可以在互联网上自由比较多家保险公司的产品，了解不同保险产品的特点和价格，从而更好地选择适合自己的保险产品。互联网保险的另一个优势是便捷性，互联网保险可以随时随地通过手机或电脑完成投保、查询保单信息、变更保单内容、续交保费、理赔申请等行为。这种便利性使得客户购买保险和理赔的过程更加方便快捷，减少了繁琐的手续和等待时间。

中国保险行业协会统计数据显示，2013年到2022年，开展互联网保险业务的企业已经从60家增长到129家，互联网保险的保费规模从290亿元增加到4 782.5亿元，年均复合增长率达到32.3%。但总体来看，我国目前的互联网保险渗透度不足10%，仍处于较低水平。

在全球新一轮科技革命和产业变革中，以互联网技术、大数据、云计算、人工智能为代表的新一代信息技术蓬勃发展，给社会带来了一场更加深刻的变革，催生了经济增长的新业态，也为互联网保险的快速发展提供了众多机遇。保险科技的创新可以驱动互联网保险产品供给，在保险科技的引领下，保险行业的商业模式、产品、定价、服务模式等都发生了颠覆性的改变，保险科技从产品端、定价端、营销端到理赔端，都对互联网保险产生重大的影响并将发挥持续的作用，保险业将迎来“保险科技新时代”。

阅读材料3-1

保险科技十年，从萌芽到成长

知识拓展 3-1　　　　　　保险科技

保险科技，从大的分类看属于金融科技范畴，是从金融科技演化、分化和派生而来的。根据金融稳定理事会（FSB）的定义，金融科技是基于大数据、云计算、人工智能、区块链等一系列技术创新，全面应用于支付清算、借贷融资、财富管理、零售银行、保险、交易结算等六大金融领域，是金融业未来的主流趋势。从采用的科技手段和解决方案看，保险科技与金融科技具有许多相似和共通的方面，如投资领域的智能投顾与保险领域的智能保顾，其核心技术基本相似。

保险科技与金融科技最大的不同在于多样性，保险的经营范围更广，服务内容更复杂和专业，与相关行业的关联性更大。如人身保险方面，保险科技就可能涉及生命科学领域；再如农业保险方面，保险科技需要遥感技术和无人机技术的支撑。而且保险经营相对更复杂，无论是保险产品设计和精算定价，还是查勘理赔和客户服务均涉及大量相关领域的技术。如车险查勘需要移动终端技术的支持，涉及图像比对技术；再如保险反欺诈涉及生物识别、数据挖掘等技术。

国际保险监督官协会按照在保险领域应用的顺序对保险科技进行分类：第一类是已经或短期内可实现的技术，包括数字化平台（互联网和移动互联网）、大数据和数据分析、P2P保险、按需保险、UBI保险；第二类是中期可实现的技术，包括物联网、远程遥控、机器人、机器学习和人工智能；第三类是长期可实现的技术，包括区块链、智能合约。

资料来源：王和.保险的未来［M］. 北京：中信出版集团，2019.

任务二　认识保险市场和保险公司

一、保险市场的定义

保险市场是金融市场中一个非常重要的子市场。一般而言，对保险市场的定义可以分别从狭义和广义的角度来理解：狭义的保险市场是保险商品交换的场所；广义的保险市场则是指保险商品交换关系的总和，既是各种保险商品交换的场所，又是与保险商品交换有关的需求与供给关系。

保险是一种特殊的无形商品，保险价格是指某种保险的单位保险金额的保险费。所谓单位保险金额就是以一定数额的货币量作为该种保险的一个计量单位，每一个计量单位的保险费，就是保险费率，如每1 000元保险金额需要交纳的保险费。保险价格的具体形式是保险费。保险费一般指毛保费，由纯保费和附加保费两部分组成。纯保费是用于保险事故发生后对被保险人进行的赔偿和给付，附加保费是用于保险人的业务费用支出、手续费支出以及提供部分保险利润。保险费的计算基础是保险费率，相应地，保险费率由纯费率和附加费率组成。

毛保费=纯保费+附加保费

毛费率=纯费率+附加费率

纯保费与保险事故发生的概率有极大关系，目前世界各国普遍把以往若干年的平均保额损失率加上一定数量的危险附加率之和作为纯费率，而附加保费通常包括销售费用、预期利润和异常风险费用三项内容，附加费率为三项之和与保险金额总和的比率。

二、保险市场的构成要素

通常保险市场由保险需求、保险供给、保险中介、保险监管组成。

（一）保险需求

保险需求，就是个人或经济单位在某一特定时期内，在一定保险价格条件下，愿意并且能够购买保险服务的需要。保险需求是保险市场生存和发展的必要前提，保险需求对保险公司的经营和保险业的发展具有重要意义。保险市场中的保险需求方指的是投保人，即具有保险现实的和潜在的保险需求的单位和个人。

影响保险需求总量的因素有许多，其中最主要的因素有风险、经济发展水平、风险管理水平、保险价格、利率、政府行为和文化传统等。

（1）风险。无风险则无保险，风险程度越高，范围越广，保险的需求量也就越大；反之则越小。保险需求总量与风险程度成正比关系。

（2）经济发展水平。经济的发展离不开保险“社会稳定器”职能的发挥。一般而言，一国的经济发展水平越高，国民的收入水平越高，对保险的需求也将增加，两者成正比关系。

（3）风险管理水平。一般来说，风险管理水平高，则出险率低，保险需求量就减少；反之则增加。保险需求量与风险管理水平成反比关系。

（4）保险价格。保险价格即保险费率，保险费率上升会抑制保险需求，保险费率下降则刚好相反，两者成反比关系。

（5）利率。利率主要影响具有储蓄功能的长期人身保险，如果银行利率高于保险公司的收益率，资金会流向银行，保险需求会减少；如果银行利率低于保险公司收益率，则相反。保险需求总量与利率成反比关系。

（6）政府行为。政府的一些政策也会对保险需求产生影响，例如政府为鼓励民众投保健康险、养老险，采取税收优惠的政策，购买商业保险的保险费可以在税前列支，此种政策会刺激保险需求的增加。当然，政府的行为也可能产生反向效果，若采取限制某些险种的政策措施，会减少保险需求。

除此以外，一国的民族文化传统、宗教信仰等因素对保险需求也会产生影响，但这种影响比较复杂，难以用正比或反比的关系进行描述。在上述众多因素中，保险价格和经济发展水平是影响较大的两个因素，人们对保险的需求是诸多因素共同作用的结果。

教学互动 3-1

在中国，保险从不被人们所接受到现在民众的保险意识明显提高。你认为民众保险意识的提高主要是因为什么？

（二）保险供给

保险供给就是在一定保险价格条件下，保险市场上各家保险公司愿意并且能够提供的保险商品的数量总和。保险供给方指的是提供各种保险产品、经营保险业务的保险人，即保险公司。保险人是保险市场中最主要的部分，他们在销售保险产品、提供保险服务的同时，还对维护社会稳定有一定的帮助，因此各国监管机构对保险公司的组织形式和业务经营都给予极大的重视。

影响保险供给的因素主要有以下几个：

（1）偿付能力。偿付能力是指保险公司偿付其到期债务的能力。在保险经营中，保险人先收取保险费，再对保险损失进行赔付，先收取的保险费被视为保险人对被保险人的负债，赔偿或给付保险金被视为对负债的偿还，偿付能力与保险公司的资本规模有密切关系。偿付能力的高低制约着保险供给的规模，两者成正比例关系。

（2）经营管理。保险业的经营管理是一种技术性、专业性很强的业务活动，如果保险公司在风险管理、条款设计、费率厘定、业务管理等方面具有丰富经验，就可以不断推出新的保险险种以满足社会出现的新的保险需求，因此，两者成正比例关系。

（3）从业人员数量及质量。保险从业人员的数量多，专业素质水平高，都有助于保险公司向社会推出其保险产品，两者成正比例关系。

（4）保险价格。保险价格偏高则刺激保险供给增加，保险价格偏低则抑制保险供给，两者成正比例关系。

（5）政府监管。由于保险业的特殊地位，国家对于保险业的监管一直比较严格。政府监管对于保险供给的影响是多方面的，若国家鼓励某些险种的推出，如一些强制保险，会刺激这些险种的供给，反之则会减少保险供给。

（三）保险中介

保险中介指的是在保险需求方和保险供给方之间充当交易媒介，促使交易完成的机构或个人，主要有保险代理人、保险经纪人和保险公估人。

（1）保险代理人。《保险法》第一百一十七条规定，保险代理人是根据保险人的委托，向保险人收取佣金，并在保险人授权的范围内代为办理保险业务的机构或个人。在我国，保险代理人主要分为专业代理人、兼业代理人和个人代理人。专业代理人是指专门从事保险代理业务的保险代理公司，组织形式为有限责任公司，由于其专业性较强，因此设立条件也相对比较严格。兼业代理人是指受保险人委托，在从事自身业务的同时，指定专人为保险人代办保险业务的单位，但兼业代理人只能代理销售与其自身主营业务有关的保险产品，常见的兼业代理人有机场、汽车（火车）站等，它们一般只销售人身意外伤害保险产品。个人代理人是指根据保险人委托，向保险人收取代理手续费，并在保险人授权范围内代为办理保险业务的个人。个人代理人不得办理企业财产保险业务和团体人身保险业务，也不能同时为两家保险公司代理销售保险产品。

微课3

保险中介

（2）保险经纪人。《保险法》第一百一十八条规定，保险经纪人是指基于投保人的利益，为投保人与保险人订立保险合同提供中介服务，并依法收取佣金的机构。保险经纪人的组织形式只能是合伙企业、有限责任公司或股份有限公司，不能是个人。由于保险经纪人代表着投保人的利益，必须运用其知识和技术，以最优惠的条件为投保人取得最充分的保险保障，并维护他们的利益。若投保人因为保险经纪人的过失而遭受损失，则经纪人在法律上需承担赔偿责任。也因为如此，保险经纪人在专业水平和资格条件方面的要求远远高于保险代理人。

案例分析 3-1

慧择网——寻求再突破的保险电子商务平台

案例：慧择网（http：//www.huize.com）于2006年经保监会批准成立，是首批获得保险网销资格的网站，也是国内成立时间最早、规模最大的第三方独立保险电子商务平台，致力于为个人和企业用户提供包括保险垂直交易、风险评估、理赔协助等在内的一站式保险综合服务，其由深圳慧择保险经纪有限公司发展而来。

目前慧择网拥有网站和移动应用两个入口，合作的保险公司超过80家，网站实现与保险公司系统对接、实时出单，在线保险产品超过1 000款，涵盖意外险、旅游险、健康险、人寿险、车险等险种，累计用户超过500万人，在线投保数量近亿人次。在网站产品分类上，慧择网进行了人群和场景细分，同时采用了精选方案、保险品牌和产品排行、产品比较等方式供用户选择。

问题：对于客户而言，通过慧择网这样的第三方保险电子商务平台投保，与通过保险代理人投保有什么主要区别？

分析：慧择网是由总部设在深圳的慧择保险经纪有限公司发展而来，可以为客户提供业务范围更广、更为专业的保险服务，客户在网站上就可以轻松在多家保险公司的产品中进行比较和筛选，而通过保险代理人投保，只能从一家保险公司的产品中进行选择，这也体现了保险经纪人的优势。

资料来源：奚玉莉，杨芮，李耀东，等. 互联网保险新模式［M］. 北京：中信出版集团，2016.

（3）保险公估人。保险公估人是指站在中立的立场上，从事保险标的的评估、鉴定、查勘、定损等业务的机构。在我国，保险公估人仅限于公司形式，具体名称有保险公证行、保险公估行、保险理算人等。保险公估人的从业资格管理与保险代理人和保险经纪人相比，也更为严格和专业。

（四）保险监管

保险监管是指保险监管机构根据一定的目的、目标或原则对保险经济活动中经济主体的行为所进行的约束和管制，以确保保险人的经营安全，同时维护被保险人的合法权益，以确保保险市场的正常秩序，并促进保险业的发展。在我国，行使保险监管职能的主要有中国银行保险监督管理委员会（2018年之前为中国保险监督管理委员会，简称保监会）和中国保险行业协会。

保监会成立于1998年11月18日，是国务院直属事业单位，根据国务院授权履行行政管理职能，依照法律法规统一监督管理全国保险市场，维护我国保险业的合法、稳健运行。为深化金融监管体制改革，解决现行体制存在的监管职责不清晰、交叉监管和监管空白等问题，强化综合监管，优化监管资源配置，更好统筹金融机构监管，逐步建立符合现代金融特点、统筹协调监管、有力有效的现代金融监管框架，守住不发生系统性金融风险的底线，国务院机构改革方案提出，将中国银行业监督管理委员会和中国保险监督管理委员会的职责整合，组建中国银行保险监督管理委员会，作为国务院直属事业单位。2018年3月，第十三届全国人民代表大会第一次会议表决通过了关于国务院机构改革方案的决定，设立中国银行保险监督管理委员会。2018年4月8日，中国银行保险监督管理委员会正式挂牌，中国银行业监督管理委员会和中国保险监督管理委员会成为历史。

2023年3月，中共中央、国务院印发了《党和国家机构改革方案》，决定在中国银行保险监督管理委员会基础上组建国家金融监督管理总局，不再保留中国银行保险监督管理委员会。2023年5月18日，国家金融监督管理总局揭牌。国家金融监督管理总局统一负责除证券业之外的金融业监管，将中国人民银行对金融控股公司等金融集团的日常监管职责、有关金融消费者保护职责，中国证券监督管理委员会的投资者保护职责划入国家金融监督管理总局。这意味着我国开始对金融进行全方位监管，正式进入混业监管时代。

中国保险行业协会成立于2001年3月12日，是民政部批准的、由国家保险业监督管理机构管理的保险业自律性社团组织。作为全国保险行业自己的社会组织，中国保险行业协会的工作宗旨是：依据《保险法》，督促会员自律，维护行业利益，促进行业发展，为会员提供服务，促进市场公开、公平、公正，全面提高保险业服务社会主义经济社会的能力。保险业协会基本职责：自律、维权、服务、交流、宣传。

知识拓展 3-2　　国家金融监督管理总局的职责

国家金融监督管理总局负责贯彻落实党中央关于金融工作的方针政策和决策部署，把坚持和加强党中央对金融工作的集中统一领导落实到履行职责过程中。主要职责是：

一、依法对除证券业之外的金融业实行统一监督管理，强化机构监管、行为监管、功能监管、穿透式监管、持续监管，维护金融业合法、稳健运行。

二、对金融业改革开放和监管有效性相关问题开展系统性研究，参与拟订金融业改革发展战略规划。拟订银行业、保险业、金融控股公司等有关法律法规草案，提出制定和修改建议。制定银行业机构、保险业机构、金融控股公司等有关监管制度。

三、统筹金融消费者权益保护工作。制定金融消费者权益保护发展规划，建立健全金融消费者权益保护制度，研究金融消费者权益保护重大问题，开展金融消费者教育工作，构建金融消费者投诉处理机制和金融消费纠纷多元化解机制。

四、依法对银行业机构、保险业机构、金融控股公司等实行准入管理，对其公司治理、风险管理、内部控制、资本充足状况、偿付能力、经营行为、信息披露等实施监管。

五、依法对银行业机构、保险业机构、金融控股公司等实行现场检查与非现场监管，开展风险与合规评估，查处违法违规行为。

六、统一编制银行业机构、保险业机构、金融控股公司等的监管数据报表，按照国家有关规定予以发布，履行金融业综合统计相关工作职责。

七、负责银行业机构、保险业机构、金融控股公司等的科技监管，建立科技监管体系，制定科技监管政策，构建监管大数据平台，开展风险监测、分析、评价、预警，充分利用科技手段加强监管、防范风险。

八、对银行业机构、保险业机构、金融控股公司等实行穿透式监管，制定股权监管制度，依法审查批准股东、实际控制人及股权变更，依法对股东、实际控制人以及一致行动人、最终受益人等开展调查，对违法违规行为采取相关措施或进行处罚。

九、建立除货币、支付、征信、反洗钱、外汇和证券期货等领域之外的金融稽查体系，建立行政执法与刑事司法衔接机制，依法对违法违规金融活动相关主体进行调查、取证、处理，涉嫌犯罪的，移送司法机关。

十、建立银行业机构、保险业机构、金融控股公司等的恢复和处置制度，会同相关部门研究提出有关金融机构恢复和处置意见建议并组织实施。

十一、牵头打击非法金融活动，组织建立非法金融活动监测预警体系，组织协调、指导督促有关部门和地方政府依法开展非法金融活动防范和处置工作。对涉及跨部门跨地区和新业态新产品等非法金融活动，研究提出相关工作建议，按要求组织实施。

十二、按照建立以中央金融管理部门地方派出机构为主的地方金融监管体制要求，指导和监督地方金融监管相关业务工作，指导协调地方政府履行相关金融风险处置属地责任。

十三、负责对银行业机构、保险业机构、金融控股公司等与信息技术服务机构等中介机构的信息科技外包等合作行为进行监管，依法对违法违规行为开展调查，并对金融机构采取相关措施。

十四、参加金融业相关国际组织与国际监管规则制定，开展对外交流与国际合作。

十五、完成党中央、国务院交办的其他任务。

资料来源：根据国家金融监督管理总局官网资料整理。

三、保险市场的组织形式

保险市场的组织形式主要指的是保险供给方的组织形式，即保险经营组织的形式。

（一）国际保险市场的组织形式

（1）国有保险公司。国有保险公司是由政府或公共团体所有并经营保险业务的保险组织。根据其经营的目的，可以分为两类：一是以增加财政收入为目的，它可以是垄断性的，具有某些险种的经营独占权，如美国国有保险公司经营的银行存款保险；也可以是非垄断性的，与私营保险公司自由竞争。二是以配合国家的宏观调控政策的实施为目的，如各国经营社会保险业务或政策性保险业务的保险公司或保险机构。

（2）股份制保险公司。股份制保险公司是将全部资本分为等额股份，股东以其所持股份为限对公司承担责任，公司则是以全部资产对公司债务承担责任的企业法人。股份公司形式由于组织较为严密健全，适合保险经营，逐渐成为各国保险业普遍采用的组织形式。

阅读材料3-2

英国劳合社

（3）相互保险组织。相互保险组织是为参加保险的成员相互提供保障的一种组织，是一种非营利性的保险组织形式，主要包括相互保险公司、交互保险社、相互保险社等。

（4）个人保险组织。个人保险组织是以个人为保险人的组织。此种组织形式主要存在于英国，英国的劳合社是世界上最大、历史最悠久的个人保险组织。个人保险组织的主要特点是个人担当保险人的角色，提供保险保障，并独立承担无限责任。

（5）保险合作社。保险合作社与相互保险组织有相同之处，都是属于非营利性质的保险组织，也都是成员之间相互提供保障。其不同之处在于：保险合作社属于社团法人，而相互保险组织中的相互保险公司属于企业法人。保险合作社要求社员加入时必须缴纳一定金额的股本，并且合作社与社员之间的关系比较紧密，社员认缴股本之后即使不是保单持有人也具有社员资格；而在相互保险公司形式下，只有保险关系建立，社员关系才存在。

（6）行业自保组织。行业自保公司具有一般商业保险所具备的优点，但其适用范围有限，主要针对的是行业内公司所面临的风险，尤其是那些传统保险市场不愿意承保的风险，以解决母公司风险管理上的困难，还可以获得税收方面的利益，减轻税收负担。

（二）我国保险市场的组织形式

我国现行《保险法》规定，保险公司可以采取股份有限公司、有限责任公司和国有独资公司等形式，还规定，保险公司以外的其他依法设立的保险组织，可以经营商业保险业务。这一规定为相互保险组织等其他保险组织形式预留了法律空间。

（1）国有独资保险公司。它是指国家出资设立的保险公司。在我国，典型的国有独资保险公司就是中国人民保险公司，它成立于1949年10月20日，其业务经营范围包括国内财产险、人身险、农业险、涉外险、出口信用险及国际再保险。它不仅在国内除台湾以外的各省、直辖市、自治区均设有分公司，还在港澳地区和国外设立了保险机构。1996年，中国人民保险公司扩建为中保集团，实行产、寿险分业经营，下设财产、人寿、再保险3个子公司，为推进我国保险业的发展起到了积极作用。

（2）股份保险公司。股份保险公司的保险业务属于纯商业保险范围，因此股份保险公司是以营利为目的的企业，其公司的性质、设立、运行、变更、组织机构类似于一般的股份公司。我国多数保险公司已进行股份制改组，使得股份保险公司成为保险公司组织形式的主导。

（3）相互保险组织。目前在我国有相互保险公司和相互保险社等形式的组织。相互保险公司是由所有参加保险的人自己设立的保险法人组织，其经营目的是为各保单持有人提供低成本的保险产品，而不是追逐利润。相互保险公司与股份保险公司各有优势，相互保险公司对保单持有人来说更有吸引力，其经营所获得的利润绝大部分返还给保单持有人，可以最大限度地降低成本并获得保障，还能更好地防范道德风险。在我国，第一家相互保险公司——阳光农业相互保险公司在黑龙江垦区农业风险互助保险的基础上于2005年1月11日正式成立。众惠财产相互保险社、汇友财产相互保险社、中国渔业互助保险社、信美人寿相互保险社均属于相互保险组织。

案例分析 3-2

信美人寿相互保险社

案例：信美人寿相互保险社（以下简称信美相互）于2017年5月5日正式获得中国保监会开业批复，并于5月11日取得工商营业执照，是国内首家成立的相互人寿保险组织。

信美相互被许可的业务范围为普通型保险，包括：人寿保险和年金保险；健康保险；意外伤害保险；上述业务的再保险业务；国家法律、法规允许的保险资金运用业务；经国家金融监督管理总局批准的其他业务。其中，会员产品保费收入占全部保费收入的比例不得低于80%。

信美相互秉承会员利益至上的宗旨，以会员共同所有、会员参与管理、会员共享盈余为最大特色，主要聚焦于同质风险保障需求的单位或个人，着力发展长期养老和健康保障业务，积极开展普惠金融和共享经济的实践探索，努力为保险行业发展注入新活力。

信美相互注册地为北京，初始运营资金为10亿元，主要发起会员为蚂蚁金服、天弘基金、国金鼎兴、成都佳辰、汤臣倍健、腾邦国际、新国都、北京远望、创联教育等9家企业，并在中央财经大学设立教育基金会、真爱梦想公益基金会。

问题：从信美相互的简介中可以看到，相互保险社这一组织形式与保险公司有什么不同？

分析：相互保险是指具有同质风险保障需求的单位和个人，通过订立合同成为会员，并缴纳保费形成互助基金，由该基金对合同约定的事故发生所造成的损失承担赔偿责任，或者当被保险人死亡、伤残、疾病或者达到合同约定的年龄、期限等条件时承担给付保险金责任的保险活动。相互保险组织没有外部股东，由全体投保人共同所有，不存在投保人与保险人之间的利益冲突。

从国际上看，相互保险组织具有以下3个独特优势：

一是投保人和保险人利益一致，能够较好地实现以客户利益为中心，并由客户参与管理，从而有效避免保险人不当经营和被保险人欺诈所导致的道德风险；

二是展业费用较低，核灾定损准确度较高，可以有效降低经营成本，为会员提供更经济的保险服务；

三是由于没有股东盈利压力，其资产和盈余都用于被保险人的福利和保障，可以发展有利于被保险人长期利益的险种。

资料来源：根据信美人寿相互保险社官网相关资料整理。

四、保险公司的业务经营环节

（一）保险销售

1. 保险营销与保险销售

保险营销是指以保险产品为载体，以消费者为导向，以满足消费者的需求为中心，运用整体手段，将保险产品转移给消费者，以实现保险公司长远经营目标的一系列活动，包括保险市场的调研，保险产品的构思、开发与设计、保险费率的合理厘定，保险分销渠道的选择，保险产品的销售及售后服务等一系列活动。保险销售是卖出保险产品的行为，是保险营销过程的一个环节，同时也是保险经营中至关重要的一步。只有做好保险销售，才能不断扩大承保数量，拓宽承保面，实现保险业务的规模经营，保证偿付能力，实现保险公司的利润目标。

2. 保险销售的主要环节

专业化保险销售流程通常包括4个环节，即准客户开拓、调查并确认准客户的保险需求、设计并介绍保险方案、疑问解答并促成签约。

（1）准客户开拓

准客户开拓就是识别、接触并选择准客户的过程，是保险销售环节中最重要的一个步骤。对保险销售从业人员来说，合格的准客户有4个基本标准：有保险需求、有交费能力、符合核保标准以及容易接近。常用的准客户开拓途径有陌生拜访、缘故开拓、连锁介绍、直接邮件和电话联络等。

案例分析 3-3

日本寿险业推销之神原一平的客户开拓方法

案例：原一平在日本寿险业是一个声名显赫的人物。日本有近百万的寿险从业人员，其中很多人不知道全日本排名靠前20家寿险公司总经理的姓名，却没有一个人不认识原一平。他的一生充满传奇，从一个被乡里人公认为无可救药的小太保，最后成为日本保险业连续15年全国业绩第一的“推销之神”。最穷的时候，他连坐公交车的钱都没有，可他最终凭借自己的毅力，成就了自己的事业。

有一天，原一平到一家百货公司买东西。任何人在买东西的时候，心里总会有预算，然后在这个预算之内，货比三家，寻找物美价廉的东西。忽然间，原一平听到旁边有人问女售货员：“这个多少钱?”

说来真巧，问话的人要买的东西与原一平要买的东西一模一样。

女售货员很有礼貌地回答：“这个要7万日元。”

“好，我要了，你给我包起来。”

想来真气人，同样东西，别人可以眼也不眨一下就买下来，而原一平却得为了价格而左右思量。原一平有条敏感的神经，他对这个人产生了极大的好奇心，决心追踪这位爽快的“有钱先生”。

“有钱先生”继续在百货公司里悠闲地逛了一圈，他看了看手表后，打算离开。那是一只名贵的手表。

“追上去。”原一平对自己说。

那位先生走出百货公司，走进了一幢办公大楼。大楼的管理员殷勤地向他鞠躬。果然是个大人物，原一平缓缓地吐了一口气。眼看他走进了电梯，原一平问管理员：

“你好，请问刚刚走进电梯那位先生是……”

“你是什么人?”

“是这样的，刚才在百货公司我掉了东西，他好心地捡起给我，却不肯告诉我大名，我想写封信给他表示感谢，所以跟着他，冒昧向你请教。”

“哦，原来如此，他是某某公司的总经理。”

“谢谢你!”

推销没有限制地点，只要有机会，你随时随地都可以找到准客户。

问题：此案例中，原一平使用的是哪一种客户开拓方法？这种方法的要点是什么？

分析：原一平在此案例中使用的是陌生拜访法，这种方法被准客户拒绝的概率非常高，对销售人员的心理挑战极大，要点就是把生活当作营销，随时随地发现客户、开拓客户。

资料来源：胡栋梁，胡艳红．推销之神原一平［M］．北京：中国经济出版社，1992.

（2）调查并确认准客户的保险需求

为了确认准客户的保险需求，必须进行实地调查，即通过对准客户的风险状况、经济状况的分析，来确定准客户的保险需求，从而设计出适合准客户的保险方案。

（3）设计并介绍保险方案

保险销售人员可以根据调查得到的信息，设计几种可供选择的保险方案，并说明每一种方案的成本和可以得到的保障，以满足准客户的保险需求。

保险方案说明是指对拟订的保险方案向准客户做出简明、易懂、准确的解释。在向准客户表述保险方案时，应尽量使用通俗的语言和图表，避免使用专业性太强的术语和复杂的计算。对于重要的信息则要解释准确，尤其是涉及保险责任、责任免除、未来收益等重要的事项时，一定要确认准客户切实了解方案中的相关内容，以免产生纠纷。

（4）疑问解答并促成签约

准客户对保险方案完全满意以至于毫无异议地购买保险的情况是极为少见的，有异议是销售过程中的正常情况。如果准客户提出异议，保险销售人员要分析原因，并有针对性地解答准客户的疑问。

促成签约是指保险销售人员在准客户对投保建议书基本认同的前提下，促成准客户达成购买承诺、指导准客户填写投保单的过程。

3. 保险销售渠道

保险销售渠道是指保险商品从保险公司向客户转移过程中所经历的途径。保险销售渠道按照有无保险中介参与，可分为直接销售渠道和间接销售渠道。直接销售渠道是指保险公司通过自己的销售渠道获得业务的销售模式；间接销售渠道是指保险公司通过中介渠道（如保险代理人、保险经纪人）获得业务的销售模式。

（1）直接销售渠道

直接销售渠道（亦称直销制）是一种能够使保险公司和消费者进行直接交易的销售渠道。直接销售渠道的具体方法有：直销人员销售、直接邮寄销售、电话销售和网络销售等。其中值得一提的是网络销售，它是保险公司利用互联网技术和功能销售保险产品，提供保险服务，在线完成保险交易的一种销售方式。具体而言，网络销售的过程是这样的：客户通过登录保险公司开设的专业保险服务网站，在网上选择该公司提供的保险产品。如有意投保某一险种，则在网上填写投保单，提出投保要约。保险公司核保后，做出同意承保或拒绝承保的回复，由投保人在网上或通过其他方式支付保险费，保险公司收到保费后，向其寄发保险单。随着信息技术的发展，网络作为“第四媒体”，将成为21世纪无时区、无疆界的保险销售工具。

（2）间接销售渠道

间接销售渠道（亦称中介制）是指保险公司通过保险中介机构、依法取得资格证书的保险销售从业人员等中介销售保险产品的方式。保险中介不能代替保险人承担保险责任，只是通过参与代办、推销、提供专门技术服务等各种保险活动来促成保险销售的实现。间接销售渠道主要有保险代理人销售和保险经纪人销售。

教学互动 3-2

请分析，从保险公司的角度出发，要销售保险产品，选择直接销售渠道和间接销售渠道各有什么优点与缺点？

（二）保险承保

保险承保是保险人对愿意购买保险的单位或个人（即投保人）所提出的投保申请进行审核，决定是否接受和如何接受的过程。可以说，保险业务的要约、承诺、核查、订费等签订保险合同的全过程都属于承保业务环节。实际上，承保环节就是保险合同双方就保险条款进行实质性谈判的阶段。承保是保险经营的一个重要环节，承保质量的好坏直接关系到保险人经营的财务稳定性和经营效益的高低。有关保险承保的具体环节和内容，本书将在保险承保项目中进行详细阐述。

（三）保险客户服务

保险客户服务是保险公司经营活动最重要的内容之一。保险公司提供优质客户服务的能力对建立和保持积极、持久和紧密的保险客户关系是十分重要的。保险客户服务以实现客户满意最大化、维系并培养忠诚保险客户、实现客户价值与保险公司价值的共同增长为目标。

保险客户服务包括保险产品的售前、售中和售后三个环节的服务，在每一个环节上又都包含着具体详细的内容。售前服务是指保险人在销售保险产品之前为消费者提供各种有关保险行业、保险产品的信息、资讯，咨询，免费举办讲座，进行风险规划与管理等服务。售中服务是指在保险产品销售过程中保险人为客户提供的各种服务。如在寿险客户服务中，协助投保人填写投保单、准确解释保险条款、免费体检、保单包装与送达、为客户办理自动交费手续等。售后服务是指在客户签单后保险人为客户提供的一系列服务。在寿险客户服务中，售后服务的方式主要有提供免费查询热线、定期拜访、契约保全和保险赔付等。

1. 财产保险客户服务的特殊内容——防灾防损

财产保险公司可以主动或应客户要求提供一些特殊的服务。例如，收集中长期气象、灾害预报及实时的天气预报信息，协助客户做好灾害防御工作；针对可能发生的暴风、暴雨、台风、洪涝等重大灾害，事先制订详细、可行的预案，建立防灾协作网，并逐项贯彻落实。

财产保险公司一般会定期对保险标的的安全状况进行检查，及时向客户提出消除不安全因素和隐患的书面建议。切实做好火灾、爆炸等重点风险的防范工作，对灾害易发区域要留影存查并进行重点监控；针对灾害隐患，要向企业提出切实可行的整改方案，并督促其贯彻落实。

2. 人寿保险客户服务的特殊内容——保全

"保全"一词在人寿保险实务上有广义和狭义两种。广义而言，自人寿保险契约成立时起至终止时止，凡在保险期间内发生的一切事务都可称为保全。广义的保全不仅包括保险费的收缴、契约内容的变更，更包括保险金、保单贷款、退保金、红利等各类给付事务。狭义的保全仅包括契约内容的各种变更、保单错误的更正以及保险金和退保金的给付。保全服务是寿险公司业务量最大的服务，寿险公司一般都设有处理保全业务的职能部门。

（四）保险投资

保险投资是指保险公司为了保证保险基金的保值增值以及增强保险偿付能力，将暂时闲置的保险资金进行投资运用。在各国保险市场上，保险投资已经成为保险公司生存、发展和壮大的重要保证，同时，各国资本市场的不断发展壮大也需要利用保险投资来推动。

1. 保险投资的原则

（1）安全性原则。《保险法》第一百零六条规定：保险公司的资金运用必须稳健，遵循安全性原则。保险资金来源于投保人缴纳的保险费，这就决定了保险经营的特殊性——负债经营。因此，保险公司在投资时必须首先保证资金的安全。在保险投资的各原则中，安全性原则是核心。

（2）流动性原则。流动性是指在不损失资产价值的前提下，能随时抽回投资，流动性的强弱通常用变现能力的强弱来衡量。一般来说，不同险种对流动性的要求也不一样。期限短或事故发生概率大的险种，对流动性的要求高，而期限长、事故发生概率小或比较稳定的险种，对流动性要求并不高。

（3）营利性原则。营利性原则要求保险投资要以获得收益为条件。当然，收益与风险是成正比的，收益率越高，风险就越大，这就出现了营利性与安全性、流动性的矛盾。在现实中，保险投资一般是在保证安全性和流动性的前提下，追求最大限度的盈利。

2. 保险投资的渠道

由于保险投资强调安全性，且关系重大，因此很多国家对于保险投资的渠道均有严格的限制。我国之前曾严格限定保险资金投资仅限于银行存款和购买国债，但随着金融市场的发展、投资品种的丰富以及保险公司投资水平的提高，保险投资的渠道正在不断拓宽。

根据国家金融监管总局的数据，截至2023年12月末，保险业资金运用余额27.67万亿元。其中，银行存款、债券、股票和证券投资基金占比分别为9.84%、45.41%、12.02%。受权益市场波动影响，银行存款及债券投资环比小幅增长，权益类投资占比环比下降。

知识拓展 3-3

《保险法》第一百零六条规定：保险公司的资金运用必须稳健，遵循安全性原则。保险公司的资金运用限于下列形式：银行存款；买卖债券、股票、证券投资基金份额等有价证券；投资不动产；国务院规定的其他资金运用形式。保险公司资金运用的具体管理办法，由国务院保险监督管理机构依照前两款的规定制定。

（五）保险理赔

阅读材料3-3

平安产险推出8项应急服务举措，全力应对河南特大暴雨灾情

保险理赔是指保险人在保险标的发生风险事故后，对被保险人或受益人提出的索赔要求进行处理的行为。保险理赔并不等于支付赔款，但是保险理赔对于保险人来说具有重要的意义。从法律角度看，无论保险人是否支付赔款，保险理赔都是履行保险合同的过程，是法律行为。也就是说，被保险人或受益人提出索赔要求，保险人就应按照法律或合同约定进行处理。从经营角度看，保险理赔充分体现了保险的经济补偿职能及作用，是保险经营的重要环节。保险理赔也是对承保业务和风险管理质量的检验，通过保险理赔可以发现保险条款、保险费率的制定和防灾防损工作中存在的漏洞与问题，为提高承保业务质量、改善保险条件、完善风险管理提供依据；保险理赔还可以提高保险公司的信誉，扩大保险在社会上的影响，促进保险业务的发展。有关保险理赔的具体环节和内容，本书将在保险理赔项目中进行详细阐述。

项目小结

在各类保险中，起源最早、历史最长的险种当属海上保险。共同海损分摊原则是海上保险的萌芽，船货抵押借款制度是海上保险的雏形，基尔特制度是人身保险的雏形。我国现代保险是在19世纪初伴随着外国资本输入而传入的，目前我国的保险业快速发展，已经进入了全面开放的发展时期。

保险的职能包括基本职能和派生职能，一般认为，保险的基本职能是补偿损失和给

付保险金，保险的派生职能是防灾防损和融通资金。

保险市场是金融市场非常重要的一个子市场，是保险商品交换的场所，通常保险市场由保险市场的主体、客体和价格三个要素构成，主体包括保险需求方、保险供给方和保险中介人以及保险监管机构等。保险市场组织形式主要包括国有保险公司、股份保险公司、相互保险组织、个人保险组织、保险合作社、行业自保组织等。保险公司的主要经营环节有保险销售、保险承保、保险客户服务、保险投资、保险理赔等。

重点回顾

1. 保险市场的构成要素。

2. 保险市场的组织形式。

3. 保险公司主要经营环节。

基础知识练习

一、单项选择题

1. 在保险发展的历史上，海上保险的雏形是（　　）。

A. 黑瑞甫制度　　B. 公典制度

C. 船舶抵押借款制度　　D. 基尔特制度

2. 在各类保险中，起源最早、历史最长者当属（　　）。

A. 海上保险　　B. 人寿保险

C. 责任保险　　D. 火灾保险

3. 首次采用按房屋危险情况实行差别费率方法，被誉为“现代保险之父”的人是（　　）。

A. 哈雷　　B. 巴蓬

C. 黑瑞甫　　D. 基尔特

4. 编制了世界上第一张生命表、为现代人寿保险奠定了数理基础的英国数学家和天文学家是（　　）。

A. 巴蓬　　B. 辛普森

C. 多德森　　D. 哈雷

5. 以下关于中国现代保险形成的说法，不正确的是（　　）。

A. 我国现代保险是伴随着外国的资本输入而传入的

B. 外商在中国开设的第一家保险机构是广州保险公司

C. 中国第一家民族保险企业是中国人民保险公司

D. 中国第一家民族保险企业是1865年成立的上海华商义和公司保险行

6. 基于投保人的利益，为投保人与保险人订立保险合同提供中介服务，并依法收取佣金的机构指的是（　　）。

A.保险人　　B.保险代理人

C.保险经纪人　　D.保险公估人

7.以下与保险需求成反比关系的因素是（　　）。

A.风险　　B.经济发展水平

C.政府行为　　D.保险价格

8.以下关于保险供给影响因素的说法中，不正确的是（　　）。

A.偿付能力的高低制约着保险供给的规模，两者成反比关系

B.保险业经营管理水平越高，保险供给越多

C.保险价格偏高则刺激保险供给增加，保险价格偏低则抑制保险供给

D.政府监管对于保险供给的影响是多方面的

9.保险公司运用保险资金需要满足的前提条件是（　　）。

A.保证资金获得最大收益　　B.保证保险的赔偿或给付

C.保证被保险人的收益　　D.保证资本市场的繁荣发展

10.在保险投资的各原则中，核心原则是（　　）。

A.流动性原则　　B.营利性原则

C.安全性原则　　D.增值性原则

11.在保险市场组织形式中，世界各国普遍采用的组织形式是（　　）。

A.国有保险公司　　B.股份制保险公司

C.相互保险组织　　D.行业自保组织

12.目前，在我国负责监管保险业的政府机构是（　　）。

A.保险行业协会　　B.保监会

C银保监会　　D.国家金融监督管理总局

13.站在中立的立场上，从事保险标的的评估、鉴定、查勘、定损等业务的机构是（　　）。

A.保险人　　B.保险代理人

C.保险经纪人　　D.保险公估人

14.以下关于保险密度和保险深度的说法，不正确的是（　　）。

A.保险深度又称为人均保费收入

B.保险密度是按照一个国家人口计算的人均保费收入

C.保险深度是指保费收入占国内生产总值的比例

D.保险深度反映一个国家的保险业在其国民经济中的地位

15.财产保险客户服务的特殊内容是（　　）。

A.保单变更　　B.保单贷款

C.防灾防损　　D.保险咨询

二、多项选择题

1.保险的直接销售渠道包括（　　）。

A.电话销售　　B.网络销售

C.保险代理人销售　　　　　　D.保险经纪人销售

2.保险中介人包括（　　）。

A.保险人　　B.保险代理人　　C.保险经纪人　　D.保险公估人

3.从国际上来看，保险市场的组织形式有（　　）。

A.国有保险公司　　　　　　B.股份制保险公司

C.个人保险组织　　　　　　D.行业自保组织

4.目前，我国保险资金运用可采用的形式包括（　　）。

A.银行存款　　B.国债　　C.不动产　　D.期货

5.保险市场的构成要素包括（　　）。

A.保险需求　　B.保险供给　　C.保险中介　　D.保险监管

三、简答题

1. 影响保险需求的因素有哪些？

2. 影响保险供给的因素有哪些？

3. 简述国际上保险市场的组织形式。

四、案例分析题

劳合社向来是世界保险业走势的"风向标"，尤其在航空险、水险的费率方面引领全世界，劳合社进入中国市场有助于推动国内保险市场进一步国际化。劳合社一直将中国市场视为重要的市场，早在2000年就在北京成立代表处，但其进入中国的历程充满曲折和艰辛，一直到2007年才在上海成立劳合社保险（中国）有限公司，劳合社（中国）有限公司北京分公司于2015年3月16日正式开业。为适应中国市场，劳合社采用经纪人模式经营再保险业务，具体来说，就是当地的经纪人将业务介绍到伦敦的市场进行承保，但保费留在中国境内，进行保守形式的投资。

请根据在本项目中学到的国际保险市场上的组织形式和我国的保险组织形式的内容，分析一下为何劳合社进入中国花了那么长的时间，主要障碍在哪。

实战演练

1.通过网络查询有代表性的人寿保险公司和财产保险公司，查询中资保险公司和外资保险公司各一家，完成以下两个要求：

（1）比较人寿保险公司和财产保险公司业务范围、服务、企业文化等方面的差异；

（2）总结中资保险公司和外资保险公司各自的优势与劣势。

2.在网络上查询一家保险公司的相关信息，用通俗简练的语言，在2～3分钟之内有重点地介绍该保险公司。

项目三　练习题参考答案及解析

项目四 设计财产保险投保方案

学习目标

知识目标：

1. 了解财产保险的特征；

2. 掌握企业财产保险、家庭财产保险、机动车辆保险、责任保险及信用（保证）保险的保险标的、保险责任范围、保险金额和保险价值的确定、保险期限和保险费率等内容。

技能目标：

1. 能区分企业财产保险、家庭财产保险、机动车辆保险、责任保险及信用（保证）保险的保险标的、承保范围及各自特点；

2. 能根据情境设计财产保险的保险方案。

素养目标：

通过对本项目中财产损失保险、责任保险、信用保险的学习，树立“我为人人，人人为我”的观念，对自己负责，对自己应负的责任担责，为国家和社会的发展尽自己的一份力量。

情境导入

张先生与保险经纪人进行保险观念沟通之后，对保险有了更加深入的认识，感受到了保险的作用，并对保险经纪人的专业性非常认同。张先生认识到，他创办的企业以及他的家庭都需要保险来保驾护航。那么，对于保险经纪人来说，接下来的工作任务就是详细了解张先生的企业及家庭的情况，分析并确认保险需求，然后为其量身定制保险方案。

任务一　认识财产保险的主要险种和特征

一、财产保险的定义

财产保险有广义和狭义之分。狭义财产保险是指以有形的物质财产为保险标的的保险，也称为财产损失保险。广义财产保险是指以财产及其有关的经济利益和损害赔偿责任为保险标的的保险，既包括财产损失保险，也包括责任保险、信用保险与保证保险。《保险法》第九十五条规定："财产保险业务，包括财产损失保险、责任保险、信用保险、保证保险等保险业务。"可见，我国采用广义财产保险的定义。

二、财产保险的特征

1. 财产保险经营复杂，技术要求高

财产保险所要保障的风险包括各种自然灾害、意外事故、法律责任以及信用行为。在财产保险中，保险标的的种类十分繁杂，包括企业财产、家庭财产、机动车辆、船舶、飞机、运输途中的货物、建筑工程、农作物等。由于保险标的的复杂性和多样性，这就要求保险人要熟悉与各种保险标的相关的技术知识。另外，财产保险的危险相对集中，一旦发生巨灾风险事故就可能导致巨大的损失，所以财产保险公司对再保险依赖较大。

2. 保险标的可以用货币衡量价值

广义财产保险是以有形的物质财产及其有关的经济利益和损害赔偿责任为保险标的。不管是有形的物质财产，还是无形的利益和责任，财产保险的保险标的必须是可以用货币衡量价值的财产或利益，而无法用货币衡量价值的财产或利益不能作为财产保险的保险标的，如空气、江河和国有土地等。

3. 保险金额的确定有客观依据

财产保险的保险金额的确定一般参照保险标的的实际价值，保险人和投保人在保险价值限度以内确定保险金额，作为保险人承担赔偿责任的最高限额。比较特殊的是在责任保险中，主要根据投保人的实际需要，参照最大可能损失确定其所购买的责任保险的保险金额。因此，在理论上，财产保险的保险金额的确定具有客观依据。

4. 保险期限一般较短

大部分财产保险的保险期限为1年或者1年以内，不过也有一些特殊的情况，例如，在货物运输保险和船舶保险中，保险期限实际是一个空间范围。例如，我国海上运输货物保险的保险期限的确定依据是"仓至仓"条款；在远洋船舶航程保险中，保险期限以保单上载明的航程为准，即自起运港到目的港为保险责任的起讫期限；农业保险主要根据动植物的生长周期来确定保险期限。

5. 财产保险合同属于补偿性合同

财产保险合同属于损失补偿合同，保险人只有在合同约定的保险事故发生并造成被保险人的财产损失时才承担经济补偿责任，而且补偿的额度以被保险人在经济利益上恢复到受灾以前的状况为限，绝不允许被保险人获得超过实际损失以外的额外利益。

6. 财产保险只具有保障功能，大部分属于消费型险种

长期人身保险具有储蓄和投资的功能，除了被保险人在保险期限内死亡，保险人向受益人支付死亡保险金外，通常在保单到期时保险人还要支付满期保险金。因此，除定期寿险外，一般来说人身保险单个合同具有对等性。但是，财产保险通常只有保障功能，就单个财产保险合同来说，投保人所缴纳的保险费与将来可能得到的赔偿金额是不对等的，有可能缴纳几百元保险费而获得几十万元甚至几万元的保险金赔偿，也有可能连续缴纳多年的保险费却因没有发生保险事故得不到任何保险金，同时保险费亦不退还。

三、财产保险的种类

财产保险的分类标准及各种险种名称都有一个演变的过程。如海上保险是按风险发生的区域来命名的，火灾保险是按风险事故来命名的，汽车保险则是按保险标的来命名的。目前，国际上一些国家将财产保险改称非寿险，以示与寿险的区别，其范围更加广泛。在我国，习惯上将财产保险划分为财产损失保险、责任保险和信用（保证）保险三大类。

（一）财产损失保险

1. 企业财产保险

企业财产保险是适用于各种企业、社团、机关和事业单位的一种财产保险，主要承保因火灾或其他自然灾害和意外事故造成被保险人的财产损失。除了直接损失之外，还有承保由于保险事故的发生，使被保险人在一个时期内停产、停业或营业中断而受到影响的间接经济损失的利润损失保险，其通常作为企业财产保险的附加险或特约保险项目。

2. 家庭财产保险

家庭财产保险是适用于我国城乡居民家庭的一种财产保险，其承保责任范围与企业财产保险综合险基本相同。

知识拓展 4-1　　火灾保险

火灾保险简称火险，是指以存放在固定场所并处于相对静止状态的财产物资为保险标的，由保险人承担保险财产遭受保险事故损失的经济赔偿责任的一种财产保险。火灾保险历史悠久，自1666年伦敦大火之后产生，是最传统的一种财产保险业务。最初的火灾保险承保的风险只有火灾一种，而如今火灾保险的保障范围包括火灾、爆炸、雷击、空中运行物体坠落以及一些常见自然灾害，但人们仍称之为火灾保险。火灾保险与其他财产保险业务最大的区别在于，其强调保险标的的相对静止状态以及存放地址的固定性。火灾保险从险种来看，主要包括企业财产保险和家庭财产保险。

3. 运输工具保险

运输工具保险是承保因自然灾害和意外事故造成运输工具的损失及被保险人在使用运输工具过程中产生的对第三者的民事损害赔偿责任的综合性财产保险。我国常见的运输工具保险险种有机动车辆保险、船舶保险和飞机保险等。

机动车辆保险包括机动车辆损失保险和机动车辆第三者责任保险两个基本险和若干附加险，主要承保机动车辆遭受自然灾害、意外事故造成车辆本身损失以及在使用车辆过程中依法应承担的民事损害赔偿责任。

船舶保险承保船舶本身的损失以及与船舶有关的各种利益、船舶在航行中引起的碰撞责任、共同海损等。船舶保险主要有远洋船舶保险和沿海内河船舶保险两种。

飞机保险保障的范围包括飞机本身的损失以及在营运过程中应对公众、机上旅客和托运货物承担的法定责任。飞机保险主要有机身保险、第三者法定责任保险和旅客法定责任保险三个基本险以及承运货物责任险、战争劫持险等若干附加险。

4. 货物运输保险

从世界范围来说，货物运输保险起源于海上保险，是最古老的险种之一。货物运输保险的承保对象是装载在运输工具上的各种货物，其保险标的与运输工具保险的保险标的一样，一般处于流动状态，它承保货物在运输过程中因遭受自然灾害和意外事故所造成的损失。无论是对外贸易还是国内贸易，商品从生产者到消费者手中，都要经过运输过程。货物运输保险已经成为贸易，尤其是国际贸易的一个重要内容，促进了商品交易和运输业的发展。

按照运输工具和运输方式不同，货物运输保险可分为水上运输险、陆上货运险、航空运输险、邮包险、联运险；按照适用范围，可分为国内货物运输保险和海洋货物运输保险；按照保险人承担的责任，可以将海洋货物运输险分为平安险、水渍险和一切险。

货物运输保险在财产保险中具有特殊性，具体如下：

（1）货物运输保险的保障对象具有多变性。货物运输保险的保障对象的多变性主要指被保险人的多变性。货物在运输过程中频繁易手，不断变换所有人，必然会导致货物运输保险的被保险人不断变化。货物运输保险的保险合同可以随着货物所有权的转移而自由转移，无须事先征得保险人的同意。

（2）货物运输保险承保的风险具有综合性。货物运输保险承保的风险范围远远超过一般财产保险承保的风险范围。从性质上看，既有财产和利益上的风险，又有责任上的风险；从范围上看，既有海上风险，又有陆上和空中风险；从风险种类上看，既有自然灾害和意外事故引起的客观风险，又有外来原因引起的主观风险。

（3）国内货物运输保险的保险金额的确定采用定值保险的方法。保险金额可由被保险人和保险人双方具体协商确定，一般按离岸价、到岸价和目的地市价确定保险金额。离岸价是指货物在货物起运地的销售价，到岸价是指货物起运地的销售价加上到达目的地的各种运杂费，目的地市价是指被保险人在目的地的货物销售价。大多数财产保险公司的国内水路、陆路货物运输保险的保险金额是按照到岸价确定的。（定值保险的内容详见项目七 认识保险合同）

（4）国内货物运输保险的保险期限具有空间性特征。保险责任起讫以约定的运输路程为准，一般没有固定的起止时间。“仓至仓条款”是确定货物运输保险的保险责任期限的主要依据，具体为：保险责任的起讫期是自签发保险凭证和保险货物运离起运地发货人的最后一个仓库或储存处所时起，至该保险凭证上注明的目的地收货人在当地的第一个仓库或储存处所时终止。若保险货物运抵目的地后，收货人未及时提货，则保险责任的终止期最多延长至以收货人接到“收货通知单”后的15天为限（以邮戳日期为准）。

（5）货物运输保险的国际性。货物运输保险的国际性主要表现在其所涉及的地理范围超越了国家和区域界限。国际运输货物保险所涉及的保险关系人，不仅是本国的公民，而且包括不同国家和地区的贸易商、承运人、金融机构与货主等，因此由保险产生的纠纷的预防和解决，必须依赖国际性法规和国际惯例。

知识拓展 4-2　　国内货物运输保险的责任范围和责任免除

国内水路、陆路货物运输保险分为基本险和综合险两种。

1.基本险的保险责任。保险人负责赔偿保险货物遭受的下列损失：因火灾、爆炸、雷电、冰雹、暴雨、洪水、地震、海啸、地陷、崖崩、滑坡、泥石流所造成的损失；由于运输工具发生碰撞、搁浅、触礁、倾覆、沉没、出轨或隧道、码头坍塌所造成的损失；在装货、卸货或转载时，因遭受不属于包装质量不善或装卸人员违反操作规程所造成的损失；按国家规定或一般惯例应分摊的共同海损的费用；在发生上述灾害、事故时，因纷乱而造成货物的散失及因施救或保护货物所支付的直接、合理的费用。

2.综合险的保险责任。保险人除承担基本险的责任外，还负责赔偿保险货物遭受的下列损失：因受震动、碰撞、挤压而造成破碎、弯曲、凹瘪、折断、开裂或包装破裂致使货物散失的损失；液体货物因受震动、碰撞或挤压致使所用容器（包括封口）损坏而渗漏的损失，或用液体保藏的货物因液体渗漏而造成保藏货物腐烂变质的损失；遭受盗窃或整件提货不着的损失；符合安全运输规定而遭受雨淋所致的损失。

3.责任免除。货物运输保险的保险人对由于战争或军事行动、核事件或核爆炸、保险货物本身的缺陷或自然损耗，以及由于包装不善、被保险人的故意行为或过失造成的保险货物的损失不承担赔偿责任。另外，对于全程为公路运输的，因盗窃和整件提货不着造成的损失也不承担赔偿责任。

5.工程保险

工程保险是承保各类工程项目在建设过程中因自然灾害和意外事故造成的物质损失、费用支出和依法应对第三者的人身伤亡或财产损失承担的经济赔偿责任的一种综合性财产保险。

工程保险的承保标的是在建工程和安装工程项目。现代建筑工程和安装工程的特点是规模宏大、设计与施工技术复杂、建筑材料及机器设备价格昂贵。工程项目在施工、安装、试运行过程中，既有遭受自然灾害和意外事故的风险，也有因设计失误、工艺不善，甚至施工工人违规操作造成损失的风险，而一旦事故发生往往损失巨大。常见的工程保险险种有建筑工程一切险、安装工程一切险和机器损坏险。

建筑工程保险承保各类建筑工程项目以及在建筑施工过程中的物料、机器设备等，并设第三者责任险为附加险，对工程项目在建筑期间造成第三者财产损失或人身伤亡而依法应由被保险人承担的经济赔偿责任予以承保。

安装工程保险承保各类安装工程项目以及在安装施工过程中的机器、机械设备、物料等，并附设第三者责任险。

机器损坏保险承保已经安装完毕并投入运行的机器设备因人为的、意外的或物理的原因造成的物质损失。

6. 特殊风险保险

特殊风险保险是为特殊行业设计的各种保险，保险标的具有较强的专业性。常见的特殊风险保险险种有海洋石油开发保险、航天保险和核电站保险等。

7. 农业保险

农业保险是指保险机构对被保险人在种植业、林业、畜牧业和渔业生产中因保险标的遭受约定的自然灾害、意外事故、疫病、疾病等保险事故所造成的财产损失，承担赔偿保险金责任的保险活动。

农业保险主要险种有种植业保险和养殖业保险。种植业保险有农作物保险、林木保险等，养殖业保险有牲畜保险、家禽保险、水产养殖保险等。

知识拓展 4-3　　农业保险的特征

农业生产在很大程度上受自然因素的影响，与其他财产相比，农业保险具有以下特点：

1. 地域性。各种动植物的生长和发育都要有严格的自然条件，然而各地区的地形、气候、土壤等自然条件不同，再加上各地社会经济、生产条件、技术水平不同，农业保险只能根据各地区的实际情况确定承保条件，无法实现全国统一。

2. 季节性。由于动植物生长受自然因素制约，具有明显的季节性，这就要求农业保险公司在整个业务操作过程中，必须对动植物的生物学特性和自然生态环境有正确的认识，掌握农业保险各种保险标的的特点。

3. 连续性。动植物的成长过程是不能中断的，并且是互相影响和互相制约的，因而，农业保险具有连续性。农业保险的经营者要考虑动植物生长的连续性，要有全面和长期的观点，才能使农业保险业务稳步发展。

4. 政策性。由于农村经济发展水平不平衡，被保险人缴费能力普遍有限，而且农业风险事故发生频率高、影响面广、保险赔付率高，一般商业保险公司不经营农业保险业务。为了保障农业生产的稳定，促进农村经济发展，许多国家都把农业保险作为政策性保险业务，由政府扶持的政策性保险公司来经营。

（二）责任保险

责任保险是以被保险人依法应负的民事损害赔偿责任或经过特别约定的合同责任作为保险标的的保险。责任保险可以单独承保，也可以作为其他财产保险的附加险承保。可以单独承保的责任保险主要有公众责任保险、产品责任保险、雇主责任保险和职业责任保险。

（1）公众责任保险。公众责任保险（又称“普通责任保险”）承保被保险人在固定场所进行生产、经营或其他活动时，因发生意外事故而造成的他人财产损失或人身伤亡，依法应由被保险人承担的经济赔偿责任。

（2）产品责任保险。产品责任保险承保被保险人所生产、销售、修理的产品发生事故，造成该产品的用户、消费者或其他任何人的财产损失或人身伤害，依法应由被保险人承担的经济赔偿责任。

（3）雇主责任保险。雇主责任保险承保被保险人（即雇主）所雇用的员工在受雇期间从事保险单所载明的与被保险人的业务有关的工作时，因遭受意外事故而受伤、残疾、死亡，或患有与职业有关的职业性疾病，根据法律或雇佣合同应由被保险人承担的经济赔偿责任。

（4）职业责任保险。职业责任保险承保各种专业技术人员由于工作上的疏忽或过失造成合同对方或他人的财产损失或人身伤害的经济赔偿责任。

（三）信用保险和保证保险

信用保险和保证保险所承保的都是信用风险。权利人要求担保对方信用的保险属于信用保险。常见的信用保险有一般商业信用保险和进出口信用保险。被保证人根据权利人的要求投保自己信用的保险属于保证保险。常见的保证保险有合同保证保险、产品保证保险和忠诚保证保险等。

任务二 设计企业财产保险投保方案

情境导入

张先生的“家乐”食品加工厂位于南方某沿海城市，主要生产水果加工产品，产品大部分销往国内，一部分销往国外。企业拥有厂房、库房、机器设备等固定资产，库房中存放着原材料以及成品，还有2辆用于运输的卡车和近50名员工。近年来，由于气候异常，极端天气频发，地处沿海城市的“家乐”食品加工厂经常遭受台风侵扰，对企业的生产经营造成不利影响。

一、企业财产保险的定义及适用范围

企业财产保险是指以投保人存放在固定地点的财产作为保险标的的一种保险。企业财产保险是我国财产保险业务的主要险种之一，其常见险别是企业财产基本险和综合险。

在我国，企业财产保险的适用范围很广，凡具有法人资格的，从事生产、流通和

服务性活动的，独立核算的经济单位均可投保企业财产保险。需要注意的是，企业财产保险的投保人并不仅局限于企业，国家机关、人民团体、事业单位等虽然是非经济单位，但也拥有一定的财产，也可投保此险种。因此，企业财产保险也称为团体财产保险。

二、企业财产保险的保险标的范围

（一）可保财产

可保财产是指保险人根据保险条款的规定可以承保的财产。凡是被保险人所有或与他人共有而由被保险人负责的财产、由被保险人经营管理或替他人保管的财产、其他法律上承认的与被保险人有经济利害关系的财产，如房屋、建筑物及附属装修设备、机器设备、工具、仪器、生产用具、低值易耗品、原材料、半成品、在产品、产成品或库存商品、建筑物和建筑材料等，都可以作为企业财产保险的保险标的。

（二）特约可保财产

特约可保财产是指那些价值不易确定，或在一般情况下，因遭受保险事故而致损的可能性小，经保险双方特别约定后，在保险单明细表上载明的保险人可以承保的财产。特约可保财产又可分为不需提高费率的特约可保财产和需提高费率的特约可保财产。不需提高费率的特约可保财产是指市场价格变化较大或无固定价格的财产，如金银、珠宝、玉器、首饰、古玩、字画、邮票、艺术品、稀有金属和其他珍贵财物，以及堤堰、水闸、铁路、涵洞、桥梁、码头等；需提高费率或需附加保险特约条款的特约可保财产一般包括矿井及矿坑的地下建筑物、设备和矿下物资等。

（三）不可保财产

不可保财产是指保险人不予承保的财产。不可保财产主要包括：（1）不属于一般性的生产资料或商品的财产，如土地、矿藏、矿井、森林和水产资源等。（2）缺乏价值依据或很难鉴定其价值的财产，如货币、票证、有价证券、文件、账册、图表和技术资料等。（3）承保后会产生不良社会影响或与政府的有关法律法规相抵触的财产，如违章建筑和非法占用的财产等，以及必然会发生危险的财产，如危险建筑。（4）应投保其他险种的财产，如运输过程中的物资应投保货物运输保险，领取执照正常运行的机动车应投保机动车辆保险，畜禽类应投保养殖业保险等。

三、企业财产保险的保险责任范围

企业财产保险主要有基本险、综合险、附加险等险种。

（一）基本险和综合险的保险责任

1. 企业财产保险基本险的保险责任

（1）火灾。火灾是指在时间或空间上失去控制的燃烧所造成的灾害。构成本保险的火灾责任必须同时具备以下三个条件：有燃烧现象，即有热有光有火焰；偶然、意外发生燃烧；燃烧失去控制并有蔓延扩大的趋势。

（2）爆炸。爆炸分为物理性爆炸和化学性爆炸。物理性爆炸是指由于液体变为蒸汽或气体膨胀，压力急剧增加并大大超过容器所能承受的极限压力，因而发生爆炸。化学性爆炸是指物体在瞬息分解或燃烧时放出大量的热量和气体，并以很大的压力向四周扩散的现象。

（3）雷击。雷击责任包括多种，有雷电直接击中保险标的造成损失，还有由于雷击产生的静电感应或电磁感应使屋内对地绝缘金属物体产生高电位放出火花引起的火灾，导致电器本身的损毁，以及因雷电的高电压感应致使电器部件损毁。

（4）飞行物体及其他空中运行物体坠落。凡是因空中飞行器、人造卫星、陨石坠落，吊车在运行时发生的物体坠落造成的保险标的的损失，都属保险责任。

（5）被保险人拥有财产所有权的自用的供电、供水、供气设备因保险事故受损，引起停电、停水、停气以致造成保险标的的直接损失。

（6）在发生保险事故时，为抢救保险标的或防止灾害蔓延，采取合理的、必要的措施而造成保险标的的损失，以及在保险事故发生后，被保险人为防止或者减少保险标的损失所支付的必要和合理的费用。

2. 企业财产保险综合险的保险责任

在企业财产保险综合险中，保险人的责任比基本险有所扩展，除了承保基本险的责任以外，还负责赔偿因暴雨、洪水、台风、暴风、龙卷风、雪灾、雹灾、冰凌、泥石流、崖崩、突发性滑坡和地面突然塌陷等自然灾害造成的保险标的的损失。

（二）企业财产保险基本险和综合险的责任免除

企业财产保险基本险和综合险的责任免除主要包括以下情况：

（1）战争及类似战争行为、敌对行为、军事行动、武装冲突、罢工、暴动、恐怖行为、民众骚乱。

（2）被保险人及其代表的故意行为或纵容所致。

（3）核反应、核辐射和放射性污染。

（4）地震所引起的一切损失。

（5）保险标的遭受保险事故引起的各种间接损失。这项责任也可以通过投保人在投保企业财产保险的基础上，附加投保营业中断保险或利润损失保险的方式予以保障。

（6）保险标的本身缺陷、保管不善导致的损毁；保险标的变质、霉烂、受潮、虫咬、自然磨损、自然损耗、自燃、烘焙所造成的损失。

（7）由于行政行为或执法行为所致的损失。

（8）其他不属于保险责任范围内的损失和费用。

（9）堆放在露天或罩棚下的保险标的以及罩棚由于暴风、暴雨所遭受的损失。

案例分析 4-1

人工引水导致的损失是否属于保险责任范围?

案例：某年2月15日，河北省邢台市南宫市北胡乡某砖厂投保了企业财产保险，总保额81万元，保险期限1年。后南宫市政府根据河北省和邢台市政府安排，为解决当地干旱问题，人工引黄河水2 000万立方米灌溉农田。所引黄河水途经被保险人砖厂附近的河沟，因河沟水位不断上涨，次年1月3日零时许，河水淹没了砖厂。被保险人即向保险人索赔217 680元，保险人认为，此事故系人工引水所致，不属保险赔偿范围。双方发生纠纷，引起诉讼。

问题：人工引水导致的损失是否属于保险责任范围？

分析：保险公司所承保的风险应为不可预料的自然灾害或意外事故所造成的经济损失，由于行政行为或执法行为所致经济损失保险公司不负责赔偿，应由相关部门进行赔偿。

案件最终处理结果：河北省高级人民法院最后裁定，本案不属于保险责任范围。

资料来源：张洪涛，王国良．财产保险案例分析［M］．北京：中国人民大学出版社，2006.

（三）附加责任

附加责任又称“特约责任”，是指责任免除中不承保的责任，经双方协商同意后保险人可以承担的保险责任。特约责任一般采用附加特约条款方式承保，也可以附加险方式承保。

（1）企业财产保险基本险的附加责任。为适应投保人的某些特殊需要，保险公司可在承保基本险后，特约承保某些附加风险。如暴风、暴雨、洪水保险，盗抢保险，雪灾、冰冻保险，泥石流、崖崩、突发性滑坡保险，雹灾保险，水暖管爆裂保险，破坏性地震保险等。

（2）企业财产保险综合险的附加责任。在综合险的基础上，投保人可投保如下附加险：矿下财产保险、露堆财产保险、盗窃险、橱窗玻璃破碎险、机器损坏险、营业中断险和破坏性地震保险等。

四、企业财产保险的保险金额确定

1. 固定资产保险金额与保险价值的确定

固定资产保险金额的确定方法主要有三种：一是按账面原值确定保险金额；二是按账面原值加一定成数确定保险金额；三是按重置、重建价值确定保险金额。

2. 流动资产保险金额与保险价值的确定

流动资产保险金额的确定方法有两种：一是按最近12个月内任意月份的账面余额确定，即以投保月份往前倒推12个月中的任意1个月的流动资产账面余额确定；二是由被保险人自行确定。

3. 账外财产和代保管财产的保险金额与保险价值的确定

代保管财产由于保管人对其负有经济安全责任，故也可以投保。账外财产和代保管财产的保险金额可以由投保人自行估价或按照重置价值确定。

五、企业财产保险的保险费率与保险期限

（一）保险费率

在企业财产保险经营中，保险人按照被保险财产的种类，分别制定级差费率。一般而言，影响企业财产保险级差费率的主要因素有房屋的建筑结构、占用性质、风险种类、安全设施和防火设备等。目前，企业财产保险的费率就是在考虑上述因素的基础上制定的，并分为基本险费率和附加险费率两部分。基本险费率、附加险费率又具体分为

工业险费率、仓储险费率和普通险费率三大类，每类均按占用性质的不同确定级差费率。附加险费率指企业财产保险附加险（特约保险）的费率，一般以各地根据调查资料统计的损失率为基础进行厘定。此外，企业财产保险的短期费率适用于保险期限不满1年的业务。对统保单位或防灾设施良好的投保人，保险人还可以采用优惠费率。

（二）保险期限

企业财产保险的保险期限通常为1年，在保险单到期前，保险人应通知投保人办理续保手续。一般根据保险登记簿填制“到期通知单”送交投保人，以便到期办理续保手续，避免保险中断。

财产保险公司一般主要根据占用性质来确定费率，基本险年费率见表4-1。

表4-1 财产保险基本险年费率表（按保险金额每千元计算）

类别	号次	占用性质	费率
工业类	1	第一级工业	0.60
	2	第二级工业	1.00
	3	第三级工业	1.45
	4	第四级工业	2.50
	5	第五级工业	3.50
	6	第六级工业	5.00
仓储类	7	一般物资	0.60
	8	危险品	1.50
	9	特别危险品	3.00
	10	金属材料、粮食专储	0.35
普通类	11	社会团体、机关、事业单位	0.65
	12	综合商业、饮食服务业、商贸、写字楼、展览馆、体育场所、交通运输业、牧场、农场、林场、科研院所、住宅、邮政、电信、供电高压线路、输电设备	1.50
	13	石油化工商店、液化石油气供应站、日用杂品商店、废旧物资收购站、修理行、文化娱乐场所、加油站	2.50

注：第一级工业险：适用于钢铁、机器制造、耐火材料、水泥、砖石制品等工业。

第二级工业险：适用于一般机械零件制造、修配行业。

第三级工业险：适用于以一般物资为主要原料的棉纺织、食品、轻工、电器、仪表、日常生活用品等工业。

第四级工业险：适用于以竹、木、皮毛或一般可燃物资为主要原料或一般危险品进行复合生产的工业；棉、棉麻、塑料及其制成品，化纤、化学、医药制造等加工工业，以油脂为原料的工业和文具、纸制品工业。

第五级工业险：适用于以一般危险品及部分特别危险品为主要原料进行复合生产、制氧、挥发性试剂，以及塑料、染料制造等工业；大量使用竹、木、稻草为主要原料的木器家具、工具、竹器、草编制品制造工业；油布、油纸制造工业。

第六级工业险：适用于以特别危险品、爆炸品为主要原料进行复合生产的工业和染料工业。

财产保险综合险年费率见表4-2。

表4-2 财产保险综合险年费率表（按保险金额千元计算）

类别	号次	占用性质	费率1	费率2
工业类	1	第一级工业	1.60	1.00
	2	第二级工业	2.00	1.50
	3	第三级工业	2.40	2.00
	4	第四级工业	4.00	3.50
	5	第五级工业	6.40	5.00
	6	第六级工业	8.00	7.00
仓储类	7	一般物资	1.50	1.00
	8	危险品	3.00	2.00
	9	特别危险品	5.00	4.00
	10	金属材料、粮食专储	1.35	0.50
普通类	11	社会团体、机关、事业单位	1.60	1.00
	12	综合商业、饮食服务业、商贸、写字楼、展览馆、体育场所、交通运输业、牧场、农场、林场、科研院所、住宅、邮政、电信、供电高压线路、输电设备	2.40	2.00
	13	石油化工商店、液化石油气供应站、日用杂品商店、废旧物资收购站、修理行、文化娱乐场所、加油站	3.00	3.00

注：费率1适用于华东、中南、西南地区；费率2适用于华北、东北、西北地区。

资料来源：刘连生．财产保险［M］．2版．北京：高等教育出版社，2008.

教学互动 4-1

请根据企业财产保险基本险和综合险的费率表，分析张先生的工厂应投保企业财产基本险还是综合险。

任务三　设计家庭财产保险投保方案

情境导入

张先生一家目前拥有一套在某高档小区内位于20层的商品住房，有一辆全新的奥迪轿车。家庭财产主要包括家具、家用电器、衣物、文体用品、古玩等，另外其家中还种植了珍贵品种的兰花，饲养了一条牧羊犬。

一、家庭财产保险的含义

家庭财产保险是以城乡居民的有形财产为保险标的的一种保险。家庭财产保险为居民或家庭遭受的财产损失提供及时的经济补偿，有利于安定居民生活，保障社会稳定。我国目前开办的家庭财产保险主要有普通家庭财产保险、家庭财产两全保险、投资保障型家庭财产保险和个人贷款抵押房屋保险。同时，被保险人还可以附加入室盗抢、管道破裂和水渍险的特约责任。

二、家庭财产保险的主要险种

（一）普通家庭财产保险

普通家庭财产保险是面向城乡居民家庭的基本险种，承保城乡居民所有存放在固定地址范围且处于相对静止状态下的各种财产物资，具体包括房屋及其附属设施、室内装潢、室内财产等。

普通家庭财产保险属于消费型险种，保费低廉，无论是否发生保险事故，保险费不退还，保险期限一般为1年。

保险产品4-1　　中国人保家庭财产综合保险产品说明

中国人保家庭财产综合保险产品说明见表4-3。

表4-3　　中国人保家庭财产综合保险产品说明

保险项目	保险金额（万元）	保障说明
房屋及附属设施（家财综合）	0.5~500	室内附属设备包括暖气、管道煤气、厨房设备等固定装置。每次事故，房屋损失、室内装潢、室内财产总共免赔额200元
室内装潢（家财综合）	0~40	承保由于火灾、爆炸、雷击、暴雨等原因导致的室内装潢损失
室内财产（家财综合）	0~20	承保由于火灾、爆炸、雷击，暴雨等原因导致的室内财产损失，室内财产包括家用电器、衣物和床上用品，家具及其他生活用品
盗抢造成室内财产损失	0~10	承保经公安机关确认的因遭受外来人员撬和砸门窗、翻墙掘壁、持械抢劫而造成的直接损失，但不包括现金、金银珠宝等。每次事故绝对免赔额200元
盗抢造成现金、金银珠宝损失	0~2	承保经公安机关确认的因盗抢所致的直接损失，每次事故绝对免赔额为200元
家用电器用电安全损失	0~2	承保供电线路因自然灾害或供电部门施工失误等原因导致电压异常而引起使家用电器直接损毁损失。每次事故绝对免赔额200元
管道破裂及水渍造成损失	0~5	承保由于室内自来水管道、下水管道和暖气管道（含暖气片）突然破裂致使水流外溢或邻居家漏水造成的室内财产损失。每次事故绝对免赔额200元
第三者责任	0~5	在保险单载明的住所，被保险人（或其同住的家庭成员及雇员）因过失造成第三者的人身伤亡或财产直接损毁的，我们将按合同约定承担经济赔偿责任。每次事故绝对免赔额200元
地震造成房屋及附属设施损失	0~80	承保因破坏性地震或由此引起的海啸、火灾、爆炸、滑坡、地陷所造成的房屋及室内附属设备直接财产损失。其中，破坏性地震是指由国家地震部门公布的震级M5级且烈度达到Ⅵ度以上的地震。每次事故房屋及附属设施、室内财产免赔率为20%
地震造成室内财产损失	0~20	承保因破坏性地震或由此引起的海啸、火灾、爆炸、滑坡、地陷所造成的室内财产损失

该产品不仅保障内容全面，而且在人保官网上投保，流程简便、快速，还可以实现自由定制，客户可根据自身实际需要自行组合产品，保险金额也可以自己确定，为网上热销产品。

资料来源：根据中国人民保险集团股份有限公司官网资料整理。

（二）家庭财产两全保险

家庭财产两全保险是一种兼具经济补偿和到期还本性质的险种，保险期限一般为3年或5年。它与普通家庭财产保险的不同之处在于：家庭财产两全保险所交纳的是保险储金，而普通家庭财产保险交纳的是保险费，保险费不退还，而保险储金在保险期满时全额退还。例如，每份保险金额为10 000元的家庭财产两全保险，保险储金为1 000元，投保人投保5份，一次性交纳保险储金5 000元，保险人将保险储金的利息作为保险费。保险期满后，无论保险期内是否发生赔付，保险人都将如数退还5 000元的保险储金。

在保险期限内任一保险年度，如果累计赔偿金额达到保险金额，当年的保险责任即行终止。下个保险年度开始时自动恢复原保险责任。保险人对部分损失赔偿后，当年保险年度的有效保险金额相应减少，有效保险金额为原保险金额减去赔偿金额后的余额，如被保险人要求恢复至原保险金额，应补交相应的保险费。当保险标的遭受全部损失经保险人赔偿后，保险责任终止，保险人在下一保险年度开始时全额退还保险储金。

（三）投资保障型家庭财产保险

投资保障型家庭财产保险不仅具有保障功能，还具有投资功能。投保人所交付的是保险投资金，按规定保险投资金必须按份购买。例如，每份保险金额10 000元的投资保障型家庭财产保险，需交纳保险投资金2 000元，被保险人不但可得到保险金额为10 000元的保险保障，而且在保险期满后，无论是否获得过保险赔偿，均可以收回保险投资金本金2 000元，并获得一定的投资收益。

以中国人保金牛投资保障型（3年期）家庭财产保险为例：该产品按份购买，每份保险投资本金为2 000元，保额为10 000元，3年期满后，无论被保险人是否获得保险赔偿，均可获得本金2 000元和132元投资收益。

（四）个人贷款抵押房屋保险

个人贷款抵押房屋保险承保以房屋做抵押向商业银行申请贷款的被保险人，因自然灾害或意外事故等原因造成抵押房屋的损失，以及为抢救房屋财产支付的合理施救费用。

三、家庭财产保险的保险标的范围

普通家庭财产保险的承保标的分为一般可保财产、特约可保财产和不可保财产三类。

（一）家庭财产保险的一般可保财产

普通家庭财产保险的保险标的是指被保险人自有的、在保险合同中载明的地址内的下列家庭财产：房屋及其室内附属设备（如固定装置的水暖、气暖、卫生、供水、管道煤气及供电设备、厨房配套的设备等）；室内装潢；室内财产，包括家用电器和文体娱乐用品、衣物和床上用品、家具及其他生活用具。

在投资保障型家庭财产保险中，其保险标的范围除上述普通家庭财产之外，还包括现金、金银、玉器、首饰等贵重物品。

（二）家庭财产保险的特约可保财产

在家庭财产保险的保险标的范围中，还包括一些可以经被保险人与保险人特别约定的家庭财产，包括：被保险人代他人保管，或者与他人共有而由被保险人负责的一般可保财产；存放于院内、室内的非机动农机具、农用工具及存放于室内的粮食及农副产品；经保险人同意的其他财产。

（三）家庭财产保险的不可保财产

保险人通常将损失发生后无法确定具体价值的财产，日常生活所必需的日用消费品，法律规定不容许个人收藏、保管或拥有的财产，处于危险状态下的财产以及保险人从风险管理的需要出发声明不予承保的财产列为不可保财产。

一般而言，普通家庭财产保险对以下家庭财产不予承保：

（1）金银、钻石及制品、玉器、首饰、古币、古玩、字画、邮票、艺术品、稀有金属等珍贵财物。

（2）货币、票证、有价证券、文件、书籍、账册、图表、技术资料、电脑软件及资料，以及无法鉴定价值的财产。

（3）日用消耗品、各种交通工具、养殖及种植物。

（4）用于从事工商业生产、经营活动的财产和出租用作工商业的房屋。

（5）无线通信工具、笔、打火机、手表、各种磁带、磁盘、影音激光盘。

（6）用芦席、稻草、油毛毡、麦秆、芦苇、竹竿、帆布、塑料布、纸板等为外墙、屋顶的简陋屋棚，柴房、禽畜棚、与保险房屋不成一体的厕所、围墙、无人居住的房屋以及存放在里面的财产。

（7）政府有关部门征用的房屋、违章建筑、危险建筑、非法占用的财产、处于危险状态下的财产。

教学互动 4-2

请问，张先生一家所拥有的家庭财产，有哪些可以投保普通家庭财产保险？哪些不可以投保普通家庭财产保险？

四、家庭财产保险的责任范围

（一）保险责任

保险人对存放于保险单列明的地址内的保险财产由于下列原因造成的损失负责赔偿：

（1）火灾、爆炸。

（2）雷击、冰雹、雪灾、洪水、崖崩、龙卷风、冰凌、泥石流、地面突然下陷、突发性滑坡。

（3）空中运行物体坠落，外界物体倒塌。

（4）暴风或暴雨使房屋主要结构（外墙、屋顶、屋架）倒塌。

（5）存放于室内的保险财产，因遭受外来的、有明显痕迹的盗窃、抢劫。

（6）保险事故发生后，被保险人为防止或减少保险财产的损失所支付的必要的、合理的费用，但此项费用的赔偿金额最高不超过保险金额。

（二）责任免除

（1）战争、军事行动或暴力行为。

（2）核辐射和污染。

（3）电机、电器、电气设备因使用过度、超电压、碰线、弧花、漏电、自身发热等原因造成的损毁。

（4）被保险人及其家庭成员、服务人员、寄居人员的故意行为，或勾结纵容他人盗窃，或被外来人员顺手偷摸，或被窗外钩物所致的损失。

（5）堆放在露天的保险财产，以及用芦席、稻草、油毛毡、麦秆、芦苇、帆布等材料为外墙、屋顶、屋架的简陋屋、棚，因暴风、暴雨造成的损失。

（6）保险财产本身缺陷、保管不善、变质、霉烂、受潮、虫咬、自然磨损等造成的损失。

（7）未按要求施工导致建筑物地基下陷下沉，建筑物出现裂缝、倒塌的损失。

（8）地震所造成的一切损失。

（9）被保险人的家属或雇用人员或同住人或寄宿人，盗窃或纵容他人盗窃保险财产而造成的损失；保险财产在存放处所无人居住或无人看管超过7天的情况下遭受的盗窃损失；因门窗未关致使保险财产遭受的盗窃损失。

（10）其他不属于保险责任范围内的损失。

在家庭财产保险中，很多保险公司根据投保人的需要，通过附加一些特约责任以解决投保人的多样化需求。这些特约责任主要包括盗抢责任、管道破裂及水渍责任以及第三者责任、家电安全责任等。

案例分析 4-2

家庭财产在室外遭损能否获得赔偿？

案例：刘某于2020年3月14日将其所有的房屋及室内财产投保了家庭财产保险，保险期限为1年。5月10日，刘某欲将其房屋墙壁粉刷一遍，便把家具、衣物、家电等物品搬到屋外，令其10岁的儿子刘宇看管。刘宇在玩耍中打翻了一瓶汽油，当时天气燥热，阳光经玻璃聚焦引起了大火，烧毁多件财物，损失达9 000余元，刘某遂向保险公司提出索赔。

问题：保险公司应如何处理？

分析：家庭财产保险属于火灾保险的范畴，强调财产存放地址的固定性，因该险种保费低廉，因此只承保财产在室内发生的保险事故。在本案例中，虽然造成事故的原因是火灾，且被保险人主观上并不存在故意，但由于发生地点在室外，家庭财产保险合同的条款规定，必须是存放在固定地址内的保险财产遭受损失，保险公司才负责赔偿。因此，在本案例中，保险公司可以拒绝赔偿。

资料来源：张洪涛，王国良. 财产保险案例分析［M］. 北京：中国人民大学出版社，2006.有改动。

五、家庭财产保险的保险金额与保险价值

一般而言，家庭财产保险中的房屋及室内附属设备、室内装潢等财产的保险金额由

被保险人根据购置价或市场价自行确定；个人贷款抵押房屋保险的抵押房屋的保险金额可按照成本价、购置价、市价、评估价、借款额或其他方式确定，但保险金额不得小于相应的抵押借款本金。

室内财产的保险金额由被保险人根据实际价值分项目自行确定。不分项目的按各大类财产在保险金额中所占比例确定。如某财产保险公司的普通家庭财产综合保险中，家用电器及文体娱乐用品占40%（农村30%），衣物及床上用品占30%（农村15%），家具及其他生活用具占30%，农村农机具等占25%。特约财产的保险金额由被保险人和保险人双方约定。

六、家庭财产保险的保险期限和保险费率

家庭财产保险的保险期限可以是1年、3年或者5年，保险责任自保险单约定的起保日零时起至期满日24时止。保险期满，保险责任自行终止。期满续保，需要另办投保手续。个人贷款抵押房屋保险的抵押房屋的保险期限为自约定起保日零时起至个人住房抵押借款合同约定的借款期限终止日24时止，最长期限为20年。

一般家庭财产保险的保险费率，由保险人根据时间和地理位置、财产性质等因素制定相应的费率表，投保人根据费率表的规定交纳保险费。一般保险费率包括基本险费率、附加险费率。如果投保人或被保险人中途退保，需按日扣除应收保险费，剩余部分退还投保人。

任务四　设计机动车辆保险投保方案

情境导入

张先生一家有一辆价值50万元的进口奥迪轿车，张先生家的住房位于郊区，每天需要开车上下班以及接送孩子，所在小区物业管理规范，有地下停车场。另外，张先生在车上装了车载电视系统和音响设备。

一、机动车辆保险概述

机动车辆保险是以机动车辆本身及机动车辆的第三者责任为保险标的的一种运输工具保险。与固定在一定地点上处于静止状态的财产不同，机动车辆经常处于运动状态，一旦发生事故，不仅可能造成车身损毁，还可能造成第三者的人身伤亡和财产损失。因此，机动车辆不仅需要投保车辆损失险，还要保障受害人的利益，投保第三者责任保险。

根据公安部的数据，截至2023年3月底，我国机动车保有量达4.2亿辆，其中汽车达到3.2亿辆，驾驶人达5.1亿人。每年新登记机动车3 400多万辆，新领证驾驶人2 900多万人，总量和增量均居世界首位。车险是与人民群众利益关系密切的险种，长期以来是财险领域第一大业务。2022年，我国车险保费收入达8 210亿元，占财险总收入的55.23%。

（一）机动车辆保险的保险标的

机动车辆的保险标的因险种不同而各异。车辆损失险的保险标的是各种机动车辆，主要是经交通管理部门检验合格并具有有效行驶证和号牌的各种机动车辆，包括各种汽车、电车、电瓶车、摩托车、拖拉机、各种专用车和特种车等；机动车交通事故责任强制保险与机动车商业第三者责任保险的保险标的则是保险车辆因意外事故致使他人遭受人身伤亡或财产的直接损失依法应负的赔偿责任。

（二）机动车辆保险的特点

（1）被保险人的范围广。保险人对保险车辆本身的损失以及第三者责任的赔偿，都不仅限于被保险人本人造成的损失，而是扩大到所有经被保险人同意的合格驾驶人员。

（2）普遍规定免赔额和免赔率。为了增强被保险人的风险意识，减少小额赔款，机动车辆保险中通常都规定免赔额或免赔率。一般情况下，被保险人在交通事故中所负责任越大或出事故次数越多，免赔率越高。

免赔额（率）有两种，即绝对免赔额（率）和相对免赔额（率）。绝对免赔额（率）是指保险标的损失超过规定的免赔额度时，保险人只对超过部分负赔偿责任。相对免赔额（率）是指保险标的损失超过规定的免赔额度时，保险人对全部损失负赔偿责任；没超过免赔额度时，保险人不负赔偿责任。机动车辆保险中一般规定的是绝对免赔额（率）。

微课4

机动车辆保险的特点

（3）机动车辆损失保险的赔偿主要采取修复方式。普通财产保险的赔偿主要采取货币方式，而机动车辆损失保险业务中除机动车辆发生严重全损、无法修复或被盗抢的情况需要采取货币方式赔偿外，部分损失情况下的赔偿主要采取修复方式或向被保险人支付修理费用。

（4）采取无赔款优待制度。为了鼓励被保险人及其驾驶人员严格遵守交通规则、安全行车，各国的机动车辆保险业务中均采用了“无赔款优待”制度，我国的机动车辆保险业务也是如此，即上一保险年度未发生保险赔款的保险车辆，在续保时享受无赔款减收保险费的优待。享受无赔款优待是对被保险人上一保险年度没有发生赔款的奖励，中途退保者不能享受，上年度投保而本年度未续保的或本年度新投保的，也不得享受无赔款优待。具体优待的标准按照投保时经保险监督管理机构批准的相关标准执行。一般保险费优待比例最高不得超过30%。

（5）第三者责任保险采用强制方式。为了保护交通事故中受害者的利益，世界上多数国家都将第三者责任保险作为法定保险，采用强制的方式实施。

二、机动车辆保险的主险

机动车辆保险的主险包括机动车辆损失险和第三者责任保险，不过也有保险公司将全车盗抢险、车上人员责任险也作为主险单独投保。本书采用的是大多数保险公司的做法，即主险包括机动车辆损失险和第三者责任保险。

第三者责任保险在我国属于强制保险，全称为机动车交通事故责任强制保险，简称“交强险”，所有上道路行驶的机动车辆均要投保交强险。目前也有保险公司推出商业第三者责任保险，很多车主在投保了交强险之后，为了提高保障额度，往往会加投商业第三者责任保险。

（一）机动车辆损失险

机动车辆损失险是机动车辆保险的基本险险种之一。机动车辆损失险以机动车辆本身为保险标的，当保险车辆遭受保险责任范围的自然灾害或意外事故，造成保险车辆本身损失时，保险人依照保险合同的规定给予赔偿。

1. 机动车辆损失险的保险责任

机动车辆损失险的保险责任主要包括碰撞（倾覆）责任、非碰撞责任和施救、保护费用三类。

（1）碰撞（倾覆）责任。碰撞是指保险车辆与外界静止的和运动的物体的意外撞击，包括保险车辆与外界物体的意外撞击造成的本车损失和保险车辆装载的物体与外界的意外撞击所造成的本车损失，但所载物体与本车相撞不在此列。碰撞责任是车辆损失险的主要保险责任，除驾驶人的故意行为之外，一般对因碰撞所造成的损失，无论驾驶人有无过失，保险人均负责赔偿。倾覆是指保险车辆由于自然灾害或意外事故，造成本车翻倒、车体触地，使其失去正常状态和行驶能力，不经施救不能恢复行驶。

（2）非碰撞责任。这主要是指除碰撞责任以外的意外事故和自然灾害。意外事故包括火灾、爆炸、外界物体倒塌、空中运行物体坠落、行驶中平行坠落；自然灾害包括雷击、暴风、龙卷风、暴雨、洪水、海啸、地陷、冰陷、崖崩、雪崩、雹灾、泥石流、滑坡（目前一些保险公司仅承保雷击、暴风、暴雨、洪水、龙卷风、雹灾责任）；还有载运保险车辆的渡船遭受自然灾害（只限于有驾驶人员随车照料的场合）。

（3）施救、保护费用。发生保险事故时，被保险人对保险车辆采取施救、保护措施所支出的合理费用，保险人负责赔偿。此项费用的最高赔偿金额以保险金额为限。

2. 机动车辆损失险的责任免除

机动车辆损失险的责任免除包括风险免除（损失原因的免除）和损失免除（保险人不赔偿损失）。

（1）风险免除。

风险免除是指损失原因的免除，主要包括：

① 地震、战争、军事冲突、恐怖活动、暴乱、扣押、罚没、政府征用；

② 竞赛，测试，在营业性维修场所修理、养护期间；

③ 利用保险车辆从事违法活动；

④ 驾驶人员饮酒、吸食或注射毒品、被药物麻醉后使用保险车辆；

⑤ 保险车辆肇事逃逸；

⑥ 驾驶人员在无驾驶证或驾驶车辆与驾驶证准驾车型不相符，公安交通管理部门规定的其他属于无有效驾驶证的情况下驾车，使用各种专用机械车和特种车的人员无国家有关部门核发的有效操作证，驾驶营业性客车的驾驶人员无国家有关部门核发的有效资格证书；

⑦ 非被保险人直接允许的驾驶人员使用保险车辆；

⑧ 保险车辆不具备有效行驶证件。

（2）损失免除。

损失免除是指保险人不赔偿的损失，主要包括：

① 自然磨损、朽蚀、故障、轮胎单独损坏；

② 玻璃单独破碎，无明显碰撞痕迹的车身划痕；

③ 人工直接供油以及高温烘烤造成的损失；

④ 遭受保险责任范围内的损失后，未经必要修理继续使用，致使损失扩大的部分；

⑤ 因污染（含放射性污染）造成的损失；

⑥ 因市场价格变动造成的贬值，修理后因价值降低引起的损失；

⑦ 车辆标准配置以外，未投保的新增设备的损失；

⑧ 在淹及排气筒或进气管的水中启动，或被水淹后未经必要处理而启动车辆，致使发动机损坏；

⑨ 保险车辆所载货物坠落、倒塌、撞击、泄漏造成的损失；

⑩ 摩托车停放期间因翻倒造成的损失。

除此之外，机动车辆被盗窃、抢劫、抢夺，因被盗窃、抢劫、抢夺受到损坏或车上零部件、附属设备丢失，以及被保险人或驾驶人员的故意行为造成的损失等，保险人均不予赔偿。

案例分析 4-3

机动车辆保险索赔案例

案例：梁先生上班途中开车撞到隔离带，车辆底盘受损，他马上向保险公司报案，然后开车离开了主干道以恢复交通。保险公司工作人员查勘现场后发现，梁先生在车辆底盘受损漏油的情况下再次启动车辆，导致发动机严重损坏。

问题：该案例中，保险公司应赔偿哪一部分的损失？

分析：保险公司应该赔偿底盘的损失，但不赔偿发动机的损失。因为发动机的损失属于保险车辆遭受保险责任范围内损失后，未经必要修理，致使损失扩大的部分，属于责任免除范围。

3. 机动车辆损失险的保险金额

在机动车辆损失保险中，保险金额的确定一般有三种方式，投保人和保险人可以选择其中任意一种。

（1）按投保时保险车辆的新车购置价确定。保险车辆的新车购置价是指在保险合同签订地购置与保险车辆同类型新车（含车辆购置税）的价格。投保时的新车购置价根据投保时保险合同签订地同类型新车的市场销售价格确定，并在保险单中载明；无同类型新车市场销售价格的，由投保人与保险人协商确定。

（2）按投保时保险车辆的实际价值确定。保险车辆的实际价值是指同类型车辆新车购置价减去折旧金额后的价格。保险合同中的实际价值是指新车购置价减去折旧金额后的价格。投保时保险车辆的实际价值根据投保时的新车购置价减去折旧金额后的价格确定。以某财产保险公司的家庭自用汽车条款为例，按月折旧率0.6%计算，不足1个月的，不计折旧，最高折旧金额不超过投保时保险车辆新车购置价的80%。

（3）按投保时保险车辆的新车购置价协商确定。对于投保车辆标准配置以外的新增设备，应在保险合同中列明设备名称与价格清单，可以按设备的实际价值相应增加保险金额。新增设备随保险车辆一并折旧。

4. 机动车辆保险的保险期限和保险费率

机动车辆保险的期限一般为1年。机动车辆保险中车辆损失险费率的确定与其他财产保险的费率一样，取决于保险金额的损失率。机动车辆保险费习惯上分为基本保险费和费率两部分，每一辆车的应缴保险费，先按车辆的类别和大小规定一个具体的基本保险费，在这个基础上加上保险金额与费率的乘积，即为被保险人应缴纳保险费的总额。公式为：

保险费=基本保险费+保险金额×费率

这种计算保险费的方法有别于其他财产保险，基本保险费的设计是为了平衡新车和旧车以及不同价值的车辆的保险费因保险金额不同而产生的差异。因为承保的汽车，不论车辆新旧、价值高低，其事故风险一般差别不大，有时旧车保险金额低，出险概率反而大，修理费用也不因是旧车而低廉。采用上述计费方法，不论新车、旧车，也不论车辆价值高低，先有个固定的保费基数，这样可以避免产生由于保险金额大小不同而保险费相差悬殊、保险赔款却大致相等的不合理情况。

阅读材料4-1

我国车险历次改革情况简介

知识拓展4-4　　汽车保险费率确定的两种模式

在保险实务中，影响汽车保险索赔频率和索赔幅度的风险因子很多，影响的程度也各不相同。通常，保险人在经营汽车保险的过程中将风险因子分为两类：第一类是与汽车相关的风险因子，主要包括汽车的种类、使用的情况和行驶的区域等；第二类是与驾驶人相关的风险因子，主要包括驾驶人的性格、年龄、婚姻状况、职业等。

因此，各国汽车保险的费率模式基本上可以分为两大类：从车费率模式和从人费率模式。从车费率模式是以被保险车辆的风险因子为主体，作为确定保险费率主要因素的费率确定模式。从人费率模式是以驾驶被保险车辆人员的风险因子为主体，作为确定保险费率主要因素的费率确定模式。

目前，我国采用的是从车费率模式。现行的汽车保险费率体系和影响费率的主要变量为车辆的使用性质、车辆生产地和车辆的种类。

（1）根据车辆的使用性质划分，车辆可分为营业性车辆与非营业性车辆。

（2）根据车辆的生产地划分，车辆可分为进口车辆与国产车辆。

（3）根据车辆的种类划分。

除了上述三个主要的从车因素外，现行的汽车保险费率还将车辆行驶的区域作为汽车保险的风险因子，即按照车辆使用的不同地区适用不同的费率。

从车费率模式具有体系简单、易于操作的特点，同时，由于我国在一定的历史时期被保险车辆绝大多数是“公车”，驾驶人与车辆不存在必然的联系，也就不具备采用从人费率模式的条件。随着经济的发展和人民生活水平的提高，汽车正逐渐进入家庭，2003年各保险公司制定并执行的汽车保险条款，就开始采用从人费率模式。

从车费率模式的缺陷是显而易见的，因为在汽车的使用过程中对于风险的影响起到决定性作用的是与车辆驾驶人有关的风险因子，从人费率模式是目前大多数国家采用的模式。各国采用的从人费率模式考虑的风险因子也不尽相同，主要有驾驶人的年龄、性别、驾驶年限和安全行驶记录等。

从以上对比和分析可以看出，从人费率模式相对于从车费率模式更具有科学和合理的特征。我国正在积极探索，逐步将从车费率模式过渡到从人费率模式。

资料来源：王健康，周灿．机动车辆保险实务操作［M］．北京：电子工业出版社，2013.

（二）机动车商业第三者责任保险

1. 机动车商业第三者责任保险的定义

机动车商业第三者责任保险承保被保险人或其允许的合格驾驶人员在使用被保险车辆过程中，因发生意外事故致使第三者遭受人身伤亡或财产的直接损毁而依法或依据保险合同应承担的经济赔偿责任，超过机动车交通事故责任强制保险各分项赔偿限额以上的部分。

这里的第三者是指因投保第三者机动车发生意外事故致使本车以外人身伤亡或财产直接损失的受害人，不包括本车以内人员、投保人、被保险人。本车及本车以内财产的损失不属于第三者财产损失。

2. 机动车商业第三者责任保险的保险责任

机动车商业第三者责任保险的保险责任包括保险机动车在被保险人或其允许的合法驾驶人使用过程中发生意外事故，致使第三者遭受人身伤亡或财产的直接损失。对被保险人依法应支付的赔偿金额，保险人依照保险合同的约定，对于超过机动车交通事故责任强制保险各分项赔偿限额的部分给予赔偿。

3. 机动车商业第三者责任保险的责任免除

机动车商业第三者责任保险的责任免除包括保险人对伤害对象的限制、损失原因的免除和不予承担的费用和损失。

（1）对伤害对象的限制。在机动车商业第三者责任保险中，保险人对于保险车辆造成的以下特定对象的人身伤亡或财产损失，不论在法律上是否应当由被保险人承担赔偿责任，均不负责赔偿：

① 被保险人及其家庭成员的人身伤亡，所有或代管的财产的损失。

② 本车驾驶人员及其家庭成员的人身伤亡，所有或代管的财产的损失。

③ 本车上其他人员的人身伤亡或财产损失。

（2）损失原因的免除。对于下列情况，不论任何原因造成的对第三者的经济赔偿责任，保险人均不负责赔偿：

① 地震、战争、军事冲突、恐怖活动、暴乱、扣押、罚没、政府征用。

② 竞赛、测试，在营业性维修场所修理、养护期间。

③ 利用保险车辆从事违法活动。

④ 驾驶人员饮酒、吸食或注射毒品、被药物麻醉后使用保险车辆。

⑤ 保险车辆肇事逃逸。

⑥ 驾驶人员有下列情形之一者：在无驾驶证或驾驶车辆与驾驶证准驾车型不相符，公安交通管理部门规定的其他属于无有效驾驶证的情况下驾车；使用各种专用机械车和特种车的人员无国家有关部门核发的有效操作证；驾驶营业性客车的驾驶人员无国家有关部门核发的有效资格证书。

⑦ 非被保险人允许的驾驶人员使用保险车辆。

⑧ 保险车辆不具备有效行驶证件。

⑨ 保险车辆拖带未投保第三者责任保险的车辆（含挂车）或被未投保第三者责任保险的其他车辆拖带。

（3）不予承担的费用和损失。保险人不负责赔偿的损失和费用有：

① 保险车辆发生意外事故，致使第三者停业、停驶、停电、停水、停气、停产、通信中断的损失以及其他各种间接损失。

② 精神损害赔偿。

③ 第三者财产因市场价格变动造成的贬值、修理后因价值降低引起的损失。

④ 因污染（含放射性污染）造成的损失。

⑤ 保险车辆被盗窃、抢劫、抢夺后造成第三者人身伤亡或财产损失。

⑥ 被保险人或驾驶人员的故意行为造成的损失。

应当由机动车交通事故责任强制保险赔偿的损失和费用，保险人不负责赔偿。保险事故发生时，被保险机动车未投保机动车交通事故责任强制保险或机动车交通事故责任强制保险合同已经失效的，对于机动车交通事故责任强制保险各分项赔偿限额以内的损失和费用，保险人不负责赔偿。

4. 机动车商业第三者责任保险的赔偿限额

机动车商业第三者责任保险的赔偿限额为每次事故的赔偿限额，根据不同的车辆种类分设不同的档次，投保人可以自愿选择。

案例分析 4-4

第三者责任保险索赔案例

案例：货车司机刘某因长时间疲劳驾驶，驾驶车辆的过程中撞坏了路边某企业的一处厂房，致使该企业停产数日。在这起事故中，厂房损失5万元，停产导致的收入损失10万元。

问题：在第三者责任保险中，保险公司应赔偿哪一部分损失？

分析：保险公司只负责赔偿直接损失，即厂房的损失，而企业停产的损失属于间接损失，保险公司不予赔偿，可要求司机刘某赔偿。

（三）机动车交通事故责任强制保险

阅读材料4-2

商业车险保险条款

机动车交通事故责任强制保险是指由保险公司对被保险机动车发生道路交通事故造成本车人员、被保险人以外的受害人的人身伤亡、财产损失，在责任限额内予以赔偿的强制性责任保险。在机动车交通事故责任强制保险合同中，受害人是指因被保险机动车发生交通事故遭受人身伤亡或者财产损失的人，但不包括被保险机动车本车车上人员、被保险人。

1. 机动车交通事故责任强制保险的保险责任

机动车交通事故责任强制保险的保险责任包括：被保险人或其允许的合格驾驶员在使用保险车辆过程中发生意外事故，致使受害人遭受人身伤亡或财产直接损毁，依法应当由被保险人支付的赔偿金额，保险人依照机动车交通事故责任强制保险合同的约定给予赔偿。

死亡伤残赔偿：是指被保险机动车发生交通事故，保险人对每次保险事故所有受害人的死亡伤残费用所承担的最高赔偿金额。死亡伤残费用包括丧葬费、死亡补偿费、受害人亲属办理丧葬事宜支出的交通费用、残疾赔偿金、残疾辅助器具费、护理费、康复费、交通费、被抚养人生活费、住宿费、误工费，被保险人依照法院判决或者调解承担的精神损害抚慰金。

医疗费用赔偿：是指被保险机动车发生交通事故，保险人对每次保险事故所有受害人的医疗费用所承担的最高赔偿金额。医疗费用包括医药费、诊疗费、住院费、住院伙食补助费，必要的、合理的后续治疗费、整容费、营养费。

财产损失赔偿：是指被保险机动车发生交通事故，保险人对每次保险事故所有受害人的财产损失承担的最高赔偿金额。

2. 机动车交通事故责任强制保险的责任免除

（1）因受害人故意造成的交通事故的损失。

（2）被保险人所有的财产及被保险机动车上的财产遭受的损失。

（3）被保险机动车发生交通事故，致使受害人停业、停驶、停电、停水、停气、停产、通信或者网络中断、数据丢失、电压变化等造成的损失以及受害人财产因市场价格变动造成的贬值、修理后因价值降低造成的损失等其他各种间接损失。

（4）因交通事故产生的仲裁或者诉讼费用以及其他相关费用。

3. 机动车交通事故责任强制保险的责任限额

机动车交通事故责任强制保险合同中的责任限额是指被保险机动车发生交通事故，保险人对每次保险事故所有受害人的人身伤亡和财产损失所承担的最高赔偿金额。被保险机动车在道路交通事故中有责任的赔偿限额见表4-4。

表4-4 **交强险责任限额表** 单位：元

保障项目	死亡伤残	医疗费用	财产损失
责任限额	180 000	18 000	2 000
无责赔偿限额	18 000	1 800	100

4. 机动车商业第三者责任保险与机动车交通事故强制责任保险的区别

虽然机动车商业第三者责任保险与机动车交通事故强制责任保险在保险种类上属于

同一个险种，但是两者在执行方式、赔偿原则和赔偿范围等方面存在着区别。

（1）机动车商业第三者责任保险以营利为目的，属于商业保险业务，其购买与否取决于消费者的意愿。而机动车交通事故强制责任保险是强制保险，不以营利为目的，各保险公司的机动车交通事故强制责任保险业务与其他商业保险业务分开管理、单独核算，无论盈亏，均不参与保险公司的利益分配，扮演着一个代办者的角色。

（2）机动车商业第三者责任保险采取的是过错责任原则，即保险公司根据被保险人在交通事故中所承担的事故责任来确定其赔偿责任。而机动车交通事故强制责任保险实行的是“无过错责任”原则，即无论被保险人是否在交通事故中负有责任，保险公司均将在责任限额内予以赔偿。

（3）机动车商业第三者责任保险规定了责任免除事项和免赔率（额）；而机动车交通事故强制责任保险的保险责任几乎涵盖了所有道路交通风险，责任免除少，且不设免赔率和免赔额。

（4）各保险公司机动车商业第三者保险的条款费率相互存在差异，设有5万元、10万元、20万元乃至100万元以上等不同档次的责任限额。而机动车交通事故强制责任保险的责任限额全国统一，并在全国范围内执行统一的保险条款和基础费率。

阅读材料4-3

交强险保险条款

教学互动 4-3

请思考：第三者责任保险作为强制保险实施以后，车主还有没有必要投保商业的机动车第三者责任保险？

三、机动车辆保险的附加险

附加险是在车主投保了机动车辆损失险和机动车商业第三者责任保险的基础上可以选择的附加责任。从保险实务来看，各财险公司的附加险险别设置情况比较复杂，这里介绍几种常见的附加险。

（一）机动车辆损失险的附加险

在投保了机动车辆损失险的基础上可以选择投保的附加险有：

（1）全车盗抢险。全车盗抢险是指当保险车辆（含投保的挂车）全车被盗窃、被抢劫、被抢夺，经县级以上公安刑侦部门立案侦查证实，满2个月未查明下落的，保险人负责赔偿保险车辆全车被盗窃、被抢劫、被抢夺后受到的损坏或因此造成车上的零部件、附属设备丢失需要修复的合理费用的保险。

（2）玻璃单独破碎险。玻璃单独破碎险是指车辆在使用过程中发生本车玻璃单独破碎时，保险人按实际损失赔偿的保险。投保人在与保险人协商的基础上，可以自愿选择按进口风挡玻璃或国产风挡玻璃投保，保险人根据其选择承担相应的保险责任。

（3）车辆停驶损失险。车辆停驶损失险是指保险车辆在使用过程中，因发生车辆损失险责任范围内的保险事故，造成车身损毁，致使保险车辆需进厂修理所引起的保险车辆停驶损失，保险人按保险合同规定在赔偿限额内负责赔偿的保险。

（4）自燃损失险。自燃损失险是指保险车辆在使用过程中，因本车电器、线路、供油系统发生故障及运载货物自身原因起火燃烧，造成保险车辆的损失时，以及在发生本保险事故时，被保险人为减少保险车辆损失所支出的必要和合理的施救费用，保险人负责赔偿的保险。

（5）新增加设备损失险。新增加设备损失险是指保险车辆在使用过程中发生车辆损失险责任范围内的保险事故，造成车上新增加设备的直接损毁时，保险人在保险单该项目所载明的保险金额内，按实际损失计算赔偿的保险。

（6）代步车费用险。代步车费用险是指保险车辆在使用过程中，因发生车辆损失险保险责任范围内的保险事故，造成车身损毁需进厂修理时，在双方约定的修复保险车辆期间内，被保险人需要租用代步车发生的费用，保险人按条款约定承担赔偿责任的保险。

（7）车身划痕损失险。车身划痕损失险是指保险车辆因他人恶意行为造成保险车辆车身划痕时，保险人按实际损失计算赔偿的保险。

（二）机动车商业第三者责任保险的附加险

在投保机动车商业第三者责任保险的基础上可以选择投保的附加险有：

（1）车上人员责任险。车上人员责任险是指保险车辆在使用过程中发生意外事故，致使保险车辆上人员遭受人身伤亡，依法应由被保险人承担经济赔偿责任时，保险人依照法律法规和保险合同的规定给予赔偿的保险。

（2）车上货物责任险。车上货物责任险是指保险车辆在使用过程中发生意外事故，致使保险车辆上所载货物遭受直接损毁，依法应由被保险人承担的经济赔偿责任，以及被保险人为减少车上货物损失而支付的合理的施救、保护费用，由保险人在保险单载明的赔偿限额内计算赔偿的保险。

（3）车载货物掉落责任险。车载货物掉落责任险是指保险车辆在使用过程中，所载货物从车上掉落致使第三者遭受人身伤亡或财产的直接损毁，依法应由被保险人承担的经济赔偿责任，保险人在保险单载明的赔偿限额内计算赔偿的保险。

（三）其他附加险

（1）机动车出境保险。机动车出境保险是指经双方同意并在保险单上载明，保险人已承保的机动车损失保险、机动车第三者责任保险的保险责任扩展至我国香港、澳门地区或与中华人民共和国接壤的其他国家和地区的保险。

（2）交通事故精神损害赔偿责任保险。本条款的保障范围是被保险机动车在使用过程中发生意外事故，致使第三者人员或本车上人员的残疾、烧伤、死亡或怀孕妇女流产，受害方据此提出的精神损害赔偿请求，依照法院生效判决或者经事故双方当事人协商一致并经保险人书面同意的，应由被保险人承担的精神损害赔偿责任。

（3）教练车特约保险。该保险负责赔偿保险期间内，对于尚未取得合法机动车驾驶证，但已通过合法教练机构办理了正式学车手续的学员，在固定练习场所或指定路线，并有合格教练随车指导的情况下驾驶被保险机动车时，发生对应投保主险保险责任范围内的事故。

（4）不计免赔特约险。该保险包括基本险的不计免赔特约险和附加险的不计免赔特约险。不计免赔特约险是指保险车辆在发生保险事故造成损失时，对于其在符合赔偿规定金额内应承担的免赔金额，保险人负责赔偿。

任务五　设计其他财产保险投保方案

一、责任保险

责任保险产生于19世纪的欧美国家，20世纪70年代以后在工业化国家得到了迅速发展。1855年，英国铁路乘客保险公司首次向铁路部门提供铁路承运人责任保险。1875年，英国出现了马车第三者责任保险，这可以看作汽车第三者责任保险的前身。1880年，雇主责任保险首次在英国承保，1885年出现了第一张职业责任保险单，承保药剂师过失责任。19世纪末，出现了医生职业责任保险，1923年，出现了会计师职业责任保险，随后律师、美容师、工程师、建筑师等数种不同职业都建立了责任保险制度，形成了职业责任保险体系。

责任保险仅有一百多年的历史，但发展速度飞快，这是经济高度发展、法律制度不断完善的必然结果。有学者这样说：保险是衡量一个国家科学技术和经济状况的尺度，责任保险是一国保险业发达与否的标志。

责任保险的发展并非一帆风顺，它曾受到人们的误解和舆论的压力。尤其在责任保险的发展初期，舆论曾批评责任保险的开办将促使道德风险因素增加，会加剧犯罪行为和危害公共利益行为的产生，使得个人承担责任的意识淡薄。然而一百多年过去，责任保险经受住了考验，充分显示了其存在和发展的必要性。

（一）责任保险的定义及特征

责任保险是以被保险人对第三者依法应负的赔偿责任为保险标的的一种保险。责任保险属于广义的财产保险范畴，是处理法律风险的一种赔偿性保险。不论是企业、团体、家庭还是个人，在进行各项生产、业务活动或日常生活中，可能由于疏忽、过失等行为造成对他人的损害，根据法律或契约规定，应对受害人承担经济赔偿责任的，都可以在投保相关责任保险后，将其面临的责任风险转嫁给保险公司。

1. 责任保险的保险标的

责任保险的保险标的是被保险人在法律上应负的民事损害赔偿责任。《中华人民共和国民法典》规定的民事责任包括侵权责任和违约责任。侵权责任又称违反法律规定的民事责任，违约责任即违反合同的民事责任。责任保险承保的民事责任主要是侵权责任。

2. 责任保险的承保方式

责任保险的承保方式主要有两种：一种是以单独的责任保险方式签发专门的保险单来承保；另一种是将责任保险作为各种损失赔偿保险的组成部分或将其作为附加险来承保，不签发专门的责任保险单。

3. 责任保险的赔偿对象

责任保险的直接赔偿对象是被保险人，间接赔偿对象是第三者，即受害人。保险事故发生后，受害人有权向被保险人索赔，被保险人有权向保险人索赔。

4. 责任保险的赔偿范围

责任保险的赔偿范围一般包括两个方面：第一，保险人负责赔偿被保险人因对第三者造成的人身伤害和财产损失而依法应承担的赔偿责任，但是保险人只对第三者财产的直接损失负责赔偿，对于间接损失一般不负责赔偿。第三者的人身伤害的赔偿范围一般包括丧葬费、残疾与医疗费用等。第二，对于因赔偿纠纷引起的诉讼、律师费用及其他事先经保险人同意支付的费用，保险人也予以承担，但最高赔偿责任不超过保单上所规定的每次事故的赔偿限额或累计赔偿限额。

5. 责任保险的赔偿限额

由于责任保险标的具有特殊性，因而双方当事人只能约定一个赔偿限额作为保险人赔偿责任的最高限定。责任保险的赔偿限额通常有以下几种类型：

（1）规定每次责任事故或同一原因引起的一系列责任事故的赔偿限额，具体分为财产损失赔偿限额和人身伤害赔偿限额。

（2）规定保险期内累计赔偿限额，具体分为累计的财产损失赔偿限额和累计的人身伤害赔偿限额。

（3）规定财产损失和人身伤害合并赔偿限额。在某些情况下，保险人将财产损失赔偿限额和人身伤害赔偿限额合成一个赔偿限额，或者只规定每次事故和同一原因引起的一系列责任事故的赔偿限额，而不规定累计赔偿限额。

在责任保险的经营实践中，保险人除通过赔偿限额来明确自身的承保责任外，通常还采用免赔额的规定，促使被保险人谨慎行事。

6. 责任保险的赔偿

在责任保险中，由于被保险人的赔偿责任通过保险关系的建立转移到了保险人身上，被保险人对于第三者责任的承认、和解或否定以及赔偿金额的多少均与保险人的利益密切相关，因此，大多数国家的法律均规定保险人拥有参与处理责任事故的权利。

另外，责任保险的赔偿条件不仅取决于事故是否属于保险责任范围，还取决于被保险人是否收到第三者的赔偿请求。如果责任事故已经发生，第三者也受到了损害，但第三者不向被保险人请求赔偿，被保险人就无利益损失发生，保险人也不必对被保险人负责。

知识拓展 4-5

《保险法》第六十五条规定：

责任保险的被保险人给第三者造成的损害，可以依照法律的规定或者合同的约定，直接向该第三者赔偿保险金。

责任保险的被保险人给第三者造成损失，被保险人对第三者应负的赔偿责任确定的，根据被保险人的请求，保险人应当直接向该第三者赔偿保险金。被保险人怠于请求的，第三者有权就其应获赔偿部分直接向保险人请求赔偿保险金。

责任保险的被保险人给第三者造成损害，被保险人未向该第三者赔偿的，保险人不得向被保险人赔偿保险金。

（二）责任保险的种类

责任保险的主要险种包括公众责任保险、产品责任保险、雇主责任保险和职业责任保险等。

1. 公众责任保险

（1）公众责任保险的保险标的。投保人可就被保险人依法应对第三者在工厂、办公楼、旅馆、住宅、商店、医院、学校、影剧院、展览馆等各种公众活动的场所遭受的财产损失或人身伤害而承担的公众经济赔偿责任进行投保。这种责任属于侵权责任范围，公众责任保险如果承保合同责任，通常需要特别约定。

（2）公众责任保险的适用范围。公众责任保险的适用范围非常广泛，业务复杂，种类繁多，主要包括场所责任保险、承包人责任保险和个人责任保险等。其中，场所责任保险主要承保场所所有人或经营管理人在营业过程中所产生的损害赔偿责任，是公众责任保险的主要业务来源；承包人责任保险承保的是各种建筑工程、安装工程、装卸作业和各类加工的承包人在进行承包合同项下的工程或其他作业时所造成的损害赔偿责任；个人责任保险主要承保私人住宅及个人在日常生活中所造成的损害赔偿责任。任何个人或家庭都可以将自己或自己的所有物可能造成损害他人利益的责任风险通过投保个人责任保险而转嫁给保险人。

（3）公众责任保险的投保人和被保险人。公众责任保险的投保人可以是被保险人，被保险人却不一定是投保人，还可以是其他人。例如，公民、企事业单位、机关团体等，为其本身在业务活动或日常生活中的意外事故造成第三者的人身伤亡或财产损失的责任投保公众责任保险，即为被保险人。

（4）公众责任保险的赔偿。公众责任保险赔偿限额的规定主要有三种：一是规定每次事故的赔偿限额，包括人身伤害和财产损失，无分项，无累计；二是规定保单的累计赔偿限额；三是规定免赔额。我国的公众责任保险仅对财产损失责任的赔偿规定免赔额，而对人身伤害责任的赔偿没有免赔额。

2. 产品责任保险

（1）产品责任保险的保险标的。产品责任保险承保的产品责任既包括以合同为基础和条件的产品合同责任，也包括不受合同关系限制的产品侵权责任。只要产品生产者或销售者因生产或销售的产品有缺陷致使消费者或使用者遭受财产损失或人身伤害，无论消费者与生产者或销售者之间是否具有合同关系，都可以就其所受损害提出赔偿请求。

（2）产品责任保险的投保人与被保险人。生产商、出口商、进口商、批发商、零售商及修理商等一切可能对产品事故造成的损害负有赔偿责任的人，都具有保险利益，都可以投保产品责任险。根据具体情况，可以由他们中间的任何一人投保，也可以由他们中间的几个人或全体联名投保。产品责任保险的被保险人，除投保人本身外，经投保人申请，保险公司同意后，可以将其他有关方也作为被保险人，必要时可增加保费，并规定对各被保险人之间的责任互不追偿。在各关系方中，制造商应承担最大风险。除非其他有关方已将产品重新装配、改装、修理、改换包装或使用说明书，并因此引起产品事故，应由该有关方负责外，凡产品原有缺陷引起的问题，最后都要追溯至制造商由其负责。

（3）产品责任保险的赔偿限额。在产品责任保险保单中，通常规定两项赔偿限额，即每次事故的赔偿限额和保单累计的赔偿限额，同时，每项赔偿限额还可以分为人身伤害和财产损失的分项赔偿限额。

3. 雇主责任保险

（1）雇主责任保险的保险标的。雇主责任保险的保险标的是根据雇佣合同或有关劳工赔偿法规，雇主对其所雇用的员工在受雇期间因遭受意外事故而受伤、残疾或因患有与业务有关的职业性疾病，导致伤残或死亡时应承担的经济赔偿责任。

（2）雇主责任保险的适用范围。各类企业以及机关事业单位对其职工在工作中发生的死亡、伤残、疾病等事故均有依法或依据雇佣合同负责赔偿的义务，因此都可以投保雇主责任保险。

（3）雇主责任保险的投保人和被保险人。雇主责任保险的投保人和被保险人都是雇主，但受益者是与雇主有雇佣合同关系的雇员。

（4）雇主责任保险的赔偿限额。雇主责任保险的赔偿额度分为死亡和伤残两种。死亡赔偿的限额为保单规定的最高赔偿额度。伤残赔偿则有三种情况：永久丧失全部工作能力按保单规定的最高赔偿额度赔偿；永久丧失部分工作能力按受伤部位及受伤程度，参照保单所规定的赔偿比例乘以保单规定的赔偿额度确定；暂时丧失工作能力超过5天的，经医生证明，按被雇用人员的工资给予赔偿。对上述各项总的赔偿金额，各国的规定不一。由于我国目前没有法律规定的赔偿标准，一般由被保险人根据雇佣合同的要求，以雇员若干个月的工资制定赔偿限额，但最高不超过保单规定的赔偿限额。

知识拓展 4-6　雇主责任保险与劳动保险的区别

雇主责任保险属于商业保险，劳动保险（主要是工伤保险）属于社会保险。雇主责任保险承保的是因雇主未能尽其法定义务，即因为过失或疏忽而产生的经济赔偿责任；劳动保险虽然也承保雇员遭受人身伤亡或疾病时的雇主赔偿责任，但不考虑雇主有无过失。劳动保险负责雇主对雇员在受雇期间任何时间、任何地点遭受的人身伤亡和疾病的赔偿责任，以严格责任为归责原则。此外，雇主责任保险由雇主支付保险费，劳动保险常常由政府、雇主和雇员共担保险费。雇主责任保险的赔偿金交给雇主（最终落实到雇员身上），劳动保险的赔偿金直接交给受伤雇员。

4. 职业责任保险

（1）职业责任保险的保险标的。职业责任保险承保的标的是各种专业技术人员的职业责任，即各种专业技术人员因工作上的疏忽或过失造成合同一方或他人的人身伤害或财产损失而依法应承担的经济赔偿责任。

（2）职业责任保险的适用范围。职业责任保险适用于各类专业技术人员。由于不同专业技术人员的职业风险不同，职业责任保险承保内容各不相同，保险人需要专门设计职业责任保险条款来承保。常见的职业责任保险种类有医生职业责任保险、药剂师职业责任保险、会计师职业责任保险、律师职业责任保险、设计师职业责任保险等。

（3）职业责任保险的投保人和被保险人。在我国，由于单位实际上是职业责任风险的第一责任人，所以，职业责任保险的投保人一般是提供专业技术服务的单位。例如，医院为医生投保，勘探设计院为设计师投保等。如果是个体专业技术人员，则由其本人投保个人职业责任保险。职业责任保险的被保险人是各类专业技术人员。

（4）职业责任保险的赔偿限额。职业责任保险保单的赔偿限额一般为累计的赔偿限额，而不规定每次事故的限额，但也有些承保人采用规定每次索赔或每次事故限额的方法。法律诉讼费用一般在赔偿限额以外赔付。若被保险人对第三者的赔偿金额超过保险单规定的赔偿限额，法律诉讼费用按赔偿金额与赔偿限额的比例分摊。

二、信用保险

信用保险和保证保险是随着商业信用的发展而产生的一类新兴保险业务。信用保险是由权利人（债权人）投保，保险人承担义务人（债务人）信用风险的保险，即在义务人不能履行其应尽义务时，由保险人代为履行。保证保险是义务人（债务人）根据权利人（债权人）的要求，向保险人投保，要求保险人担保自己信用的保险。

信用保险和保证保险都是以信用风险为保险标的的保险。当义务人不履约而使权利人遭受损失时，由保险人提供经济赔偿。但二者存在不少差别，主要表现在以下几个方面：第一，投保人不同。信用保险的投保人是权利人，而保证保险的投保人是义务人。第二，信用保险是通过填写保险单来承保的，而保证保险则是通过出立保证书来承保的。第三，信用保险合同除保险人外只涉及权利人和义务人两方，而保证保险因为往往要求义务人提供反担保，所以保证保险除保险公司外，还涉及义务人、反担保人和权利人三方。第四，在信用保险中，保险人承担着实实在在的风险，保险人赔偿后，虽然可以向责任方追偿，但成功率很低；在保证保险中，被保险人的风险并没有完全转移给保险人，只有在被保证人不能履行义务时，保险人才负赔偿责任。在保险人赔付以后，其有权向被保证人追偿。因此，经营保证保险的风险小于信用保险。

（一）信用保险的主要特征

1. 承保风险具有特殊性

信用保险一般承保商业风险，但政府支持开办的信用保险除承保商业风险外，还承保政治风险。商业风险是指由于债务人本身原因致使债务不能履行或不能如期偿还的风险，包括买方破产、买方拒绝履行合同、买方不按期付款等。在国内贸易和国际贸易中都存在商业风险。政治风险是指由于买方或出口人无法控制的事件而造成的债务不能履行或不能如期偿还的风险，包括外汇兑换困难、买方政府延期支付、进口或出口许可证限制、战争阻止合同履行以及政府的其他类似行为等。

信用保险承保的风险，无论是商业风险还是政治风险，都具有明显的人为因素。债务人的经营作风极大地影响着风险发生的概率，尤其是出口信用保险，所保障的政治风险一旦发生则波及面广，方向一致，不适用大数法则。因此，保险人在承保时，要调查有关风险的情况，了解各个债务人的特点，分别商定费率以及承保条件。

2. 强调损失共担

信用保险是信用风险管理的一种形式，保险人期望控制风险，往往只能通过被保险人来实现，所以信用保险一般规定被保险人应承担一定比例的损失，如政治风险的比例为5%~10%，商业风险的比例为5%~15%。

3. 风险调查困难

一般财产保险以实物为保险标的，保险人比较容易确定风险程度，但信用保险以人或企业的信用为保险标的，资信难以调查，尤其是出口信用保险，被保险人的客户跨越国界，给资信调查增添不少难度。因此，信用保险要求被保险人与保险人共享其掌握的所有有关客户的资信信息。另外，保险人一般还委托专业资信调查机构对国内外的客户资信情况进行充分了解。

由于信用保险风险调查困难、经营难度大、风险高，很多国家都由政策性保险公司经营此业务。我国的信用保险产生于20世纪80年代初，原来只有中国人民保险公司独家经营，1994年成立了中国进出口银行，该行的主要业务之一就是经营我国的出口信用保险业务。2001年成立的中国出口信用保险公司目前是我国唯一承办出口信用保险业务的政策性保险公司。

（二）信用保险的主要种类

1. 一般商业信用保险

一般商业信用保险（又称“国内信用保险”）是指在商业活动中，作为权利人的一方当事人要求保险人将另一方当事人作为被保证人，并承担由于被保证人的信用风险而使权利人遭受商业利益损失的保险。其保险金额根据当事人之间的商业合同的标的价值确定。

目前，国内信用保险一般承保批发业务，不承保零售业务；承保3~6个月的短期商业信用风险，不承保长期商业信用风险。其险种主要有赊销信用保险、贷款信用保险和个人贷款信用保险。

（1）赊销信用保险。赊销信用保险是为国内贸易的延期付款或分期付款行为提供信用担保的一种信用保险业务。在这种业务中，投保人是制造商或供应商，保险人承保的是买方（即义务人）的信用风险，目的在于保证被保险人（即权利人）能按期收回赊销货款，保障贸易的顺利进行。

（2）贷款信用保险。贷款信用保险是保险人对银行或其他金融机构与企业之间的借贷合同进行担保并承保其信用风险的保险。在贷款信用保险中，贷款方既是投保人，又是被保险人。贷款方投保贷款信用保险后，当借款人无力归还贷款时，可以从保险人处获得补偿。贷款信用保险是保证银行信贷资金正常周转的重要手段之一。

2. 出口信用保险

出口信用保险是承保出口商在经营出口业务的过程中因进口商的商业风险或进口国的政治风险而遭受损失的一种信用保险。根据出口信用保险合同，投保人向保险人交纳保险费，保险人赔偿保险合同项下由于买方信用及相关因素引起的经济损失。常见的出口信用保险业务主要有短期出口信用保险和中长期出口信用保险。

（1）短期出口信用保险。短期出口信用保险是指承保信用期不超过180天，出口货物一般是大批的初级产品和消费性工业产品出口收汇风险的一种保险。短期出口信用保险是目前各国出口信用保险机构使用最广泛、承保量最大，而且比较规范的出口信用保险种类。

（2）中长期出口信用保险。中长期出口信用保险是指承保信用期限在2年以上的资本性或半资本性货物的出口项目，例如工厂或矿山的成套生产设备，船舶、飞机等大型运输工具，海外工程承包以及专项技术转让或服务等项目的出口收汇风险的一种保险。由于中长期出口项目的金额较大，合同执行期限较长，涉及的业务环节较多，运作复杂，而且项目很少重复，且所涉及的产品或服务均需要专门设计、专项制造，因此，保险合同没有固定、统一的格式，而是由保险合同双方当事人根据不同的出口产品或服务内容、不同的交付条件及支付方式等情况逐项协商拟定保险条件、保险费率和收费方法等。

3. 投资保险

投资保险也称政治风险保险，保险人承保本国投资者在外国进行投资期间，因对方国家的政治风险所造成的投资损失。我国自1979年以来，为了适应对外开放和引进外资的需要，也开办了投资保险，但我国的投资保险保障的是我国投资者的利益，被保险人是我国投资者。

投资保险的保险责任主要包括战争、类似战争行为、叛乱、罢工、暴动、政府有关部门征用或没收、政府有关部门汇兑限制等。

投资保险的期限一般有1年期和长期两种，保险期限最长15年；保险金额以投资金额为依据，一般为投资金额的90%。投资保险的保险费率没有统一规定，主要根据资金投向地区发生政治风险的可能性大小及保险期限的长短来确定。

三、保证保险

（一）合同保证保险

合同保证保险，又称“契约保证保险”，是指因为被保证人不履行合同义务而造成权利人经济损失时，由保险人代替被保证人进行赔偿的一种保险。合同保证保险主要用于建筑工程的承包合同。根据建筑工程的不同阶段，合同保证保险可以分为以下几种：

（1）供应保证保险，承保供货方未能按照合同的规定向需求方供货而造成的需求方的经济损失。

（2）投标保证保险，承保工程所有人因中标人不签订承包合同而遭受的经济损失。

（3）履约保证保险，承保工程所有人因承包人不能按质按量交付工程而遭受的经济损失。

（4）预付款保证保险，承保工程所有人因承包人不能履约而遭受的预付款损失。

（5）维修保证保险，承保工程所有人因承包人不履行规定的维修义务而遭受的经济损失。

（二）忠诚保证保险

忠诚保证保险，又称“诚实保证保险”，承保雇主因雇员的不诚实行为，如盗窃、贪污、侵占、非法挪用、故意误用、伪造、欺骗等而遭受的经济损失。这种保险一般由雇主投保，以其正式雇员的诚实信用为保险标的。忠诚保险承保投保人雇员的品格，因此，保险人承保时要了解所承保雇员过去的工作经历，如有无不诚实的记录，每次转换工作的原因和家庭、工作状况等。如果保险人了解到雇员的品格有问题，通常不予承保。

（三）产品质量保证保险

1. 产品质量保证保险的定义

产品质量保证保险，又称“产品保证保险”，是指因被保险人制造或销售丧失或不能达到合同规定效能的产品，给使用者造成经济损失时，由保险人对有缺陷的产品及其引起的经济损失和费用承担赔偿责任的一种保险。

2. 产品质量保证保险与产品责任保险的区别

（1）保险标的不同。产品责任保险的保险标的是产品在使用过程中因缺陷而造成使用者或公众的人身伤害或财产损失时，产品制造商、销售商或修理商等承担的民事损害赔偿责任。简言之，产品责任保险的保险标的是产品责任。产品质量保证保险的保险标的是被保险人因提供的产品质量有缺陷，依法应承担的产品本身损失的经济赔偿责任。简言之，产品质量保证保险的保险标的是产品质量违约责任。

（2）业务性质不同。产品责任保险是保险人针对产品责任提供的替代责任方承担因产品事故造成对受害方的经济赔偿责任的责任保险；产品质量保证保险是保险人针对产品质量违约责任而提供的带有担保性质的保证保险。

（3）责任范围不同。产品责任保险承保的是因产品质量问题导致用户财产损失或人身伤亡依法应负的经济赔偿责任，对产品本身的损失不予赔偿；产品质量保证保险则承保投保人因其制造或销售的产品质量有缺陷而产生的损失，对产品本身的损失予以赔偿。

由于产品质量保证保险和产品责任保险的赔偿责任是紧密联系在一起的，所以，目前我国产品质量保证保险可与产品责任保险一起承保。

财产保险的险种结构如图4-1所示。

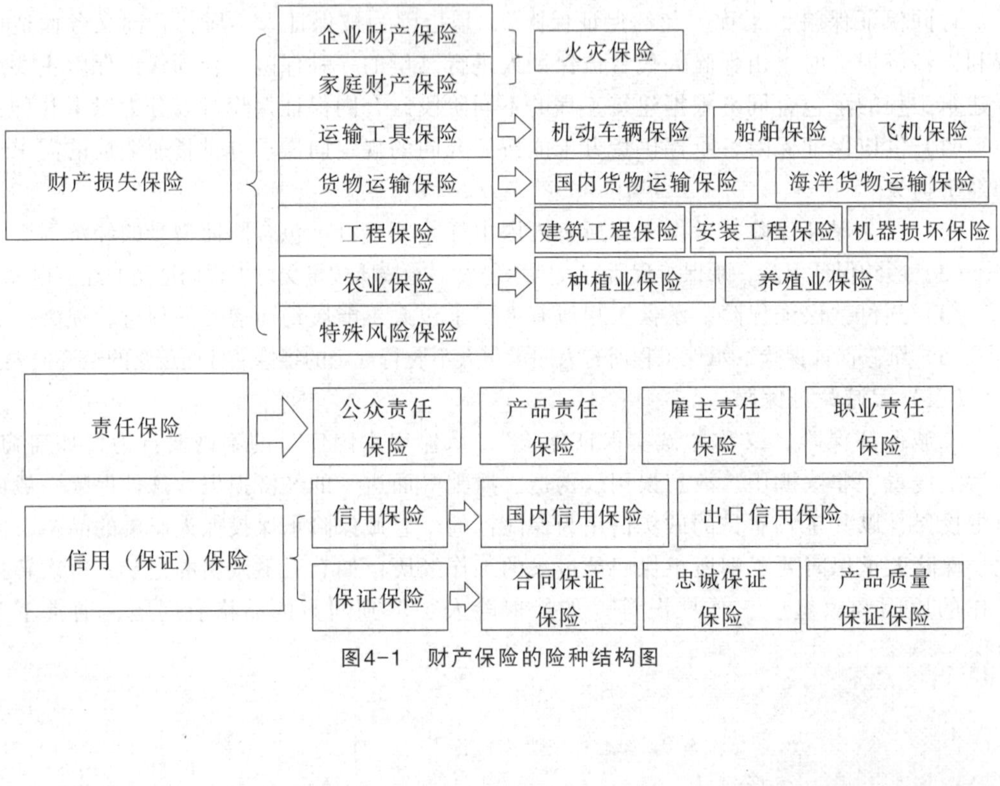

图4-1　财产保险的险种结构图

项目小结

本项目的主要任务是设计财产保险方案，要求在熟悉财产保险各主要险种的基础上，根据客户的需求设计投保方案。

财产保险分为财产损失保险、责任保险、信用（保证）保险。财产损失保险的保险标的为有形的物质财产，而责任保险和信用（保证）保险的保险标的为无形的责任和利益。财产损失保险主要包括企业财产保险、家庭财产保险、运输工具保险、货物运输保险、工程保险、农业保险和特殊风险保险。本项目重点学习企业财产保险、家庭财产保险和机动车辆保险。

企业财产保险和家庭财产保险属于火灾保险的范畴，强调财产存放地址的固定性和保险标的的相对静止状态，主要承保自然灾害和意外事故造成的财产损失，在保险责任上两个险种有诸多相似之处。

机动车辆保险是目前财产保险公司业务量最大的险种。机动车辆保险有主险和附加险，主险主要包括承保车辆本身损失的机动车辆损失险以及承保对第三者人身伤亡和财产损失的机动车第三者责任保险（包括机动车交通事故责任强制保险），而附加险主要是针对车主的一些特殊需要推出的，车主可根据自身情况进行主险和附加险的搭配。

重点回顾

1. 企业财产保险。
2. 家庭财产保险。
3. 机动车辆保险。

基础知识练习

一、单项选择题

1. 在我国，企业财产保险综合险的保险责任是（　　）。

A. 泥石流　　B. 盗窃　　C. 水管破裂　　D. 营业中断

2. 在家庭财产保险的险种中，保费低廉且保费不退还的险种是（　　）。

A. 家庭财产两全保险　　B. 普通家庭财产保险

C. 投资保障型家庭财产保险　　D. 个人贷款抵押房屋保险

3. 张某将新买的汽车投保了机动车辆损失险。在保险期限内，保险车辆在一次保险事故中倒车镜被撞坏，但是没有其他损失，张某没有及时修理继续使用汽车。不久，在一次倒车时撞到自家车库的侧墙上造成车库墙和汽车尾部损失。那么，保险人应赔偿（　　）。

A. 倒车镜的损失　　B. 倒车镜、车库墙和汽车尾部的损失

C.倒车镜、车库墙的损失　　D.倒车镜、汽车尾部的损失

4.在机动车第三者责任保险中，被保险人在一次碰撞事故中撞伤一位路人，事故造成的以下损失，哪一项可以由第三者责任保险来进行赔偿？（　　）

A.被保险人本人受伤　　B.车上人员受伤

C.车上财物受损　　D.路人受伤

5.在机动车辆保险的附加险中，不能附加在机动车辆损失险的险种是（　　）。

A.玻璃单独破碎险　　B.车上人员责任险

C.新增加设备损失险　　D.代步车费用险

6.以下不可以投保家庭财产保险的保险标的有（　　）。

A.家用电器　　B.房屋　　C.文件资料　　D.家具

7.货物运输保险中的“仓至仓条款”通常限制的是（　　）。

A.保险标的存放地点　　B.保险期限长短

C.保险责任承担地点　　D.保险金额的大小

8.某日，某游乐场发生一起游客受伤事故，事故原因为游乐设施年久失修。该事故属于（　　）。

A.产品责任事故　　B.职业责任事故　　C.雇主责任事故　　D.公众责任事故

9.在责任保险中，如果被保险人对第三者的人身伤害依法应负的赔偿责任超过了赔偿限额，则超过部分的承担者是（　　）。

A.被保险人　　B.保险人　　C.受害人　　D.第三者

10.以下（　　）不是机动车辆损失险的保险责任范围。

A.车辆与外界物体碰撞导致的车辆损失　　B.爆炸导致车辆损失

C.车上货物的损失　　D.洪水导致的车辆损失

11.在贷款信用保险中，投保人是（　　）。

A.借款人　　B.贷款人　　C.担保人　　D.债务人

二、多项选择题

1.企业财产综合险的保险责任范围包括（　　）。

A.泥石流　　B.爆炸　　C.火灾　　D.雷击

2.可以附加在机动车辆损失险上的险种包括（　　）。

A.代步车费用险　　B.全车盗抢险

C.车身划痕险　　D.车上人员责任险

3.以下关于交强险的说法中，正确的有（　　）。

A.交强险承保的范围包括机动车辆因保险事故发生的损失

B.交强险全国统一条款、统一费率、统一赔偿限额

C.交强险属于强制保险

D.交强险的赔付分死亡伤残、医疗费用、财产损失三项

4.以下关于货物运输保险的特点，说法正确的有（　　）。

A.保障对象具有多变性

B. 承保的风险具有综合性

C. 保险金额的确定采用定值保险的方法

D. 保险期限具有空间性

5.责任保险的主要险种有（　　）。

A.公众责任保险　　B.产品责任保险

C.雇主责任保险　　D.职业责任保险

6.以下关于信用保险和保证保险的说法中，不正确的有（　　）。

A. 信用保险和保证保险承保的对象都是信用风险

B. 信用保险的投保人是义务人，保证保险的投保人是权利人

C. 信用保险只承保商业风险，不承保政治风险

D. 保证保险的经营风险一般小于信用保险

三、案例分析题

1.王女士拥有一套三居室商品房、一辆轿车，室内财产包括家具、家用电器、手机、电脑软件、健身器材、衣物及床上用品、高档化妆品、黄金首饰等。

（1）若王女士投保普通家庭财产保险，哪些财产属于可保财产？哪些财产属于不可保财产？

（2）若王女士投保3年期家庭财产两全保险，缴纳的保险储金为5 000元，保额为50万元，若第2年发生2 000元赔款，那么该保险到期的时候，王女士还能拿回多少保险储金？

2.李先生将自己所有的轿车投保了机动车辆损失险和机动车交通事故强制责任保险（交强险），在1年的保险期限内，如果发生了以下事故，请判断是否属于保险责任范围。

以下事故是否属于机动车辆损失险的保险责任？在括号中写是或否。

（1）李先生醉酒驾驶撞上了一棵树。（　　）

（2）车辆在台风事故中受损。（　　）

（3）李先生开车途中撞上路边护栏导致车辆受损。（　　）

（4）在淹及排气管的水中启动汽车导致发动机受损。（　　）

以下事故是否属于交强险责任？在括号中写是或否。

（5）开车时撞伤一位行人。（　　）

（6）倒车时冲入自己家里，导致财物受损。（　　）

实战演练

情境资料：

从企业的情况来看，张先生的“家乐”食品加工厂位于南方某沿海城市，主要生产水果加工产品，产品大部分销往国内，一部分销往东南亚国家。企业拥有厂房、库房、机器设备等固定资产，库房中存放着原材料以及成品，以及2辆用于运输的卡车和近50

名员工。近年来，由于气候异常，极端天气频发，地处沿海城市的“家乐”食品加工厂经常遭受台风侵扰，给企业造成不小损失，对企业的生产经营造成不利影响。

从家庭财产情况来看，张先生一家三口目前拥有一套位于郊区一个高档小区的商品住房、一辆新买的进口奥迪轿车，家庭财产主要包括家具、家用电器、衣物及床上用品、文体用品、古玩等，另外其家中还种植了珍贵兰花，饲养了一条牧羊犬。商品房价值80万元，家具5万元，家用电器2万元，衣物及床上用品2万元，文体用品1万元。张先生的进口奥迪轿车价值50万元，张先生买车之后，在车上装了车载电视系统和音响设备。张先生家的住房位于郊区，每天需要开车上下班以及接送孩子，所在小区物业管理规范，有地下停车场。另外，张先生驾龄1年，驾驶技术还不是很娴熟。

要求：根据情境资料，为客户张先生的食品加工厂和家庭制订以下投保方案：

1. 企业财产保险投保方案，要求列出应投保的险种，包括附加险（重点考虑应投保基本险还是综合险）；

2. 家庭财产保险投保方案，要求列出应投保的险种及保险金额（重点考虑主险和附加险的搭配，可参考人保财险和平安财险官方网站上的家庭财产保险自由定制功能）；

3. 为张先生家用的奥迪轿车设计投保方案，要求列出应投保的险种及保险金额（重点考虑主险和附加险的搭配，可参考汽车之家网站或新浪网汽车频道的车险计算工具）；

4. 请指出张先生的工厂和家庭应投保责任保险中的哪些险种，以及信用保险、保证保险中的哪些险种。

项目四　练习题参考答案及解析

项目五 设计人身保险投保方案

学习目标

知识目标：

1. 了解人身保险的特征；

2. 熟悉并掌握人寿保险、人身意外伤害保险和健康保险的保险标的、保险责任、主要险种及各自的特点。

技能目标：

1. 能区分人寿保险、健康保险及人身意外伤害保险的保险标的、承保范围、保险责任及各自特点；

2. 能根据情境设计人身保险的投保方案。

素养目标：

通过本项目的学习，理解作为保险从业人员，要遵守职业道德，在给客户设计人身保险投保方案时，应首先考虑客户的保障需求，其次再考虑理财方面的需求，始终以客户需求为导向。

情境导入

在上一个工作流程中，保险经纪人详细了解了张先生的企业及家庭的财产情况，分析并确认保险需求，制订了符合其需求的财产保险投保方案，同时，张先生的家庭也需要人身保险来保驾护航。保险经纪人在充分了解张先生的家庭情况之后，将为其一家三口量身定制人身保险投保方案。

从家庭情况来看，张先生目前家庭人数为三人，即张先生、张太太、张小宝。张先生目前正处在“上有老下有小”的人生责任最重大的时期。张先生的太太王艳，35 岁，是全职太太，没有任何收入来源；儿子张小宝，今年 7 岁，刚上小学一年级；夫妇俩对儿子均寄予厚望，希望他能接受良好的教育。张先生工作压力大，经常需要到外地出差和应酬。另外，张先生一家还需要赡养两位老人。

任务一　认识人身保险的主要险种和特征

一、人身保险的定义

人身保险是以人的寿命和身体为保险标的，当被保险人在保险期限内发生死亡、伤残或疾病等事故，或生存至规定时点时保险人给付被保险人或其受益人保险金的保险。普通的人身保险主要解决人们在日常生活中遭受意外伤害、疾病或死亡等不幸事故时或年老退休时经济上的困难。随着保险经营的不断创新，一些具有投资功能的人身保险产品在解决被保险人经济困难的同时，也满足了人们的投资需求。

就人身保险的保险标的而言，当以人的寿命作为保险标的时，它以生存和死亡两种状态存在；当以人的身体作为保险标的时，它以人的健康、生理机能、劳动能力等状态存在。

二、人身保险的特征

（一）人身风险发生的概率较为稳定

在人身保险中，风险事故是与人的寿命和身体有关的生、老、病、死、残，人身保险事故的发生概率往往随着人的年龄增长而不断增加。相对于财产保险中各种自然灾害和意外事故而言，这些风险事故发生的概率较为稳定，所以在寿险经营中面临的巨灾风险较少，寿险经营的稳定性也较好，对再保险的依赖性较小。

（二）保险标的无法用货币衡量价值

人身保险的保险标的是人的寿命或身体。就保险价值而言，人身保险的保险标的没有客观的价值标准，因为无论是人的生命还是身体，都很难用货币衡量其价值，人的生命是无价的。

（三）保险金额由保险双方当事人协商确定

由于人的生命是无价的，人身保险的保险金额的确定无法像财产保险那样有客观依据，因此在实务中，除个别情况外，人身保险的保险金额是由投保人和保险人双方协商后约定的。保险金额的确定一般从两个方面来考虑：一是被保险人对人身保险的需要程度；二是投保人交纳保费的能力。

（四）保险合同属于定额给付性合同

人身保险合同是定额给付性合同。由于人的寿命和身体无法用货币衡量价值，当被保险人发生保险事故时，其损失难以用货币表示，因此保险人只能按照保险合同规定的保险金额支付保险金。

（五）长期人身保险合同具有储蓄性

人身保险在为被保险人面临的风险提供保障的同时，兼有储蓄性的特点。由于人身保险费率采用的不是自然费率（即反映被保险人当年死亡率的费率，随死亡率高低而变动），而是均衡费率（即每年收取等额的保费），这样就使投保人早期交纳的保费高于其当年的死亡成本（即危险保费），对于多余的部分（即储蓄保费），保险公司按预定利率进行积累，形成保单的现金价值。总的来说，长期人身保险的纯保费由危险保费和储蓄保费组成。危险保费用于保险期限内死亡给付，储蓄保费则逐年积累形成保单的现金价值。因此，投保长期人身保险，若中途退保可拿回保单的现金价值。

（六）保险期限一般比较长

人身保险合同，特别是人寿保险合同往往是长期合同，保险期限短则数年，长则数十年，甚至包含一个人的一生。保险期限的长期性使得人身保险的经营极易受到外界因素，如利率、通货膨胀及保险公司对未来预测的偏差等因素的影响。

三、人身保险的种类

《保险法》第九十五条关于保险公司的业务范围，规定人身保险业务包括人寿保险、健康保险、人身意外伤害保险等。

（一）人寿保险

人寿保险是指以被保险人的寿命为保险标的，以被保险人的生存或死亡为保险事故（即给付保险金条件）的一种人身保险。人寿保险所承保的风险可以是生存，也可以是死亡，还可同时承保生存和死亡。在全部人身保险业务中，人寿保险占绝大部分，因而人寿保险是人身保险中主要的和基本的险种。人寿保险包括死亡保险、生存保险和两全保险等。

（二）健康保险

健康保险是指以被保险人的身体为保险标的，使被保险人在遭遇疾病或意外事故所致伤害时发生的医疗费用或收入损失获得补偿的一种人身保险。当前，由于医疗费用高涨，疾病发生率提高，人们健康意识增强，健康保险的业务量不断增大。

健康保险主要包括医疗保险、疾病保险、失能收入损失保险和护理保险等。

（1）医疗保险。医疗保险是指以保险合同约定的医疗行为的发生为给付保险金条件，为被保险人接受诊疗期间的医疗费用支出提供保障的保险。常见的医疗保险包括普通医疗保险、住院保险、手术保险和综合医疗保险等。

（2）疾病保险。疾病保险是指以保险合同约定的疾病的发生为给付保险金条件的保险。

(3) 失能收入损失保险。失能收入损失保险是指以因保险合同约定的疾病或者意外伤害导致工作能力丧失为给付保险金条件，为被保险人在一定时期内收入减少或者中断提供保障的保险。

微课5

人身意外伤害保险的特点

(4) 护理保险。护理保险是指以因保险合同约定的日常生活能力障碍引发护理需要为给付保险金条件，为被保险人的护理支出提供保障的保险。

(三) 人身意外伤害保险

人身意外伤害保险是指以意外伤害而致身故或残疾为给付保险金条件的人身保险。其主要业务种类包括普通意外伤害保险和特定意外伤害保险。

目前，我国保险市场上的人寿保险公司都可以经营人身保险业务，包括人寿保险、健康保险和人身意外伤害保险等。但由于人寿保险业务出现的时间最早，且业务量也在人身保险业务中一直都占据最大的比重，所以至今仍然沿用人寿保险公司的称谓。

任务二 设计人寿保险投保方案

人寿保险是以人的生命为保险标的，以人的生存或死亡为保险事故，当发生保险事故时，保险人履行给付保险金责任的一种保险。人寿保险是人身保险中最基本、最主要的险种，保障范围包括死亡和期满生存，即如果被保险人在保险期限内死亡或期满时仍生存，保险人按照约定支付死亡保险金或生存保险金。人寿保险的业务量占人身保险的绝大部分。

一、普通型人寿保险

(一) 死亡保险

死亡保险是指以被保险人的死亡为给付保险金条件的人寿保险。死亡即机体生命活动和新陈代谢的终止。在法律上发生效力的死亡包括两种情况：一是生理死亡，即已被证实的死亡；二是宣告死亡，即按照法律程序推定的死亡。《中华人民共和国民法典》第四十六条规定："公民有下列情形之一的，利害关系人可以向人民法院申请宣告该自然人死亡：(一) 下落不明满4年的；(二) 因意外事故下落不明，从事故发生之日起满2年的。"

死亡保险又分为定期寿险（即定期死亡保险）和终身寿险（即不定期死亡保险）。

(1) 定期寿险。定期寿险是指以死亡为给付条件，且保险期限为固定年限的人寿保险。具体地讲，在定期寿险合同中规定一定时期为保险有效期，若被保险人在约定期限内死亡，保险人即给付受益人约定的保险金；如果被保险人在保险期限届满时仍然生存，保险合同即行终止，保险人无给付保险金的义务，亦不退还已收取的保费。对于被保险人而言，定期寿险最大的优点是可以用极为低廉的保险费获得一定期限内较大的保险保障。其不足之处在于若被保险人在保险期限届满仍然生存，则不能得到保险金的给付，而且已交纳的保费不再退还。

(2) 终身寿险。终身寿险是指以死亡为给付保险金条件，且保险期限为终身的人寿保险。终身寿险是一种不定期的死亡保险，即保险合同中并不规定期限，自合同生效之日起，至被保险人死亡为止。也就是说，保险人对被保险人要终身承担保险责任，无论被保险人何时死亡，保险人都有给付保险金的义务。终身寿险的最大优点是被保险人可以得到永久保障。如果投保人中途退保，可以得到一定数额的现金（或称“退保金”）。

（二）生存保险

生存保险是指以被保险人的生存为给付保险金条件的人寿保险，即被保险人于保险期满或达到合同约定的年龄时仍然生存，保险人给付保险金。理论上的生存保险，到期生存可以拿到保险金，死亡则拿不到保险金。对大多数人来说，死亡的风险更大，所以，没有死亡保障的生存保险在保险市场上是极少的。目前在我国保险市场上，为老年人提供养老保障的养老年金保险和为子女提供教育金的保险，从保障功能上来说属于生存保险，但一般都增加了死亡给付的功能，大部分险种都规定死亡可以返还保费，不过这些险种仍然侧重于生存状态下的给付。

（三）两全保险

两全保险（也称“生死合险”）是指被保险人在保险期限内死亡或保险期满时生存，保险人均给付保险金的人寿保险。两全保险将定期死亡保险和生存保险两种保险形式结合起来，当被保险人在保险合同规定的年限内死亡或合同期满仍然生存时，保险人均按照合同给付保险金。由于两全保险既有死亡保障，又有生存保障，因此，两全保险不仅可以使受益人得到保障，也可使被保险人本身享受其利益。

保险产品 5-1　　定期寿险产品国寿祥福定期寿险

产品简介：国寿祥福定期寿险只需交纳低额保费，便可获得高额身故保障及身体高度残疾保障。

保险期间：5年、10年、20年、30年，至被保险人生存至55周岁的年生效对应日止和至被保险人生存至60周岁的年生效对应日止。

保险责任：

1.身故保险金

被保险人于合同生效（或复效）之日起1年内因疾病导致身故，按所交保险费（不计利息）给付身故保险金，合同终止。

被保险人因意外伤害或于合同生效之日起1年后因疾病导致身故，按保险单载明的保险金额给付身故保险金，合同终止。

2.身体高度残疾保险金

被保险人于合同生效（或复效）之日起1年内因疾病导致身体高度残疾，按所交保险费（不计利息）给付高残保险金，合同终止。

被保险人因意外伤害或于合同生效之日起1年后因疾病导致身体高度残疾，按保险单载明的保险金额给付高残保险金，合同终止。

投保示例：30周岁男性，投保10万元保额，保险期限为20年，交费期限20年，年交费380元。

保险利益：

1.身故保险金

1年内因疾病身故，身故保险金为380元，合同终止。

因意外伤害身故，或1年后因疾病身故，身故保险金为10万元，合同终止。

2.身体高度残疾保险金

1年内因疾病残疾，保险金为380元，合同终止。

因意外伤害高残或1年后因疾病高残，保险金为10万元，合同终止。

资料来源：根据中国人寿保险集团公司官网资料整理。

保险产品5-2　　终身寿险产品国寿祥泰终身寿险产品

保险责任：

1.身故保险金

被保险人于本合同生效之日起180日内因疾病导致身故，本公司按所交保险费（不计利息）给付身故保险金，本合同终止；

被保险人因意外伤害或于本合同生效之日起180日后因疾病导致身故，本公司按以下规定给付身故保险金：

被保险人于年满18周岁的年生效对应日前身故，本公司按所交保险费（不计利息）的150%给付身故保险金，本合同终止；

被保险人于年满18周岁的年生效对应日至年满60周岁的年生效对应日之间身故，本公司按基本保险金额的300%给付身故保险金，并返还被保险人身故当时本合同所交保险费（不计利息），本合同终止；

被保险人于年满60周岁的年生效对应日后身故，本公司按基本保险金额的100%给付身故保险金，并返还被保险人身故当时本合同所交保险费（不计利息），本合同终止。

2.身体高度残疾保险金

被保险人于本合同生效之日起180日内因疾病导致身体高度残疾，本公司按所交保险费（不计利息）给付身体高度残疾保险金，本合同终止；

被保险人因意外伤害或于本合同生效之日起180日后至年满60周岁的年生效对应日之间因疾病导致身体高度残疾，本公司按基本保险金额的100%给付身体高度残疾保险金，但给付以一次为限，本合同继续有效。

3.豁免保险费

在本合同交费期间，被保险人因意外伤害或于本合同生效之日起180日后因疾病导致身体高度残疾，本公司豁免被保险人身体高度残疾之日以后至本合同终止前的各期应交保险费，视同投保人交纳了被保险人身体高度残疾之日以后至本合同终止前的各期保险费，本合同继续有效。

投保示例：

被保险人，张先生，今年30周岁，为自己投保国寿祥泰终身寿险，基本保险金额10万元，交费期限20年，年交保费7 820元，可获得如下保障：

1. 身故保险金

合同生效之日起180日内因疾病导致身故，本公司按所交保险费（无息）7 820元给付身故保险金，本合同终止。

因意外伤害或合同生效之日起180日后因疾病导致身故，本公司按以下规定给付身故保险金：至年满60周岁的年生效对应日之间身故，本公司按基本保险金额的300%给付身故保险金，并返还身故当时所交保险费（无息），最高可达456 400元，本合同终止。

60周岁的年生效对应日后身故，本公司按基本保险金额的100%给付身故保险金，并返还当时所交保险费（无息），即156 400元，本合同终止。

2. 身体高度残疾保险金

180日内因疾病导致身体高度残疾，按所交保险费（无息）7 820元给付身体高度残疾保险金，本合同终止。

因意外伤害或180日后至60周岁的因疾病导致身体高度残疾，本公司按基本保险金额的100%，即10万元，给付身体高度残疾保险金，以一次为限，本合同继续有效。

资料来源：根据中国人寿保险集团公司官网资料整理。

（四）年金保险

年金保险是指以生存为给付保险金条件，按约定分期给付生存保险金，且分期给付生存保险金的间隔不超过1年（含1年）的人寿保险。按照不同的标准，年金保险可划分为不同的种类。

1. 按照交费方式分类，可分为趸交年金和期交年金

（1）趸交年金。趸交年金是指一次交清保费的年金保险，即年金保险费由投保人一次全部交清后，于约定时间开始按期由年金受领人领取年金。

（2）期交年金。期交年金是指在给付日开始之前，分期交付保险费的年金保险，即由投保人分期交付保费，然后于约定年金给付开始日期起由年金受领人按期领取年金。

2. 按照被保险人数分类，可分为个人年金、联合年金、最后生存者年金和联合及生存者年金

（1）个人年金。个人年金是指以一个被保险人的生存作为年金给付条件的年金保险。

（2）联合年金。联合年金是指以两个或两个以上被保险人的生存作为年金给付条件的年金保险。这种年金的给付持续到最先有被保险人死亡时为止。

（3）最后生存者年金。最后生存者年金是指以两个或两个以上被保险人中至少有一人生存作为年金给付条件，且给付金额不发生变化的年金保险。这种年金的给付持续到最后一名生存者死亡为止。

（4）联合及生存者年金。联合及生存者年金是指以两个或两个以上被保险人中至少有一个人生存作为年金给付条件，但给付金额随着被保险人人数的减少而调整的年金保险。这种年金的给付持续到最后一名生存者死亡为止。

3. 按照给付额是否变动分类，可分为定额年金和变额年金

（1）定额年金。定额年金是指每次按固定数额给付年金的年金保险。这种年金的给付额是固定的，不随投资收益水平的变动而变动。

（2）变额年金。变额年金是指年金给付额按资金账户的投资收益水平进行调整的年金保险。这种年金是针对定额年金在通货膨胀下保障水平降低的缺点而设计的。

4. 按照给付开始日期分类，可分为即期年金和延期年金

（1）即期年金。即期年金是指保险合同成立后，保险人即按期给付年金的年金保险。

（2）延期年金。延期年金是指保险合同成立后，经过一定时期或被保险人达到一定年龄后保险人才开始给付年金的年金保险。

5. 按照给付方式（或给付期间）分类，可分为终身年金、定期生存年金和最低保证年金

（1）终身年金。终身年金是指年金受领人在一生中可以一直领取约定的年金，直到死亡为止的年金保险。

（2）定期生存年金。定期生存年金是一种以被保险人在规定期间内生存为给付条件的年金保险。这种年金的给付以一定的年数为限，若被保险人一直生存，则年金给付到期满；若被保险人在规定的期限内死亡，则年金给付立即停止。

（3）最低保证年金。最低保证年金是为了防止年金受领人因过早死亡而丧失领取年金权利而产生的一种年金保险。最低保证年金又分为确定给付年金和退还年金。确定给付年金规定了一个领取年金的最低保证确定年数，在规定期间内，无论被保险人生存与否均可得到年金给付。退还年金是指当年金受领人死亡而其年金领取总额低于年金购买价格时，保险人以现金方式一次或分期退还其差额的年金保险。

在我国，年金保险也可称为养老保险。2007年出台的《保险公司养老保险业务管理办法》将年金保险划分为个人养老年金保险业务、团体养老年金保险业务、企业年金管理业务三类。

保险产品 5-3　　中国人寿鸿寿年金保险（分红型）

投保示例：张先生30岁时投保国寿鸿寿年金保险（分红型），选择10年交费，年交保费13 100元，保额10万元，60岁开始领取收益。其保险利益如下：

养老年金：

自60周岁起至被保险人年满79周岁的年生效对应日止，每年在合同的年生效对应日，若被保险人生存，给付5 000元养老金。

满期保险金：

被保险人生存至年满80周岁的年生效对应日，本公司给付满期保险金20万元，合同终止。

身故保险金：

被保险人身故，本公司给付身故保险金20万元，合同终止。

资料来源：根据中国人寿保险集团公司官网资料整理。

保险产品 5-4　　平安人寿钟爱一生养老年金保险（分红型）

投保示例：王先生30岁，投保平安钟爱一生养老年金保险（分红型），选择60岁的保单周年日开始领取收益，按年领取，基本保险金额10万元，10年交费，年交保险费15 940元。

基本保险利益：

养老保险金：60岁开始，每年到达保单周年日可领取养老保险金，一直到100岁的保单周年日。

（1）被保险人生存，可按以下标准领取养老保险金：第1~3次领取金额10 000元/次，每领取3次按保险金额的0.6%递增，依此类推。

（2）在20年的保证领取期内，被保险人身故，领取金额为234 200元减去已经领取的金额。

资料来源：根据中国平安保险集团官网资料整理。

教学互动 5-1

请判断中国人寿鸿寿年金保险和平安人寿钟爱一生养老年金保险属于哪种类型的养老年金。

二、简易人寿保险

简易人寿保险是指用简易的方法经营的人寿保险。它是一种低保额、免体检、适用于一般低工资收入人群需要的人寿保险。简易人寿保险的交费期较短，通常为月、半月、周。凡参加简易人寿保险的投保人，其保险金额都有一定的限制，且不用经过身体检查。

为了防止逆选择，简易人寿保险大多采用等待期或削减给付制度，即被保险人投保后必须经过一段时间，保险单才能生效；若被保险人在此期间死亡，保险人不负给付保险金责任或减少给付金额。简易人寿保险的保险费率略高于普通人寿保险的保险费率，其主要原因为：免体检造成死亡率偏高；业务琐碎使附加管理费增加；失效率较高，使保险成本提高。

三、团体人寿保险

（一）团体人寿保险的定义

团体人寿保险是用一张总的保险单对一个团体的成员及其生活依赖者提供人寿保险保障的保险。在团体人寿保险中，投保人是团体组织，被保险人是团体中的在职人员。一般来讲，团体组织作为投保人组织在职人员集体投保，团体组织包括社会团体、企事业单位等独立核算的单位组织，在职人员是指在投保单位领取工资的正常工作人员，已退休、退职的人员不应参加团体保险，临时工、合同工虽然不是投保单位的正式职工，若单位要求投保，保险人也可以接受。

（二）团体人寿保险的特征

团体人寿保险的特征主要体现在以下几个方面：

1. 风险选择的对象是团体，而不是个人

在保险实务中，投保团体人寿保险一般不需要体检或提供其他可保证明。团体人寿保险承保时其方法与个人投保的风险选择与控制方法不同。为了保证团体人寿保险的承保质量以及保险公司的财务稳定性，团体人寿保险对团体进行了诸多规定：

（1）投保团体必须是合格的团体，有其特定的业务活动，独立核算。

（2）投保团体的被保险人员必须是能够参加正常工作的在职人员，退休人员、长期因病全休及半休人员不能成为团体保险的被保险人。

（3）对投保人数的限制。团体人寿保险对团体投保人数的规定有两个方面的要求：一是对投保团体人数绝对数的要求。一般来说，投保团体人寿保险的团体人数不得少于保险监管机构规定的最低人数。近年来的发展趋势是对投保人数的要求逐渐降低，对10人或少于10人的团体也可承保。二是对投保团体人寿保险参保比例的要求。例如有的保险公司要求符合要求的职工中至少要有75%的人参加。

（4）保额的限制。一般来说，团体人寿保险对每个被保险人的保险金额按照统一的规定确定，其具体做法有两种：一是整个团体的所有被保险人的保险金额相同；二是按照被保险人的工资水平、职位、服务年限等标准，分别制定每类被保险人的保险金额。这种做法是依据统一的标准制定每个人的保险金额，雇主或雇员均无权自己增减保险金额，其目的主要在于消除逆选择的行为。

2. 采用团体保险单

团体人寿保险用一张总的保险单为成百上千甚至更多的人提供保险保障。在这份保险单中详细规定了保险条款的内容，而每个被保险人则仅持有一张保险证。保险证上并不包括全部保险条款，仅有被保险人姓名、受益人姓名、保险费、保险金额、生日、领取保险金的开始日期等内容。

3. 成本低

团体人寿保险采取集体投保的方式，具有规模经营效益的优势，使团体可以以较低的保费获得较高的保险保障。团体保险费率低的原因主要有：团体保险用一张总的保险单承保多人，简化了承保、收费、会计等手续；减少了代理人的佣金支出，节约了保险公司的业务管理费用；团体保险免体检，节约了体检费；采用团体投保的方法，减少了逆选择因素的消极影响，使平均死亡率、疾病率相对稳定。

4. 保险计划灵活

与普通个人保险的保单相比，较大规模的团体投保团体人寿保险，投保单位可以就保单条款的设计和保险条款内容与保险公司进行协商。团体人寿保险计划是整个雇员福利项目的一部分，在绝大多数情况下，保险合同充分体现投保团体的要求。对于这些要求，只要不会导致管理手续复杂化，不引起严重的逆选择，不违反法律，保险人都会给予充分考虑，并在合同中加以体现。

5. 采用经验费率的方法

在普通个人人寿保险中，由于不同年龄、性别的被保险人的死亡率不同，所以保险费率的制定是以死亡率表为依据的。团体人寿保险的投保人是一个团体，团体保险费率的制定主要考虑投保团体的业务性质、职业特点、以往的理赔记录等，其中理赔记录是决定费率的主要因素。在团体人寿保险中，一般参考上年度团体的理赔记录（或经验）决定下年度的保险费率，这就是所谓的经验费率的方法。这是一种非确定性的计算保费的方法，每隔一定时期，由保险双方参考实际的理赔情况，对费率加以修订，以使之更好地与实际情况相一致。

四、新型人寿保险

（一）分红保险

1. 分红保险的定义

分红保险是指保险公司将其实际经营成果优于定价假设的盈余，按一定比例向保单持有人进行分配的人寿保险产品。从本质上看，分红保险属于传统保险业务。分红保险、非分红保险以及分红保险产品与其附加的非分红保险产品必须分设账户，独立核算。

2. 分红保险产品的主要特征

（1）保单持有人享受经营成果。分红保险不仅提供合同规定的各种保障，而且保险公司每年要将经营分红险种产生的部分盈余以红利的形式分配给保单持有人。这样投保人就可以与保险公司共享经营成果，与非分红保险相比，增加了投保人的获利机会。

（2）客户承担一定的投资风险。由于每年保险公司的经营状况不一样，客户能得到的红利也会不一样。因此，分红保险使保险公司和客户在一定程度上共同承担了投资风险。

（3）保单价格较高。寿险产品在定价时主要以预定死亡率、预定利率和预定费用率三个因素为依据，这三个预定因素与实际情况的差距直接影响到寿险公司的经营成果。对于分红保险，由于寿险公司要将部分盈余以红利的形式分配给客户，所以在定价时对精算假设估计较为保守，即保单价格较高，以便在实际经营过程中产生更多的可分配盈余。

（4）保险给付、退保金中含有红利。分红保险的被保险人身故后，受益人在获得投保时约定保额的保险金的同时，还可以得到未领取的累积红利和利息。在满期给付时，被保险人在获得保险金额的同时，也可以得到未领取的累积红利和利息。分红保险的保单持有人在退保时得到的退保金也包括保单红利及其利息。

3. 分红保险保单的红利

分红保险产品从本质上说是一种保户享有保单盈余分配权的产品，即将寿险公司的盈余按一定比例分配给保单持有人。分配给保户的保单盈余就是通常所说的保单红利。

（1）红利的来源。分红保险的红利实质上是保险公司的盈余。盈余的产生是由很多因素决定的，其中最主要的因素是利差益、死差益和费差益。对于以死亡作为保险责任的寿险，死差益（损）是由于实际死亡率低于（高于）预定死亡率而产生的利益（损失）；当保险公司实际投资收益率高于（低于）预定利率时，则产生利差益（损）；当公司的实际销售费用低于（高于）预计销售费用所产生的利益（损失）时，则产生费差益（损）。

（2）红利分配。银保监会颁布的《个人分红保险精算规定》中关于红利分配的具体内容包括：第一，红利分配原则。红利的分配应当满足公平性原则和可持续性原则。第二，红利分配比例。保险公司每一会计年度向保单持有人实际分配盈余的比例不低于当年可分配盈余的70%。第三，红利分配方式。红利分配方式有现金红利和增额红利两类。现金红利分配是指直接以现金的形式将盈余分配给保单持有人的方式。保险公司可以提供多种红利领取方式，比如现金、抵交保费、累积生息以及购买交清保额等。增额红利分配是指在整个保险期限内，每年以增加保额的方式分配红利。增加的保额作为红利一旦公布，不得取消。采用增额红利分配方式的保险公司可在合同终止时以现金方式给付终了红利。目前，大部分公司均采取现金红利的方式。

（二）投资连结保险

1. 投资连结保险的定义

投资连结保险是一种将寿险与投资相结合的新型寿险产品。根据国家金融监督管理总局的规定，投资连结保险是指包含保险保障功能并至少在一个投资账户拥有一定资产价值的人身保险产品。

2. 投资连结保险产品的主要特征

（1）投资连结保险的投资账户必须是资产单独管理的资金账户。将投资账户划分为等额单位，保险公司收到保险费后，按照事先的约定将保费的部分或全部分配进入投资账户，并转换为投资单位。投资单位是为了方便计算投资账户的价值而设计的计量单位，保险公司根据保单项下的投资单位数和相应的投资单位价格计算其账户价值。投资连结保险产品的保单现金价值与单独投资账户资产相匹配，现金价值直接与独立账户资产投资业绩相连。

不同的投资账户可以运用不同的投资工具，比如股票、债券等。在约定条件下，保单持有人可以在不同的投资账户间自由转换，而无须支付额外的费用。投资者可根据自己的风险承受能力选择对应的投资账户，收益一般没有最低保证，投资风险完全由投保人承担。

（2）保险责任和保险金额。投资连结保险作为保险产品，其保险责任与传统产品类似，不仅有死亡、残疾给付、生存保险领取等基本保险责任，有些产品还加入了豁免保险费、失能保险金、重大疾病等保险责任。国家金融监督管理总局规定投资连结保险产品必须包含一项或多项保险责任。

投资连结保险的死亡保险金额设计有两种方法：一种是给付保险金额和投资账户价值两者较大者；另一种是给付保险金额和投资账户价值之和。

（3）交费机制灵活。投资连结保险的交费机制具有一定的灵活性。在设计方式上，投资连结保险的交费机制有两种：一种方式是在固定交费基础上增加保险费假期，即允许投保人不必按约定的日期交费，而保单照样有效，还允许投保人除交纳约定的保险费外，可以随时再支付额外的保险费，增加了产品的灵活性。另一种方式是取消了交费期间、交费频率、交费数额的概念，投保人可随时支付任意数额（有最低数额的限制）的保险费，并按约定的计算方法计入投资账户。这种方式对客户来说灵活性最高，但降低了保险公司对保费的可控性和可预测性，同时提高了对内部操作系统的要求。

（4）费用收取透明。与传统非分红保险及分红保险相比，投资连结保险在费用收取上相当透明。保险公司详细列明了扣除费用的性质和使用方法，投保人在任何时候都可以通过电脑终端查询。在我国，投资连结保险产品可以收取的费用包括：初始费用、买入卖出差价、风险保险费、保单管理费、资产管理费、手续费、退保费用等。

（三）万能保险

1. 万能保险的定义

万能保险是一种交费灵活、保额可调整、非约束性的寿险。从功能来看，万能保险与投资连结保险一样，都是兼具保障与投资功能的险种，死亡保险金额的设计与投连险类似，但与投连险不同的是，投保万能保险并不能选择投资账户。

2. 万能保险产品的主要特征

万能保险产品的特征主要体现在以下几个方面：

（1）保费交纳灵活。万能保险的投保人可以用灵活的方法来交纳保费。万能保险保单持有人在交纳一定量的首期保费后，可以按照自己的意愿选择任何时候交纳任何数量的保费。只要保单的现金价值足以支付保单的相关费用，有时甚至可以不再交费。保险公司一般会对每次交费的最高和最低限额做出规定，只要符合保单规定，投保人可以在任何时间不定额地交纳保费。

（2）保险金额可调整。保单持有人可以在具备可保性的前提下根据自身所承担责任的大小提高保额或降低保额。

（3）投资收益有最低保证。首先，万能保险的保单应当提供一个最低保证利率。其次，保险公司为万能账户设立平滑准备金，用于平滑不同结算期的结算利率。当万能账户的实际收益率低于最低保证利率时，万能保险的结算利率应当是最低保证利率。最后，保险公司可以自行决定结算利率的频率。

（4）费用收取。万能保险保单可以收取的费用包括：初始费用、风险保险费、保单管理费、手续费、退保费用等。

知识拓展 5-1　　投资连结保险与万能保险的联系与区别

投资连结保险与万能保险都是具有投资功能的人身保险产品，从产品的结构来看，这两类产品可以视为“保险+基金”的产品模式，相当于保单持有人既获得保险保障，又购买了一只基金，只不过管理基金的机构是保险公司而不是基金管理公司。两者在运作过程中均使用自然费率，即用于死亡给付的费用随着投保人年龄的增长而增长。在自然费率制度下，年轻人投保需要交纳的风险保费比较少，由此也可得知，投资连结保险与万能保险均比较适合青年人投保，老年人则不合适，因为要交纳的风险保费太高。

投资连结保险与万能保险的最主要区别在于风险不同。投资连结保险用于投资的账户，是由投保人根据自身风险承受能力自行选择进入的，因此没有最低收益率的保证，保单持有人可以完全享受投资收益，同时也须自行承担所有的投资风险。而万能保险则不同，其投资账户不能由投保人进行选择，保险公司提供一个最低的保证可以实现的结算利率，因此收益有保障，风险比投资连结保险小。

任务三 设计健康保险投保方案

一、健康保险的定义

健康保险是以被保险人的身体为保险标的，使被保险人在疾病或意外事故所致伤害时发生的费用或损失获得补偿的一种人身保险。健康保险主要有医疗保险、疾病保险、收入损失保险、护理保险等。

二、健康保险的主要种类

（一）医疗保险

1. 医疗保险的定义

医疗保险又称医疗费用保险，是指以保险合同约定的医疗行为的发生为给付保险金条件，为被保险人接受诊疗期间的医疗费用支出提供保障的保险。医疗费用是病人为了治病而发生的各种费用，它不仅包括医生的医疗费和手术费用，还包括住院费、护理费、医疗设备费、检查费用等。医疗保险的范围很广，各种不同的健康保险保单所保障的费用一般是其中的一项或若干项的组合。

医疗保险的保险期限一般为一年，属于费用补偿型医疗保险，是指根据被保险人实际发生的医疗费用支出，按照约定的标准确定保险金数额的医疗保险。费用补偿型医疗保险的给付金额不得超过被保险人实际发生的医疗费用金额。保险期限届满后需要办理续保手续，保险费用通常随着年龄增长而增加。

2. 医疗保险的主要类型

按照保障范围，医疗保险可以分为以下几种类型：

（1）普通医疗保险。普通医疗保险主要承保被保险人治疗疾病的一般性医疗费用，主要包括门诊费用、医药费用、检查费用等。这种保险的保费成本较低，比较适用于一般社会公众。由于医药费用和检查费用的支出控制有一定的难度，这种保单一般也具有免赔额和比例给付规定，保险人支付免赔额以上部分的一定百分比（比如80%），保险费用每年更新一次。每次疾病所发生的费用累计超过保险金额时，保险人不再负保险责任。

（2）住院保险。由于住院所发生的费用是相当可观的，故将住院的费用作为一项单独的保险。住院保险的费用项目主要是每天住院房间的费用、住院期间医生治疗费用、利用医院设备的费用、手术费用、医药费等。住院时间长短将直接影响其费用的高低。为了控制不必要的长时间住院，这种保单一般规定保险人只负责所有住院费用的一定百分比（例如90%）。

（3）手术保险。手术保险提供因病人需做必要的手术而发生的费用。这种保单一般是负担所有手术费用的。

（4）综合医疗保险。综合医疗保险是保险人为被保险人提供的一种全面的医疗费用保险，其费用范围包括医疗、住院、手术等的一切费用。这种保单的保险费较高，一般确定一个较低的免赔额和适当的分担比例（如85%）。

保险产品 5-5　　众安保险-好医保住院医疗保险

保障计划

保障范围	住院(含手术、药品费等)、特殊门急诊、门急诊手术、住院(含出入院当天)前 30 天后 30 天门急诊	
增值服务	重疾绿通、医疗垫付、肿瘤特药、术后家庭护理	
免赔额	0 免赔额	
赔付比例	一般医疗:年累计自费或自付 1 万元以内,赔比例 30%;1 万元以上赔付比例 100%	
	其他责任赔付比例 100%,社保内外均可赔	
	投保时选择有医保,但实际没有用医保结算,保险公司按照应赔付金额 60% 的比例赔付;质子重离子治疗费按照 100% 的比例赔付;特种进口药品费按照 100% 的比例赔付	

等待期	30 天(意外 0 等待期)
医院范围	二级及以上公立医院普通部/上海市质子重离医院/海南博鳌超级医院/博鳌恒大国际医院
理赔方式	在线便捷理赔
续保	本合同为不保证续保合同,保险期间一年(或不超过一年)。保险期间届满,投保人需重新向保险人申请投保本产品,并经保险人同意,交纳保险费,获得新的保险合同。 若保险期间届满时,本合同对应保险产品统一停售,保险人将不再接受投保申请。
退保	犹豫期 15 大,15 大内退保,全额退款无任何费用

资料来源:根据支付宝蚂蚁保资料整理。

3. 医疗保险的常用条款

医疗保险的常用条款主要有免赔额条款、比例给付条款和给付限额条款。

(1) 免赔额条款。免赔额条款是医疗保险的主要特征之一。在健康保险中,一般均有免赔额的规定,而且是绝对免赔额,即保险人只负责超过免赔额的部分。一方面,对于金额较低的医疗费用,被保险人在经济上可以承受,而且可以省去保险人因此而投入的大量工作;另一方面,规定免赔额可以促使被保险人加强对医疗费用的自我控制,避免浪费。

免赔额的设计一般有三种:一是单一赔款免赔额,即针对每次赔款确定一个免赔额;二是全年免赔额,即按全年赔款总计,超过一定数额后才赔付;三是集体免赔额,这是针对团体投保而言,规定了免赔额之后,小额的医疗费用由被保险人自负,大额的医疗费用由保险人承担。

(2) 比例给付条款。比例给付条款又称"共保比例条款",是对超过免赔额的医疗费用部分采用保险人和被保险人共同分摊的比例给付办法。在健康保险中,由于逆向选择和道德风险严重,健康保险的风险不易控制,因此,在大多数健康保险合同中,对于保险人医疗保险金的支出均有比例给付的规定。比例给付既可以按某一固定比例(例如保险人承担70%,被保险人自负30%)给付,也可按累进比例给付,即随着实际医疗费用支出的增大,保险人承担的比例累计递增,被保险人自负的比例累计递减。这一规定,既有利于保障被保险人的经济利益，解除其后顾之忧，也有利于保险人对医疗费用的控制。

（3）给付限额条款。由于危害人体健康的风险大小差异很大，医疗费用支出的数额也相差很大，为了加强对健康保险的管理，对保险人医疗保险金的最高给付一般均有限额规定，以控制总支出额度。在以某些专门的大病为承保对象的健康保险中，也可以没有赔偿限额，不过这种合同的免赔额一般比较高，被保险人自负的比例一般也较高。

（二）疾病保险

1. 疾病保险的定义

疾病保险是指以保险合同约定的疾病的发生为给付保险金条件的保险。某些特殊的疾病给病人带来的是高额的费用支出，例如癌症、心脏疾病等，这些疾病一经确诊，必然会产生大额的医疗费用支出。因此，这种保单的保险金额通常比较大，以足够支付其产生的各种费用。

2. 疾病保险的特点

疾病保险的特点主要体现在如下几个方面：

（1）从险种的形态来看，疾病保险既可以作为一种独立的险种单独投保，也可以作为附加险附加于其他某个险种之上。

（2）疾病保险的给付方式一般是在确诊为特种疾病后，立即按照合同一次性支付保险金，而不论被保险人的医疗费用实际支付了多少。从这一点来看，疾病保险与费用补偿型的医疗保险不同，疾病保险属于定额给付型保险。

（3）疾病保险条款一般都规定了一个观察期，一般为60天、180天或一年，规定观察期主要是为了防止被保险人带病投保，以减少逆选择的风险。被保险人在观察期内因疾病而支出的医疗费用及收入损失，保险人概不负责，观察期结束后，保险单才正式生效。

（4）疾病保险为被保险人提供切实的疾病保障，且保障程度较高。疾病保险保障的重大疾病，均为可能给被保险人的生命或生活带来重大影响的疾病项目，如急性心肌梗死、恶性肿瘤。

（5）疾病保险尤其是长期的重大疾病保险一般都包含死亡责任。银保监会制定的《健康保险管理办法》第十四条还规定，长期健康保险中的疾病保险产品，可以包含死亡保险责任，但死亡给付金额不得高于疾病最高给付金额。

阅读材料5-1

重大疾病保险的起源与发展

（6）大部分疾病保险的保险期限较长。目前，疾病保险中既有短期的，如一年期的消费型险种，保费低廉，若不出险则保费也不退还；也有长期的，长期的疾病保险一般都能使被保险人“一次投保，终身受益”。长期的疾病保险与长期人寿保险一样，都具有储蓄性，如果中途退保，可以领回保单的现金价值。

3. 重大疾病保险

重大疾病保险于1983年在南非问世，继而在英国、加拿大等国家和地区得到迅速发展，1995年引入我国市场，现已发展成为人身保险市场上重要的保障型保险产品。随着经营主体的不断增多，保险公司独自制定的重大疾病保险定义存在差异，客观上给消费者比较和选购产品带来不便，也容易产生理赔纠纷。因此，中国保险行业协会与中国医师协会合作制定了我国首个保险行业统一的重大疾病保险的疾病定义，推出了我国第一个重大疾病保险的行业规范性操作指南：《重大疾病保险的疾病定义使用规范》。该规范对我国重大疾病保险产品中常见的25种疾病的表述进行了统一和规范，并依据国际经验规定了几种重大疾病保险的必保疾病：恶性肿瘤、急性心肌梗死、脑中风后遗症、重大器官移植术或造血干细胞移植术、冠状动脉搭桥术、终末期肾病。

重大疾病保险的主要种类有：

（1）按保险期间划分，可以将重大疾病保险分为定期重大疾病保险和终身重大疾病保险两种。

① 定期重大疾病保险。定期重大疾病保险为被保险人在固定的期间内提供保障。固定期间可以按年数确定（如10年），也可以按被保险人的年龄确定（如保障至70岁）。

② 终身重大疾病保险。终身重大疾病保险为被保险人提供终身的保障。终身保障的形式有两种：一种是为被保险人终身提供重大疾病保障，直至被保险人身故；另一种是指定一个“极限”年龄（如100周岁）。当被保险人健康生存至这个年龄时，保险人给付与重大疾病保险金额相等的保险金，保险合同终止。终身重大疾病保险产品一般都含有身故保险责任，费率相对比较高。

保险产品5-6　　国寿康宁终身重大疾病保险

产品特色：

重大疾病保险金：如患合同约定的重大疾病，将获得重大疾病保险金以支付高额医疗费用。

身故保险金：一旦遭遇不幸将获得一笔资金，以维持家人的正常生活水平。

终身保障：交费有期限，保障无限期，一旦拥有，一生呵护。

保险责任：在本合同保险期间内，本公司承担以下保险责任：

1.重大疾病保险金

被保险人于本合同生效（或最后复效）之日起180日后，初次发生并经专科医生明确诊断患本合同所指的重大疾病（无论一种或多种），本公司按基本保险金额的300%给付重大疾病保险金，本合同终止。

2.身故保险金

被保险人身故，本公司按基本保险金额的300%给付身故保险金，本合同终止。

投保示例：王先生，30岁，投保10万元康宁终身，交费期限为20年，年交保费8 700元，可获得如下利益：

1.重大疾病保险金：被保险人于合同生效（或最后复效）之日起180日后，初次发生并经专科医生明确诊断患合同所指的重大疾病（无论一种或多种），本公司给付重大疾病保险金30万元，合同终止。

2.身故保险金：被保险人身故，本公司给付身故保险金30万元，合同终止。

资料来源：根据中国人寿保险集团公司官网资料整理。

（2）按是否有返还功能划分，重大疾病保险有消费型和返还型两种。

① 消费型险种的保障期限一般为一年，保费低廉，保费不退还，保费随年龄增长，

适合年轻人或低收入家庭投保。

② 返还型险种保障期限一般较长，保费高，通常采取疾病保险与两全保险组合的方法，可实现到期还本的功能，适合中年人或经济较宽裕的家庭投保。

保险产品 5-7　　泰康安心防癌保险（消费型险种）

保险责任：90天观察期后，若被保险人检查出癌症，则按照保险金额进行给付。

保险期限：1年。

投保年龄：18~49岁。

投保示例：

30岁男性，投保泰康安心防癌保险，保险期限一年，保险金额10万元，保费为100元，可享受的保险利益如下：

1.重疾保险金。

若被保险人在90天观察期内罹患癌症，则退还所交保费，保险公司不承担给付责任。

若被保险人在90天观察期后罹患癌症，则给付10万元保险金。

2.保险期限届满，保险合同终止，保险费不退还。

资料来源：根据泰康在线官网资料整理。

保险产品 5-8　　国寿康宁定期健康保障计划

产品简介：国寿康宁定期健康保障计划为您提供20种重大疾病保障及身故保障、满期全额返回本金，还可凭保单借款。

保险期限：至被保险人年满70周岁的年生效对应日止。

高额保障：如患合同约定的重大疾病，将获得高额重疾保险金。

全面守护：20种重疾保障，更多呵护，健康无忧。

满期返本：被保险人生存至70周岁，未发生重疾理赔，返还所交保费。

投保示例：

张先生，30周岁，投保20万元基本保额的国寿康宁定期健康保障计划，选择20年交费，年交5 500元，可获得如下保障利益：

重疾保险金：被保险人于合同生效（或最后复效）之日起180日后，初次发生并经专科医生明确诊断患合同所指的重大疾病（无论一种或多种），可获重大疾病保险金20万元，合同终止。

身故保险金：被保险人身故，获身故保险金20万元，合同终止。

满期保险金：被保险人生存至年满70周岁的年生效对应日，可获得满期保险金11万元，合同终止。

资料来源：根据中国人寿保险集团公司官网资料整理。

（3）按保险金的给付形态划分，重大疾病保险有提前给付型、附加给付型、独立主险型、按比例给付型等几种。

① 提前给付型重大疾病保险。提前给付型重大疾病保险的保险责任包含重大疾病、死亡和（或）高度残疾；保险总金额为死亡保额，包括重大疾病和死亡保额两部分。如果被保险人罹患保单所列重大疾病，保险人可以按照死亡保额一定比例提前给付重大疾病保险金，用于医疗或手术费用等开支，身故时由身故受益人领取剩余部分的死亡保险金；如果被保险人没有发生重大疾病，则全部保险金作为死亡保障，由受益人领取。

② 附加给付型重大疾病保险。附加给付型重大疾病保险通常作为寿险的附约，保险责任包含重大疾病和死亡、高残两类，它不同于提前给付型的是该类产品有确定的生存期间。生存期间是指自被保险人身患保障范围内的重大疾病开始至保险人确定的某一时刻止的一段时间，通常为30天、60天、90天、120天不等。如果被保险人死亡或高残，保险人给付死亡保险金；如果被保险人罹患重大疾病且在生存期内死亡，保险人给付死亡保险金；如果被保险人罹患重大疾病且存活超过生存期间，保险人给付重大疾病保险金，被保险人身故时再给付死亡保险金。此种产品的优势在于死亡保障始终存在，且不会因重大疾病保障的给付而减少死亡保障。

③ 独立主险型重大疾病保险。独立主险型重大疾病保险包含的死亡和重大疾病责任是完全独立的，各自的保额为单一保额。如果被保险人身患重大疾病，保险人给付重大疾病保险金，死亡保险金为零；如果被保险人未患重大疾病，则给付死亡保险金。此类保险产品较易定价，即单纯考虑重大疾病的发生率和死亡率，但对重大疾病的描述要求严格。

④ 按比例给付型重大疾病保险。按比例给付型重大疾病保险产品是针对重大疾病的种类而设计的，同时可应用于以上诸类产品，主要考虑某一种重大疾病的发生率、死亡率、治疗费用等因素。被保险人罹患某一种重大疾病时，保险人按照重大疾病保险金额的一定比例给付，其死亡保障不变。一般的做法是，被保险人患某些轻症时，如良性肿瘤、原位癌等，保险人按保险金额的一定比例进行给付，剩余部分仍然有效。

（三）收入损失保险

1. 收入损失保险的定义

收入损失保险是指以因保险合同约定的疾病或者意外伤害导致工作能力丧失为给付保险金条件，为被保险人在一定时期内收入减少或者中断提供保障的保险。其主要目的是为被保险人因丧失工作能力导致收入的丧失或减少提供经济上的保障，但不承担被保险人因疾病或意外伤害所发生的医疗费用。

2. 收入损失保险的特点

收入损失保险一般分为两种：一种是补偿因伤害而致残疾的收入损失；另一种是补偿因疾病造成残疾而导致的收入损失。在实践中，因疾病而致残疾比因伤害而致残疾更为多见。收入损失保险的特点主要体现在以下几个方面：

（1）给付方式。收入损失保险一般是按月或按周进行补偿，主要由被保险人决定，每月或每周可提供金额相一致的收入补偿。收入损失保险所提供的保险金不一定能完全补偿被保险人因伤残而导致的收入损失。收入损失保险的给付额一般都有最高限额，该限额低于被保险人在伤残以前的正常收入水平。限额的目的是促使残疾的被保险人尽早重返工作岗位。

（2）给付期限。给付期限是指收入损失保单支付保险金的最长时间。给付期限可以是短期，也可以是长期。短期补偿是为了补偿被保险人在身体恢复前不能工作的收入损失；长期补偿是为了补偿被保险人全部残疾而不能恢复工作的收入损失。

（3）免责期间。免责期间是指在残疾失能开始后无保险金可领取的一段时间，即残疾后最初的一段时间。免责期间类似于医疗费用保险中的免责期或自负额，在此期间保险人不给付任何补偿。设定免责期的目的在于排除一些不连续的疾病或受伤，因其所致丧失劳动能力可能只有几天，或者在短时间内被保险人还可以维持生活。同时，设置免责期还可以通过取消对短期残疾的给付而降低保险成本。各保险公司的免责期不同，如30天、2个月、3个月、6个月和1年等，免责期越长，保费越便宜。

目前，在我国保险市场中，收入损失保险主要针对疾病或意外伤害住院期间的收入损失提供保障，通常采取住院天数乘以每日收入津贴的给付方式，不过保险公司为了控制不必要的医疗资源浪费，一般会规定免责期以及最长给付天数。

保险产品 5-9　　国寿长久呵护住院定额给付医疗保险

高额补助：可享受高额住院定额给付，减轻家庭负担。

保障全面：最高100日的定额给付，让您的保障更加全面。

贴心呵护：多达618种住院参考病种，全力呵护您的健康。

长久关爱：最长可续保至70周岁。

保险责任：在合同保险期间内，被保险人因意外伤害或在合同生效90日后（按合同约定续保的，不受90日的限制）因疾病在二级以上（含二级）医院或本公司认可的其他医疗机构住院治疗的，本公司按生活津贴给付日数乘以日生活津贴标准计算给付保险金。

在每一保单年度内本公司累计给付的保险金以合同的保险金额为限。当被保险人住院治疗跨两个保单年度时，本公司给付的保险金以被保险人开始住院日所在保单年度合同的保险金额为限。

投保范围：出生28日以上、65周岁以下，身体健康者均可作为被保险人。由具有完全民事行为能力的本人或对其具有保险利益的其他人作为投保人，向本公司投保本保险。

保险期间：合同的保险期间为一年。经本公司同意，按照合同约定的方式最长可续保至被保险人年满70周岁后的第一个年生效对应日。

交费方式：保险费由投保人在投保或续保时一次交清，也可以按合同约定的分期交付方式交付。

资料来源：根据中国人寿保险集团公司官网资料整理。

（四）护理保险

护理保险是指以因保险合同约定的日常生活能力障碍引发护理需要为给付保险金条件，为被保险人的护理支出提供保障的保险。护理保险中最具代表性的当属长期护理保险。

1. 长期护理保险的定义

长期护理保险是健康保险非常重要的组成部分，在国外比较流行。长期护理保险是为因年老、疾病或伤残而需要长期照顾的被保险人提供护理服务费用的健康保险。一般的医疗保险或其他老年医疗保险不提供长期护理的保障。长期护理保险的保险范围分为医护人员看护、中级看护、照顾式看护和家中看护四个等级。

2. 长期护理保险的特点

长期护理保险的特点主要体现在以下几个方面：

（1）保险金的给付期限。长期护理保险金的给付期限有1年、数年和终身等几种不同的选择，同时也规定有20天、30天、60天、90天、100天等多种免责期。例如，选择20天的免责期，即从被保险人开始接受承保范围内的护理服务之日起，在看护中心接受护理的前20天不属于保障范围，免责期越长，保费越低。

（2）长期护理保险的保费。长期护理保险的保费通常为平准式，也有每年或每一期间固定上调保费的，其年交保费因投保年龄、等待期间、保险金额和其他条件的不同而有很大区别。长期护理保险一般都有豁免保费保障，即保险人开始履行保险金给付责任的60天、90天或180天起免交保费。

（3）长期护理保险的保证续保条款。所有长期护理保险保单都是保证续保的，可保证对被保险人续保到一个特定年龄，如79岁，有的甚至保证对被保险人终身续保。保险人可以在保单更新时提高保险费率，但不得针对具体的某个人，必须一视同仁地对待同样风险情况下的所有被保险人。

知识拓展5-2　　长期护理保险的主要模式

长期护理保险有多种模式，世界各国均根据自己的国情采取相应的模式。美国主要以自愿保险的方式，采取商业保险模式。但这种以营利为目标的保险模式，仅限于收入较高的中产阶级以上的人群。而低收入人群的长期护理费用主要由美国联邦政府和各州政府共同资助的医疗计划（Medicaid）支付，目前Medicaid已承担了美国主要的长期护理费用。日本和德国采取社会保险模式，将长期护理保险纳入社会保障体系，由政府强制实施。在日本，凡40岁以上的人必须参加长期护理保险，日本长期护理保险的特点是全民皆保，社会保险的覆盖面几乎是所有国民。德国则以法律的形式规定护理保险跟随医疗保险的原则，凡参加了法定医疗保险的人自动参加护理保险。德国的社会保障制度建立已有100多年的历史，目前已覆盖全国人口的90%左右。两国的长期护理保险覆盖率之高，是采用社会保险模式的结果。这主要取决于两国有成熟的社会保障制度和雄厚的经济实力。

我国经济欠发达，人口众多，老龄人口就相当于日本全国的总人口，也相当于德国和法国人口之和。我国的经济实力和经济发达国家相比相差很大，加之社会保障体系尚处于初创时期，社会保险存在地区性的不平衡，绝大多数地区缺乏社会保障，80%的劳动者与老龄人口没有基本养老保险，90%的人缺乏基本医疗保障。因此，长期护理保险的发展目前还不能采用社会保险模式。仅凭商业长期护理保险只能满足部分老年人的需要，它不足以解决我国大多数老年人的长期护理问题，特别是广大中低收入人群的长期护理问题。

当前，根据我国国情和经济发展不平衡的状况，我国应分地区、分行业、分人群采取三种长期护理保险模式：(1) 在东部经济较发达地区和高收入行业以及高收入人群中，可采用商业性的长期护理保险模式。因为商业长期护理保险的保费较高，要求投保人有足够的可支配收入。以最近推出的全无忧长期护理个人健康保险为例，30岁女性，保额10万元，缴费期为20年，年缴保费需7 600元。这么高的费用不是城镇一般收入人群和农村大多数人所能承担的，因此这种模式只能满足部分人的需要。(2) 在中部地区和收入在中等水平的行业、人群中采用个人、企业、政府共同承担的"三位一体"的长期护理保险模式。因为中部地区经济不及东部地区经济发达，居民的收入不如东部地区居民收入高，中等收入的行业和人群不如高收入行业、人群，可采用个人、企业、政府共同负担的模式。

三、健康保险的主要特征

(一) 健康保险经营风险较大

健康保险的保险责任是伤病风险，其影响因素十分复杂，精算人员在进行风险评估及计算保费时，除了要依据统计资料，还要获得医学知识方面的支持。健康保险的逆向选择和道德风险更为严重，因此，健康保险的核保要比人寿和意外伤害保险严格得多，同时也对理赔工作提出了更高的要求。此外，健康保险的风险还来源于医疗服务提供者，医疗服务的数量和价格在很大程度上由他们自行决定，作为支付方的保险公司很难加以控制。

(二) 健康保险的定价

与其他人身保险业务特别是寿险业务相比，健康保险产品的定价基础和准备金的计算有其特殊之处。人寿保险在制定费率时主要考虑死亡率、费用率和利息率，而健康保险则在制定费率时主要考虑疾病率、伤残率和疾病(伤残)持续时间。此外，健康保险合同中规定的等待期、免责期、免赔额、给付比例、给付方式和给付限额也会影响费率。

(三) 健康保险的保险期限

除重大疾病等保险以外，绝大多数健康保险尤其是医疗费用保险通常为1年期的短期合同。原因在于医疗服务成本不断上涨，保险人很难计算出一个长期适用的保险费率，而一般的个人寿险合同则主要是长期合同，在整个缴费期间可以采用均衡的保险费率。

（四）健康保险的保险金给付

健康保险的保险金给付要根据险种而论，费用报销型的医疗保险适用补偿原则，即被保险人获得的补偿不能高于其实际损失，而定额给付型健康保险则不适用，保险金的给付与实际损失无关。

由于健康保险的特殊性，一些国家把健康保险和意外伤害保险列为第三领域，允许财产保险公司承保。我国也遵从国际惯例，放开短期健康保险和意外伤害保险的经营限制，财产保险公司也可提供短期健康保险和意外伤害保险。

（五）健康保险的成本分摊

由于健康保险有风险大、不易控制和难以预测的特性，因此，在健康保险中，保险人对所承担的疾病医疗保险金的给付责任往往制定很多限制或制约性条款。

（六）健康保险合同条款的特殊性

健康保险为被保险人提供医疗费用和收入补偿，无须指定受益人（实务中有不少大病险包含身故责任，仍需指定身故受益人）。健康保险合同中除了适用于寿险合同的不可抗辩条款、宽限期条款、不丧失价值条款等外，还采用一些特有的条款，如既存状况条款、转换条款、协调给付条款、体检条款、免赔额条款、等待期条款等。此外，健康保险合同中有较多的名词定义，有关保险责任部分的条款也比较复杂。

（七）健康保险的除外责任

除外责任一般包括战争或军事行动，故意自杀或企图自杀造成的疾病、死亡和残疾，堕胎导致的疾病、残疾、流产、死亡等。健康保险将战争或军事行动除外，是因为战争所造成的损失程度一般来讲是较高的，而且难以预测。在制定正常的健康保险费率时，不可能将战争或军事行动的伤害因素考虑在内，因而把战争或军事行动列为除外责任。故意自杀或企图自杀均属于故意行为，与健康保险所承担的偶然事故相悖，故亦为除外责任。

阅读材料5-2

我国“惠民保”开展情况概述

任务四　设计人身意外伤害保险投保方案

一、人身意外伤害保险的含义

（一）意外伤害的含义

意外伤害包括意外和伤害两层含义。

1. 意外

意外是就被保险人的主观状态而言，伤害的发生是被保险人事先没有预见到的，或伤害的发生违背了被保险人的主观意愿。

（1）被保险人事先没有预见到伤害的发生。这可理解为伤害的发生是被保险人事先所不能预见或无法预见的，或者伤害的发生是被保险人事先应该预见到的，但由于疏忽而没有预见到。

（2）伤害的发生违背被保险人的主观意愿。主要表现为被保险人预见到伤害即将发生时，在技术上已不能采取措施避免，或者被保险人已预见到伤害即将发生，在技术上也可以采取措施避免，但由于法律或职责上的规定，不能躲避。应该指出的是，凡是被保险人的故意行为使自己身体所受的伤害，均不属意外伤害。被保险人故意使自己遭受伤害，与被保险人已经预见到伤害即将发生，但由于法律或责任上的规定不能躲避的性质是完全不同的。

2. 伤害

伤害是指被保险人的身体受到侵害的客观事实。伤害由致害物、侵害对象、侵害事实三个要素构成，三者缺一不可。

（1）致害物。致害物是直接造成伤害的物体或物质。没有致害物，就不能构成伤害。在意外伤害保险中，只有致害物是外来时，才被认为是伤害。

（2）侵害对象。侵害对象是致害物侵害的客体。在意外伤害保险中，只有致害物侵害的对象是被保险人的身体时，才能构成伤害。

（3）侵害事实。侵害事实是致害物破坏性地作用于被保险人身体的客观事实。如果致害物没有作用于被保险人的身体，就不能构成伤害。

3. 意外伤害的构成要件

意外伤害的构成包括意外和伤害两个必要条件，只有在意外的条件下发生伤害，才能构成意外伤害。因此，意外伤害是指在被保险人没有预见到或在违背被保险人意愿的情况下，突然发生的外来致害物明显、剧烈地损害被保险人身体的客观事实。

案例分析 5-1

中暑是否属于意外伤害？

案例：投保人李某为其父李某某（60岁）投保人身意外伤害保险，保险期间内某一天，被保险人早上骑自行车出门，中午12点左右中暑连人带车昏倒，经抢救无效，于次日身故。李某向保险公司索赔，保险公司以中暑不属于意外伤害为由拒赔，双方诉至法院。

问题：请分析保险公司的做法是否合理。

分析：本案的焦点在于中暑是否属于意外伤害。中暑在医学中被定义为由于外热导致身体发生病理变化的一种疾病，不属于意外事故的范畴，因此保险公司可以拒赔。

（二）人身意外伤害保险的定义

阅读材料5-3

从两个案例看如何认定意外伤害

人身意外伤害保险是指以意外伤害而致身故或残疾为给付保险金条件的人身保险。投保人向保险人交纳一定的保险费，如果被保险人在保险期限内遭受意外伤害，并在自遭受意外伤害之日起的一定时期内死亡或残疾，保险人应该按照合同约定给付被保险人或其受益人保险金。

人身意外伤害保险的定义至少包含三层意思：第一，必须有客观的意外事故发生，且事故原因是意外的、偶然的、不可预见的；第二，被保险人必须有因客观事故造成死亡或残疾的结果；第三，意外事故的发生和被保险人遭受人身伤亡的结果之间存在着内在的、必然的联系。

二、人身意外伤害保险的特征

(一) 人身意外伤害保险的保险费率厘定

人身意外伤害保险的纯保险费率是根据保险金额损失率计算的。与人寿保险的被保险人的死亡概率取决于年龄不同，人身意外伤害保险的被保险人遭受意外伤害的概率取决于其职业、工种或所从事的活动，一般与被保险人的年龄、性别、健康状况无必然的内在联系。在其他条件都相同的情况下，被保险人的职业、工种、所从事活动的危险程度越高，应交的保险费就越多。因此，人身意外伤害保险的费率厘定不以被保险人的年龄为依据，被保险人的职业、工种才是厘定保险费率的重要参考因素。另外，人身意外伤害保险属于短期保险，保险期限一般不超过1年，因此，意外伤害保险的保险费计算一般也不考虑预定利率的因素。基于这一特点，人身意外伤害保险根据被保险人职业进行分类，对不同类别职业分别厘定保险费率。

(二) 人身意外伤害保险的承保条件

人身意外伤害保险的承保条件较宽。相对于其他业务，人身意外伤害保险的承保条件一般较宽，高龄者也可以投保，而且被保险人不必进行体格检查。

(三) 人身意外伤害保险的保险期限

人身意外伤害保险的保险期限较短，一般不超过1年，最多3年或5年，还有一些极短期的险种，如航空意外伤害保险，有些只保几个小时。

(四) 人身意外伤害保险金的给付

人身意外伤害保险属于定额给付保险。在人身意外伤害保险中，死亡保险金的数额是保险合同中约定的，当被保险人死亡时如数给付；残疾保险金的数额按保险金额的一定百分比给付，一般由保险金额和残疾程度两个因素确定。

(五) 人身意外伤害责任准备金的计算

人身意外伤害保险在责任准备金的提存和核算方面与寿险业务有着很大的不同，往往采取非寿险责任准备金的计提原理，即按当年保险费收入的一定百分比（如40%）计算。基于此，很多国家都把人身意外伤害保险视为特殊领域，财产保险公司也可经营短期意外伤害保险。

教学互动 5-2

从人身意外伤害保险的特征来看，哪些人群最应该投保人身意外伤害保险？

三、人身意外伤害保险的主要内容

(一) 人身意外伤害保险的保险责任

人身意外伤害保险的保险责任是被保险人因意外伤害所致的死亡和残疾，疾病导致被保险人的死亡和残疾不属于人身意外伤害保险的保险责任。意外伤害保险与同样承保死亡风险的死亡保险相比，死亡保险的保险责任是被保险人因疾病或意外伤害所致的死亡，即只注重死亡的结果，对意外伤害所致的残疾不负责，而意外伤害保险只承保意外伤害导致的死亡和残疾。不过，在我国目前的保险市场上，很多保险公司推出的人身意外伤害保险均包含了意外伤害医疗责任，即对被保险人因意外伤害而导致医疗费用支出时，由保险公司按照一定比例报销医疗费用。

人身意外伤害保险的保险责任由三个必要条件构成：

1. 被保险人在保险期限内遭受了意外伤害

被保险人在保险期限内遭受意外伤害是构成意外伤害保险的保险责任的首要条件，包括两方面的要求：

（1）被保险人遭受意外伤害必须是客观发生的事实，而不是臆想的或推测的。

（2）被保险人遭受意外伤害的客观事实必须发生在保险期限之内。如果被保险人在保险期限开始以前曾遭受意外伤害，而在保险期限内死亡或残疾，不构成保险责任。

2. 意外伤害导致了被保险人死亡或残疾的后果

死亡即机体生命活动和新陈代谢的终止。在法律上发生效力的死亡包括两种情况：一是生理死亡，即已被证实的死亡；二是宣告死亡。残疾也包括两种情况：一是人体组织的永久性残缺（或称“缺损”），如肢体断离等；二是人体器官正常机能的永久丧失，如丧失视觉、听觉、嗅觉、语言机能、运动障碍等。

被保险人在保险期限内遭受了意外伤害，如果伤害的结果也在保险期限内得以确定，保险人就要承担给付责任，但是在某些情况下，意外伤害造成的后果需要经过一定时期以后才能确定。因此，人身意外伤害保险中有关于责任期限的规定，即只要被保险人遭受意外伤害的事件发生在保险期限内，自遭受意外伤害之日起的一定时期内即责任期限内（通常为90天、180天或1年）造成死亡或残疾的后果，保险人就要承担给付保险金的责任。即使在死亡或者被确定为残疾时保险期限已经结束，只要未超过责任期限，保险人就要承担给付保险金的责任。

责任期限对于意外伤害造成的残疾实际上是确定残疾程度的期限。如果被保险人在保险期限内遭受意外伤害，治疗结束后被确定为残疾时责任期限尚未结束，当然可以根据确定的残疾程度给付残疾保险金。但是，如果被保险人在保险期限内遭受意外伤害，责任期限结束时治疗仍未结束，尚不能确定最终是否造成残疾以及造成何种程度的残疾，则应该推定在责任期限结束的这一时点上，被保险人的组织残缺或器官正常机能的丧失是否为永久性的，即以这一时点的情况确定残疾程度，并按照这一残疾程度给付残疾保险金。即使以后被保险人经过治疗痊愈或残疾程度减轻，保险人也不能追回全部或部分残疾保险金。同理，如果以后被保险人残疾程度加重或死亡，保险人也不追加给付保险金。

对于被保险人在保险期限内因意外事故下落不明，自事故发生之日起满2年，法院宣告被保险人死亡时责任期限已经超时的，可以在人身意外伤害保险条款中订明失踪条款或在保险单上签注关于失踪的特别约定，规定被保险人确因意外伤害事故下落不明超过一定期限（如3个月、6个月等）时，视同被保险人死亡，保险人给付死亡保险金；如果被保险人以后生还，受益人应将保险金返还给保险人。

3. 意外伤害是死亡或残疾的直接原因或近因

在人身意外伤害保险中，被保险人在保险期限内遭受意外伤害，并且在责任期限内死亡或残疾，并不意味着必然构成保险责任。只有当意外伤害与死亡、残疾之间存在因果关系，即意外伤害是死亡或残疾的直接原因或近因时，才构成保险责任。

构成人身意外伤害保险的保险责任的三个必要条件必须同时具备，缺一不可。

（二）人身意外伤害保险的给付方式

当人身意外伤害保险责任构成时，保险人按保险合同中约定的保险金额给付死亡保险金或残疾保险金。在人身意外伤害保险合同中，死亡保险金的数额是保险合同中规定的，当被保险人死亡时如数支付。残疾保险金的数额由保险金额和残疾程度两个因素确定。

残疾程度一般以百分率表示，残疾保险金数额的计算公式是：

残疾保险金数额=保险金额×残疾程度百分率

在意外伤害保险合同中，应列举残疾程度百分率，列举得越详尽，在给付残疾保险金时，保险人和被保险人就越不易发生争执。但是，残疾程度百分率列举得无论如何详尽，也不可能包括所有的情况。对于残疾程度百分比率中未列举的情况，只能由当事人之间按照公平合理的原则，参照列举的残疾程度百分率协商确定。协商不一致时，可提请有关机关仲裁或由人民法院审判。

意外伤害保险的保险金额不仅是确定死亡保险金、残疾保险金数额的依据，而且是保险人给付保险金的最高限额，即保险人给付每一被保险人的死亡保险金和残疾保险金，累计以不超过该被保险人的保险金额为限。当一次意外伤害造成被保险人身体若干部位残疾时，保险人按保险金额与被保险人身体各部位残疾程度百分率之和的乘积计算残疾保险金；如果各部位残疾程度百分率之和超过100%，则按保险金额给付残疾保险金。被保险人在保险期限内多次遭受意外伤害时，保险人对每次意外伤害造成的残疾或死亡均按保险合同中的规定给付保险金，但给付的保险金以累计不超过保险金额为限。

（三）人身意外伤害保险的除外责任

人身意外伤害保险的除外责任一般包括以下内容：

（1）战争、军事行动、暴乱或武装叛乱；

（2）核爆炸、核辐射或核污染；

（3）被保险人在犯罪活动、寻衅斗殴中所受的意外伤害；

（4）被保险人在酒醉、吸食（或注射）毒品后发生的意外伤害；

（5）被保险人酒后驾驶、无证驾驶或无有效行驶证的机动交通工具导致的意外伤害；

（6）被保险人自杀、故意自伤身体行为造成的伤害；

（7）被保险人因医疗事故导致的意外、因疾病发生的医疗费用以及进行康复治疗、健康体检、疗养、安胎及分娩（包括剖腹产、流产、引产及宫外孕）、美容手术、外科整形、畸形矫正、安装义齿等的相关费用；

（8）被保险人在从事登山、跳伞、滑雪、江河漂流、赛车、拳击、摔跤等剧烈的体育活动或比赛中遭受的意外伤害（被保险人从事以上高风险体育活动可以投保特定的人身意外伤害保险）。

四、人身意外伤害保险的主要种类

按不同的分类标准，人身意外伤害保险可分为不同的种类。

（一）自愿意外伤害保险和强制意外伤害保险

按实施方式，可将人身意外伤害保险划分为自愿意外伤害保险和强制意外伤害保险。

（1）自愿意外伤害保险。自愿意外伤害保险是投保人和保险人在自愿基础上通过平等协商订立保险合同的人身意外伤害保险。投保人可以选择是否投保以及向哪家保险公司投保，保险人也可以选择是否承保。只有双方取得一致意见时才订立保险合同，确立双方的权利和义务。

（2）强制意外伤害保险。强制意外伤害保险又称法定意外伤害保险，是政府通过颁布法律、行政法规、地方性法规强制施行的人身意外伤害保险。凡属法律、行政法规、地方性法规规定的强制施行范围内的人必须投保，没有选择的余地。有的强制意外伤害保险还规定必须向某家保险公司投保，在这种情况下，该保险公司也必须承保，没有选择的余地。

（二）普通意外伤害保险和特定意外伤害保险

按保险风险分类，可将人身意外伤害保险分为普通意外伤害保险和特定意外伤害保险。

（1）普通意外伤害保险。普通意外伤害保险所承保的危险是在保险期限内发生的各种意外伤害（不可保意外伤害除外，特约保意外伤害视有无特别约定）。目前，保险公司承保的团体人身意外伤害保险、学生团体平安保险等，均属于普通意外伤害保险。

（2）特定意外伤害保险。特定意外伤害保险是以特定时间、特定地点或特定原因发生的意外伤害为保险风险的人身意外伤害保险。如保险风险仅限定于在矿井下发生的意外伤害、在建筑工地发生的意外伤害、在驾驶机动车辆中发生的意外伤害、煤气罐爆炸发生的意外伤害等的特定意外伤害保险。

（三）极短期意外伤害保险、1年期意外伤害保险和多年期意外伤害保险

按保险期限分类，可将个人意外伤害保险分为极短期意外伤害保险、1年期意外伤害保险和多年期意外伤害保险。

（1）极短期意外伤害保险。极短期意外伤害保险是指保险期限不足1年，只有几天、几小时甚至更短时间的意外伤害保险。我国目前开办的公路旅客意外伤害保险、旅游保险、索道游客意外伤害保险、游泳池人身意外伤害保险、大型电动玩具游客意外伤害保险等，均属极短期意外伤害保险。

（2）1年期意外伤害保险。1年期意外伤害保险是指保险期限为1年的人身意外伤害保险业务。在人身意外伤害保险中，1年期意外伤害保险占大部分。保险公司目前开办的个人人身意外伤害保险、附加意外伤害保险等均属于1年期意外伤害保险。

（3）多年期意外伤害保险。多年期意外伤害保险是指保险期限超过1年的意外伤害保险。

保险产品 5-10 新华福卡 D 款

产品简介：本产品按份购买，每份50元（每人最多投保2份）。

保险责任：

1.一般意外伤害保险责任：在保险期间内，被保险人因遭受意外伤害导致身故或残疾的给付身故或残疾保险金。该项保险责任以保险卡所载明的保险金额为限。

2.意外伤害医疗保险责任：在保险期间内，被保险人因遭受意外伤害事故并因该事故在新华公司认可的医院（二级或二级以上公立医院）进行治疗，自其事故发生之日起180日内所发生的合理医疗费用超过50元人民币时，新华公司就其超过部分按100%的比例承担给付保险金责任。被保险人不论一次或多次因遭受意外伤害发生治疗费用，新华公司累计给付意外伤害医疗保险金额以保险卡所载明的保险金额为限。

保险金额：一般意外伤害保险金额为2万元，意外伤害医疗保险金额为4 000元（100元免赔额，报销比例为100%）。

保险期限：1年。

投保条件：本保险卡被保险人投保年龄为16至65周岁，一至四类职业人员。

资料来源：根据新华人寿保险股份有限公司官网资料整理。

知识拓展 5-3 少儿保险

少儿保险就是专门为少年儿童设计的，以未成年人为被保险人的保险，它用于解决少年儿童成长过程中所需要的教育、创业、婚嫁费用，以及应对孩子可能面临的疾病、伤残、死亡等风险的保险产品。

为避免人寿保险中的道德风险，很多国家都对少儿保险的寿险保额规定上限，中国法律的规定是5万元（京沪穗等少数经济发达城市是10万元），但含寿险责任的重大疾病保险保额不受此限制。

少儿保险主要分为保障型的保险和教育型的保险，具体就是少儿意外保险、少儿医疗保险、教育金保险等。

少儿意外保险：儿童对新鲜事物的好奇和缺乏规避危险的意识等特点决定了儿童的意外伤害事故较其他人群高。该类保险可以积极防范儿童成长过程中由于外部突发的意外事故而产生的风险。

少儿健康保险：少儿健康保险包括少儿重大疾病保险和医疗保险。少儿重大疾病保险主要针对少儿发病率较高的疾病提供保障（例如白血病、再生障碍性贫血等）；少儿医疗保险可防范儿童成长过程中由于疾病而产生的医疗费用造成的风险，预防儿童在罹患疾病后不会因为经济上的原因而无法得到优质、快速的医疗服务。

教育金保险：孩子的教育是一件大事，是父母的重要责任和义务。教育的过程是持续的，背后所需要付出的经济代价是高额和巨大的，需尽早准备。这就要求父母为孩子将来的教育费用作长期性的准备计划，带有强制储蓄的概念，以确保孩子将来获得高质量教育所需的资金。

投保少儿保险的理由：

少儿身体机能发育不完善，抵御疾病的能力较弱，所以孩子患病尤其是患重大疾病的风险加大。一些原本在成年人中发病率较高的疾病，已经呈现低龄化发展趋势。

同时，少儿生性好动，自我保护意识和能力又较差，再加上家长安全意识也不够强，所以少儿在日常生活中或者游戏活动中发生意外的概率显然较成人高，意外伤害已被视为少儿的一大杀手。据调查，意外伤害已经成为我国14岁以下儿童的第一死因，具有发生率高、死亡率高的特点。如溺水、中毒、动物咬伤、建筑物倒塌、交通事故、治安事故、玩耍打闹致伤等，都是当前儿童意外伤害和死亡的重要因素。

投保少儿保险，能够实现风险转移，保障家庭生活安定：如果子女出生不久，就为其投保一份少儿险，待他成年时，这张保单就是最佳的礼物。从跌跌撞撞到步履稳健，孩子要走的路很长，家长也许没办法呵护孩子一辈子，却能够借助寿险传达永不止息的爱，帮助孩子安然渡过每一个难关。

除了上述原因外，日益增长的教育费用也成为家庭所面临的一笔不小的开支，所以越来越多的家长认识到，通过保险储蓄足够的教育基金也是一条重要的途径。

为孩子购买保险，不仅可以缓解困难来临时的经济压力，也可以为将来建立一定的经济保障。例如，帮助子女购买合适的教育金保险，就可依据子女上高中、大学等不同的成长阶段，提供教育、创业、婚嫁基金。

人身保险险种结构，如图5-1所示。

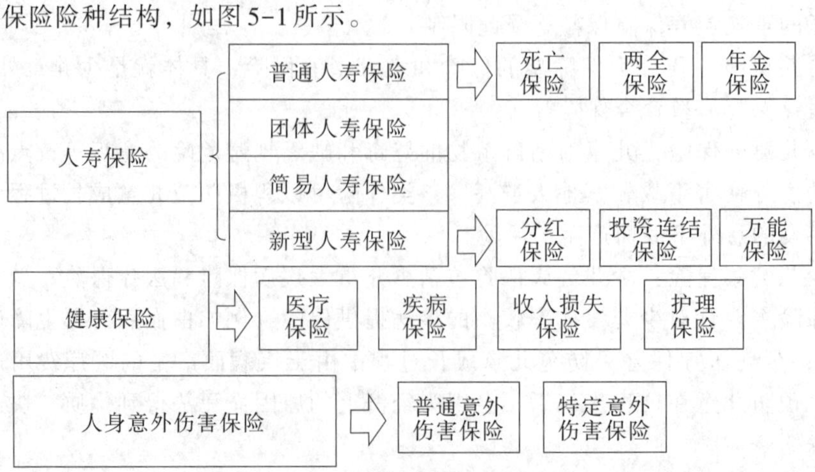

图5-1 人身保险险种结构图

项目小结

本项目的主要任务是设计保险方案，要求在熟悉人身保险各主要险种的基础上，根据客户的需求设计投保方案。

人身保险分为人寿保险、健康保险和人身意外伤害保险，主要针对的是人的生、老、病、死、残等风险。与财产保险相比，人身保险有很大的不同。本书中这三个险种都是学习的重点。

人寿保险是以人的生命为保险标的，以死亡和生存作为保险事故，主要包括普通型人寿保险、团体人寿保险、简易人寿保险和新型人寿保险。普通型人寿保险包括承保死亡风险的死亡保险、侧重于生存给付功能的年金保险和既承保死亡又承保生存的两全保险。新型人寿保险是兼具保障和投资理财功能的新型险种，主要有分红保险、投资连结保险和万能保险。

健康保险是以人的身体为保险标的，主要承保疾病导致的医疗费用支出、收入损失，包括医疗保险、疾病保险、收入损失保险和护理保险。医疗保险属于费用报销型保险，适用补偿原则，被保险人获得的补偿不超过所支出的医疗费用，疾病保险主要针对重大疾病提供保障，被保险人一旦确诊为合同中约定的重大疾病，保险人立即一次性给付保险金。健康保险风险大、出险率高、经营复杂，因此规定了一些特殊的条款。

人身意外伤害保险是以人的身体为保险标的，主要承保意外伤害导致的死亡和残疾。意外伤害保险属于特殊领域，与其他人身保险相比有许多特点，短期意外险财产保险公司也可以经营。

重点回顾

1. 普通人寿保险。
2. 健康保险之疾病保险。
3. 人身意外伤害保险。

基础知识练习

一、单项选择题

1. 按照我国《保险法》的规定，人身保险所包括的险种是（　　）。

A. 人寿保险、健康保险和年金保险

B. 人寿保险、年金保险、失业保险

C. 人寿保险、年金保险和意外伤害保险

D. 人寿保险、人身意外伤害保险和健康保险

2. 以下关于人身保险特征的说法，错误的是（　　）。

A.保险标的无法用货币衡量价值　　B.保险合同属于补偿性合同

C.保险期限一般比较长　　D.长期人身保险合同具有储蓄性

3.以死亡为给付保险金条件，保险期限从合同生效之日起，至被保险人死亡为止，这是（　）。

A.定期死亡保险　B.生存保险　C.两全保险　D.终身死亡保险

4.将年金保险分为即期年金和延期年金的标准是（　）。

A.按照给付开始日期　　B.按照给付额是否变动

C.按照缴费方式　　D.按照给付方式

5.将年金保险分为定额年金和变额年金的标准是（　）。

A.按照给付开始日期　　B.按照给付额是否变动

C.按照缴费方式　　D.按照给付方式

6.在团体人寿保险中，团体中参加保险的在职人员通常被称为（　）。

A.投保人　B.被保险人　C.受益人　D.关系人

7.分红保险分配给保单的保单红利来源于保单盈余，而保单盈余的来源不包括（　）。

A.死差损　B.死差益　C.利差益　D.费差益

8.以下关于投资连结保险的说法中，错误的是（　）。

A.设置单独的投资账户

B.保险责任与传统寿险产品类似

C.在费用收取上比较透明

D.投资收益与风险由投保人和保险人共同承担

9.在人身保险中，保险人对被保险人因疾病或意外伤害所致的死亡以及被保险人保险期满时继续生存均承担保险责任的险种属于（　）。

A.健康保险　B.年金保险　C.两全保险　D.意外伤害保险

10.保险人厘定人身意外伤害保险费率时考虑的主要因素是（　）。

A.年龄　B.性别　C.职业　D.体格

11.在重大疾病保险中，如果被保人罹患保单所列重大疾病，被保险人可以将死亡保额的一定比例作为重大疾病保险金提前领取，用于医疗或手术费用等开支，身故时由受益人领取剩余部分，这种类型的重大疾病保险属于（　）。

A.独立主险型重大疾病保险　　B.附加给付型重大疾病保险

C.附加提前给付型重大疾病保险　　D.比例给付型重大疾病保险

12.在疾病保险中，通常规定被保险人在某个确定期间内因疾病而支出的医疗费用及收入损失，保险人概不负责，确定期间结束后，保险单才正式生效。这里的确定期间称为（　）。

A.观察期　B.推迟期　C.免责期　D.保证期

13.以下不属于团体人寿保险特征的是（　）。

A.采用团体保险单

B.成本低

C.对团体投保人数和参保比例没有要求

D.采用经验费率的方法

二、多项选择题

1.以下关于疾病保险特点的说法，不正确的有（ ）。

A.一般规定一个观察期 B.一般不包含死亡责任

C.保障程度较高 D.大部分保险期限较短

2.按照给付方式（或给付期间）分类，年金保险可以分为（ ）。

A.终身年金 B.定期生存年金 C.最低保证年金 D.延期年金

3.新型人寿保险主要包括（ ）。

A.分红保险 B.死亡保险 C.投资连结保险 D.万能保险

4.以下关于人身意外伤害保险的说法，正确的有（ ）。

A.人身意外伤害保险的保险期限一般不超过1年

B.残疾保险金数额由保险金额和残疾程度两个因素决定

C.投保人身意外伤害保险需要进行体检

D.财产保险公司也可以经营短期意外伤害保险

5.健康保险的特点主要有（ ）。

A.经营风险较大 B.影响健康保险费率的因素比较复杂

C.保险期限一般为1年 D.保险金的给付均为定额给付方式

6.健康保险主要包括（ ）。

A.疾病保险 B.医疗保险 C.收入损失保险 D.护理保险

三、简答题

1. 人身保险有哪些特征？

2. 简述人身意外伤害保险的特征。

四、案例分析题

某人投保保额为10万元的人身意外伤害保险。在保险期限内，有一次上山游玩被毒蛇咬伤，造成残疾比例为50%的残疾。

（1）构成意外伤害需满足哪些条件？

（2）被毒蛇咬伤是否属于意外伤害？

（3）本案中，保险公司应给付多少保险金？

实战演练

情境资料：

张先生目前家庭人数为三人，即张先生、张太太、张小宝。张先生目前正处在“上有老下有小”的人生责任最重大的时期；张先生的太太王艳，35岁，全职太太，没有任何收入来源；儿子张小宝，今年7岁，刚上小学一年级，夫妇俩对儿子均寄予厚望，希望他能接受良好的教育。张先生工作压力大，经常需要到外地出差和应酬。另外，张先生一家还需要赡养两位老人。

要求：根据情境资料，为客户张先生的家庭制订人身保险投保方案，要求列出应投保的险种。（可参考中国人寿、平安人寿、泰康人寿等寿险公司官方网站上的保险险种，或参考第三方保险超市网站，如慧择网、中民保险网等）

项目五　练习题参考答案及解析

项目六 保险承保

学习目标

知识目标：

1. 掌握保险利益原则的主要内容；
2. 掌握最大诚信原则的主要内容；
3. 熟悉财产保险与人身保险的核保要点。

技能目标：

1. 能运用保险利益原则和最大诚信原则分析保险案例；
2. 能根据情境资料正确填写投保单；
3. 能根据投保单信息进行初步核保；
4. 能在实训软件上完成财产保险和人身保险的承保业务操作。

素养目标：

通过本项目的学习，体会“诚信”这一社会主义核心价值观在保险经营中的重要性。

情境导入

经过沟通后，张先生对保险经纪人为其量身定制的保险方案十分满意，在考虑了他当前的财务状况之后，决定投保企业财产综合保险、家庭财产保险和机动车辆保险，同时张先生还想为自己投保一份终身寿险、一份重大疾病保险和意外险，为张太太投保重大疾病保险，为张小宝投保一份教育金保险。

接下来，保险经纪人将指导张先生填写投保单，帮助其完成投保业务流程，此过程需运用保险利益原则和最大诚信原则，以确保张先生的投保行为符合法律和保险公司业务规则的要求。

任务一　运用保险利益原则分析保险案例

一、保险利益的定义及其确立条件

（一）保险利益的定义

保险利益是指投保人或者被保险人对保险标的具有的法律上承认的利益。它体现了投保人或者被保险人与保险标的之间存在的金钱上的利益关系，具体表现为：当保险标的安全无损时，被保险人会因此受益；当保险标的遭受损失时，被保险人的利益会受到损害，存在这种情况的时候，我们就认为投保人对保险标的具有保险利益。

（二）保险利益的确立条件

确认某一项利益是否构成保险利益必须具备以下三个条件：

（1）保险利益必须是合法的利益。保险利益必须符合法律规定，与社会公共利益相一致。具体而言，投保人对保险标的的所有权、占有权、使用权、收益权、维护标的安全责任等必须是依法或依有法律效力的合同而合法取得、合法享有、合法承担的，凡是违法或损害社会公共利益而产生的利益都是非法利益，不能作为保险利益。例如，违章建筑、走私的车辆就不是合法的利益，保险人不会接受此类投保请求。

（2）保险利益必须是经济利益。保险利益的经济价值必须能够以货币衡量和估价。在财产保险中，人和财产之间的保险利益通常都可以用货币来衡量，比较特殊的是人身保险，人的生命或身体是无价的，难以用货币来衡量，但可按投保人的需要和负担保险费的能力约定一个金额来确定其保险利益的经济价值。比如你拥有一本家族历代相传的家谱，尽管从感情上来说是无比珍贵的，但从真正的市场经济价值来衡量，你的家谱对别人来说或许就不值钱，因此家谱不能成为可保财产。

（3）保险利益必须是确定的利益。保险利益必须是已经确定或者可以确定的利益，包括现有利益和期待利益。已经确定的利益或者利害关系为现有利益，如投保人或者被保险人对已经拥有的财产的所有权、占有权、使用权等享有的利益即为现有利益。尚未确定但可以确定的利益或者利害关系为期待利益，这种利益必须建立在客观物质基础上，而不是主观臆断、凭空想象的利益。例如，预期的营业利润、预期的租金等属于合理的期待利益，可以作为保险利益。

二、保险利益原则的含义及意义

（一）保险利益原则的含义

保险利益是保险合同是否有效的必要条件。保险利益原则是指在签订并履行保险合同的过程中，投保人或者被保险人对保险标的必须具有保险利益。投保人以不具有保险利益的标的投保，保险人可以解除合同；保险合同生效后，投保人或者被保险人失去对保险标的的保险利益，保险合同随之失效（人身保险合同除外）；保险标的发生保险责任事故，只有对该标的具有保险利益的人才有索赔资格，但是得到的赔偿或给付的保险金不得超过其保险利益额度，不得因保险而获得额外利益。

知识拓展 6-1　　《保险法》对保险利益的规定

《保险法》第十二条规定：人身保险的投保人在保险合同订立时，对被保险人应当具有保险利益。财产保险的被保险人在保险事故发生时，对保险标的应当具有保险利益。

（二）确立保险利益原则的意义

（1）从根本上划清保险与赌博的界限。保险与赌博均有可能基于偶然事件的发生而获益。但是，赌博是完全基于偶然因素，通过投机取巧牟取不当利益，有人为了侥幸获取暴利，会不惜一切代价去冒险，甚至以他人的损失为代价。如果保险关系不是建立在投保人对保险标的具有保险利益的基础上，而是投保人可以就任一标的投保，那么必将助长人们为追求获得高额保险金而利用保险进行投机的行为，这类行为无异于赌博，这是与社会公共利益相违背的。比如，投保人将与自己毫无利害关系的财产作为保险标的进行投保，并确定自己为被保险人，那么当保险标的发生保险事故而遭受损失时，投保人不会受到任何损失，相反可以得到远远高于所缴保险费的保险赔偿，获得额外的经济利益。如果保险事故没有发生，投保人则丧失所缴纳的保险费，这无异于下赌注，赌保险事故是否发生，使保险变成了一种赌博行为。保险利益原则要求投保人或者被保险人对保险标的必须具有保险利益，而且只有在经济利益受损的情况下才能得到保险赔付，从根本上划清了保险与赌博的界限，对维护社会公共利益有重要意义。

（2）防止道德风险的发生。这里所说的道德风险是指被保险人或受益人为获取保险金赔付而故意促使保险事故发生或在保险事故发生时放任损失扩大。由于保险费与保险赔偿或给付金额的悬殊，如果没有保险利益原则的约束，将诱发投保人或被保险人为牟取保险赔款而故意破坏保险标的的道德风险，从而引发犯罪行为。例如，在人寿保险中，一个与被保险人无任何血缘关系、婚姻关系或其他经济利益关系的人为被保险人投保意外伤害保险，而自己为受益人，于是他就会希望被保险人遭遇意外死亡，甚至会产生谋杀被保险人的动机，以获取保险金。保险利益原则的限定有效地控制了道德风险，保护了被保险人生命与被保险财产的安全。

（3）限定了保险人赔付的最高限额。保险合同保障的是被保险人的保险利益，补偿的是被保险人的经济利益损失，但不允许被保险人通过保险获得额外的利益，即保险人的赔偿金额不能超过保险利益。若被保险人因保险而获得超过其损失的经济利益，这既有悖于保险经济活动的宗旨，也容易诱发道德风险。以保险利益作为保险人承担赔偿或给付责任的最高限额，既能保证被保险人能够获得足够的、充分的补偿，又不会使被保险人因保险而获得额外利益。因此，保险利益原则可以为保险赔偿数额的界定提供合理的科学依据。

三、保险利益原则在保险实务中的应用

（一）保险利益原则在财产保险中的应用

1. 财产保险的保险利益的确立

财产保险合同保障的并非财产本身，而是财产中所包含的保险利益。该保险利益是由投保人或者被保险人对保险标的具有某种利害关系而产生的，即凡因财产发生风险事故而蒙受经济损失者，均有财产保险的保险利益。具体包括：

（1）财产所有人、经营管理人对其所有的或经营管理的财产具有保险利益。例如，公司法定代表人对公司财产具有保险利益；房主对其所有的房屋具有保险利益等。

（2）财产的抵押权人对抵押财产具有保险利益。对财产享有抵押权的人对抵押财产具有保险利益。当债权得不到清偿时，抵押权人有从抵押的财产价值中优先受偿的权利。但是在抵押贷款中，抵押权人对抵押财产所具有的保险利益只限于他所贷出款项的额度，而且在债务人清偿债务后，抵押权人对抵押财产的权益消失，其保险利益也就随之而消失。

案例分析 6-1

抵押权人对抵押物具有的保险利益

案例：A银行向B企业发放抵押贷款50万元，抵押品为价值100万元的机器设备。然后，银行以机器为保险标的投保火险一年，保单有效期为某年1月1日至该年12月31日。银行于该年3月1日收回抵押贷款20万元。后此机器于该年10月1日全部毁于大火。

问题：

1.银行的投保是否有效？银行在投保时可向保险公司投保多少保险金额？为什么？

2.若银行足额投保，则发生保险事故时可向保险公司索赔多少保险赔款？为什么？

分析：

1.投保是否有效其实就是分析银行对该抵押的机器设备是否具备保险利益。在财产保险中财产的抵押权人对抵押财产是具有保险利益的，因此，该投保有效。在投保时，虽然抵押品（即机器设备）价值100万元，但因银行发放抵押贷款50万元，所以只有50万元的抵押权，即其保险利益的额度就是50万元。根据保险利益原则，银行在投保时向保险公司投保的保险金额可达50万元。

2.如果银行足额投保，即投保的保险金额为50万元，后又于该年3月1日收回抵押贷款20万元，那么银行的保险利益从此时起减少为30万元。当机器于该年10月1日全

部毁于大火时，由于银行的保险利益额度只有30万元，所以只能获得30万元保险赔款。

（3）财产的保管人、货物的承运人、各种承包人、承租人等对其保管、占用、使用的财产，在负有经济责任的条件下具有保险利益。

（4）经营者对其合法的预期利益具有保险利益。如因营业中断导致预期的利润损失、租金收入减少、票房收入减少等，经营者对这些预期利益都具有保险利益。

（5）在责任保险中，投保人与其所应负的民事损害赔偿责任之间的法律关系构成责任保险的保险利益，即凡是法律、行政法规或合同所规定的应对他人的财产损失或人身伤亡负有经济赔偿责任者，都可以投保责任保险。

（6）信用保险的保险标的是各种信用行为。在经济交往中，权利人与义务人之间基于各类经济合同而存在经济上的利益关系。当义务人因种种原因不能履约时，会使权利人遭受经济损失。因而，权利人对义务人的信用具有保险利益，而义务人对自身的信用具有当然的保险利益。

2. 财产保险的保险利益时效

一般情况下，财产保险的保险利益必须在保险合同订立时到损失发生时的全过程中存在，尤其强调在损失发生时必须存在保险利益。如果损失发生时，被保险人的保险利益已经终止或转移出去，则不能得到保险人的赔偿。当银行在进行抵押贷款时，对抵押品投保，当银行收回所放款项后抵押品受损，尽管保险合同尚未过期，但银行不能得到保险人的赔款，因为此时银行对抵押品已经没有了保险利益。但是在海上货物运输保险中，买方在投保时往往货物所有权还未到手，而货权的转移是必然的，为了便于保险合同的订立，此时，保险利益不必在保险合同订立时存在，但当损失发生时，被保险人必须具有保险利益。

《保险法》第四十八条规定：保险事故发生时，被保险人对保险标的不具有保险利益的，不得向保险人请求赔偿保险金。

案例分析 6-2

保险标的转让未办理变更手续出险后被拒赔

案例：高某于2023年7月在北京某保险公司为其购置的捷达小轿车投保了车辆损失险和第三者责任险，交纳保险费17 000元。同年底，高某经汽车交易市场将捷达车卖给金某，高某未告知保险公司。2024年1月，金某驾车行驶至北京市车公庄路口与同方向王某驾驶的轿车相撞，交通队认定金某负全责。金某支付王某修车费5 800元。金某在向保险公司索赔时遭到拒赔，于是金某诉至北京西城法院，法院驳回了金某的诉讼请求，并判决诉讼费由金某负担。

问题：

1. 法院为何驳回金某的诉讼请求？

2. 如果高某向保险公司索赔，保险公司是否赔偿，为什么？

分析：

1. 因为高某经汽车交易市场将捷达车卖给金某后，高某未及时告知保险公司。保险标的虽然因法律行为的转让而发生转移，但高某与保险公司签订的保险合同的转让却未征得保险人的同意，因此保险公司不对金某承担赔偿责任。

2. 因高某将车卖给金某，高某对该车已经没有保险利益。在财产保险中，一般要求投保人在投保时和在整个合同的存续期间都必须对保险标的具有保险利益，因此保险公司对高某亦没有赔偿责任。

3. 财产保险的保险利益变动

保险利益的存在并非一成不变，由于各种原因常使保险利益发生转移和消灭。保险利益的转移是指在保险合同有效期间，投保人将保险利益转移给受让人，经保险人同意并履行合同变更的相关手续后，原保险合同继续有效。保险利益消灭是指投保人或被保险人对保险标的的保险利益随保险标的的灭失而消灭。

按照《保险法》的规定，在财产保险合同中，保险标的转让的，保险标的的受让人承继被保险人的权利和义务（货物运输保险合同和另有约定的合同除外）。因此，在保险实务中，因保险标的易主发生所有权转移时，所有权人或者受让人应及时通知保险人。

此外，当被保险人死亡时，保险利益可依法转移给继承人；当被保险人破产时，其财产便转移给破产债权人和破产管理人，破产债权人和破产管理人对该财产具有保险利益。

知识拓展 6-2

《保险法》第四十九条规定："保险标的转让的，保险标的的受让人承继被保险人的权利和义务。保险标的转让的，被保险人或者受让人应当及时通知保险人，但货物运输保险合同和另有约定的合同除外。因保险标的转让导致危险程度显著增加的，保险人自收到前款规定的通知之日起30日内，可以按照合同约定增加保险费或者解除合同。保险人解除合同的，应当将已收取的保险费，按照合同约定扣除自保险责任开始之日起至合同解除之日止应收的部分后，退还投保人。被保险人、受让人未履行本条第二款规定的通知义务的，因转让导致保险标的危险程度显著增加而发生的保险事故，保险人不承担赔偿保险金的责任。"

（二）保险利益原则在人身保险中的应用

1. 人身保险的保险利益的确立

人身保险的保险标的是人的寿命或身体。只有当投保人对被保险人的寿命或身体具有某种利害关系时，他才对被保险人具有保险利益，即当被保险人生存及身体健康时，能保证其投保人应有的经济利益，而如果被保险人死亡、疾病或伤残，将使其遭受经济损失。在某些情况下，人身保险的保险利益也可以直接用货币来计算，如债权人对债务人生命的保险利益。具体包括：

（1）为自己投保。当投保人为自己投保时，投保人对自己的寿命或身体具有保险利益，因其自身的安全健康与自己的利益密切相关。

（2）为他人投保。当投保人为他人投保时，保险利益的形成通常基于三种情况：①亲密的血缘关系。投保人对与其具有亲密血缘关系的人，法律规定具有保险利益。这里的亲密血缘关系主要是指父母与子女之间、亲兄弟姐妹之间、祖父母与孙子女之间，但不能扩展为较疏远的家族关系，如叔侄之间、堂（表）兄弟姐妹之间等。在英、美等国，成年子女与父母之间、兄弟姐妹之间，是否存在保险利益是以是否存在金钱利害关系为基准的。②法律上的利害关系。投保人对与其具有法律利害关系的人具有保险利益。如婚姻关系中的配偶双方；不具有血缘关系，但具有法定扶养、抚养、赡养关系的权利义务方，如养父母与子女之间。③经济上的利益关系。投保人对与其具有经济利益关系的人具有保险利益，如债权人与债务人之间、保证人与被保证人间、雇主与其重要的雇员之间等。例如，在债权债务关系中，债务人的死亡对债权人的切身利益有直接影响，因此，债权人对债务人具有保险利益，但以其具有的债权为限。

《保险法》第三十一条规定："投保人对下列人员具有保险利益：（一）本人；（二）配偶、子女、父母；（三）前项以外与投保人有抚养、赡养或者扶养关系的家庭其他成员、近亲属；（四）与投保人有劳动关系的劳动者。除前款规定外，被保险人同意投保人为其订立合同的，视为投保人对被保险人具有保险利益。订立合同时，投保人对被保险人不具有保险利益的，合同无效。"为了保证被保险人的人身安全，《保险法》还严格限定了人身保险利益，第三十四条第一款规定："以死亡为给付保险金条件的合同，未经被保险人同意并认可保险金额的，合同无效。"

案例分析 6-3

外公为外孙女投保是否具有保险利益？

案例：王某2岁时因母亲去世而随外公外婆在A市生活，日常所需费用由其父亲承担。4岁时，王某的父亲再婚，王某便转到B市与其父亲和继母生活。在王某离开A市前，她的外公为她买了一份少儿平安险，并指定自己为受益人。王某到B市后不久，在一次游玩中不幸溺水死亡。事发后，王某的外公及时向保险公司报案，要求给付保险金。保险公司以王某的外公对王某不具有保险利益为由拒绝给付，双方遂引起争议并导致诉讼。

问题：你认为该案例应如何处理，为什么？

分析：依据我国《婚姻法》相关规定，抚养关系为"因婚姻家庭关系、非婚姻关系和拟制血亲家庭关系而产生的对未成年子女的养育、教育义务"，因此抚养关系主要体现为生活费和教育费的供给。因此，本案中，外公虽照顾王某生活，但费用由王某父亲提供，所以外公对王某不存在保险利益，保险合同无效。在本案中，保险公司未能查明这个事实就承保，保险公司也存在过错，因此，在认定合同无效后，保险公司应退还保险费，同时，双方共同承担诉讼费用。

反思：长辈为晚辈买保险（尤其是隔代之间）在我国并不少见，很多人将此视为对晚辈的关爱，但是保险合同的相关规定非常严格和严谨，人身保险合同成立时必须存在保险利益。其实，在本例中，外公给外孙女买保险，应把投保人写为外孙女的父亲，这样就不会违反保险利益原则的规定了。

2. 人身保险的保险利益时效

与财产保险不同，人身保险的保险利益必须在保险合同订立时存在，保险事故发生时是否具有保险利益并不影响合同效力。按照《保险法》的规定，在订立人身保险合同时，投保人对被保险人不具有保险利益的，合同无效；在索赔时，即使投保人对被保险人不存在保险利益，也不影响保险合同的效力。

由于人身保险具有长期性、储蓄性的特点，如果一旦投保人对被保险人失去保险利益，保险合同就失效的话，就会使被保险人失去保障。领取保险金的受益人是由被保险人指定的，如果合同订立之后，因保险利益的消失而使受益人丧失了在保险事故发生时所应获得的保险金，无疑会使该权益处于不稳定的状态之中。人与人之间的利益关系相对于人与物之间的利益关系来说有其特殊性，很难用货币衡量，也很难一下撇清，所以人身保险的保险利益是订立合同的必要前提条件，而不是给付的前提条件。例如，丈夫为妻子投保终身寿险，丈夫为投保人和受益人，妻子为被保险人。寿险合同订立多年后，夫妻双方离婚，婚姻关系终止，丈夫对妻子不再具有保险利益，可寿险合同继续有效。当然，在此案例中，夫妻离婚后，妻子作为被保险人可以选择是否变更投保人和受益人。

3. 人身保险的保险利益变动

在人身保险中，投保人对被保险人的保险利益分为两种情况：如果人身保险合同为债权债务关系而订立，这时被保险人的保险利益专属于投保人（债权人），当投保人死亡时，保险利益可由投保人的合法继承人继承；如果人身保险合同为特定的人身关系而订立，如血缘关系、抚养关系等，这时被保险人的保险利益一般不得转移。

教学互动 6-1

请思考，为什么在保险利益时效上，人身保险和财产保险的规定不一致？

任务二　运用最大诚信原则分析保险案例

一、最大诚信原则的含义

诚信原则是世界各国立法对民事、商事活动的基本要求。《保险法》第五条规定："保险活动当事人行使权利、履行义务应当遵循诚实信用原则。"但是，在保险合同关系中对当事人诚信的要求比一般民事活动更严格，要求当事人具有"最大诚信"。最大诚信的含义是指当事人在保险合同订立时以及在整个合同有效期间和履行合同过程中都要真诚地向对方充分而准确地告知有关保险标的的所有重要事实，不允许存在任何虚假、欺骗、隐瞒行为。

最大诚信原则的含义可表述为：保险合同当事人订立合同及在合同有效期内，应依法向对方提供足以影响对方做出订约与履约决定的全部实质性重要事实，同时信守合同订立的约定与承诺；否则，受到损害的一方可以按民事立法规定，以此为由宣布合同无效，或解除合同，或不履行合同约定的义务或责任，甚至对因此而受到的损害还可要求对方予以赔偿。

二、规定最大诚信原则的原因

在保险活动中之所以规定最大诚信原则，主要归因于保险业经营的特殊性。

首先，保险经营中存在信息的不对称性。在保险经营中，无论是保险合同订立时还是保险合同成立后，投保人与保险人对有关保险的重要信息的拥有程度是不对称的。一方面，投保人对其保险标的的风险及有关情况最为清楚，作为风险承担者的保险人却远离保险标的，而且有些标的难以进行实地查勘，因此，保险人主要根据投保人的告知与陈述来决定是否承保、如何承保以及确定费率。这就使得投保人的告知与陈述是否属实和准确会直接影响保险人的决定，所以要求投保人基于最大诚信原则履行告知义务。另一方面，对于投保人而言，由于保险合同条款具有专业性与复杂性，一般的投保人难以理解与掌握，因此，投保人主要根据保险人为其提供的条款说明来决定是否投保以及投保何险种。这也要求保险人基于最大诚信原则，履行其应尽的说明义务。

其次，保险经营基于概率，加之保险具有互助性，全体投保人共同分摊少部分发生事故的人的损失，因此，投保人购买保险仅支付较少量的保费，而一旦发生保险事故，所能获得的赔偿或给付将是保费支出的数十倍甚至数百倍。就单个保险合同而言，保险人承担的保险责任远远高于其所收取的保费，倘若投保人不诚实守信，必将引发大量保险事故，陡然增加保险赔款，使保险人不堪负担进而无法永续经营，最终将严重损害广大投保人或被保险人的利益。因此，投保人应基于最大诚信原则真诚履行其告知与保证义务。

三、最大诚信原则的内容

（一）告知

1. 告知的含义

告知也称“披露”或“陈述”，是指合同订立前、订立时以及在合同有效期内，要求投保人将已知或应知的与风险和标的有关的实质性重要事实向保险人进行口头或书面的告知，保险人也应将与投保人利害相关的重要条款内容据实向投保人进行说明。

所谓实质性重要事实是指那些影响保险双方当事人是否签约、签约条件、是否继续履约、如何履约的事实。对于保险人而言，是指那些影响保险人确定收取保险费的数额或影响其是否承保以及确定承保条件的事实。例如，在人身保险中，被保险人的年龄、性别、身体健康状况等事实就属于实质性重要事实；对于投保人而言，则是指那些会影响其做出投保决定的事实，如保险责任范围、费率以及其他条件等。

2. 告知的内容

在保险合同中，对应于各自的权利和义务，保险双方当事人告知的内容各不相同。

微课6

最大诚信原则——告知

（1）投保人应告知的内容。投保人的告知通常称为如实告知。投保人应告知的内容包括：①在保险合同订立前根据保险人的询问，对已知或应知的与保险标的及其危险程度有关的重要事实如实回答；②保险合同订立后，保险标的危险显著增加应及时通知保险人；③保险标的转让时或保险合同有关事项有变动时，投保人（被保险人或受让人）应通知保险人；④保险事故发生后，投保人应及时通知保险人；⑤重复保险的投保人应将重复保险的有关情况通知保险人。

（2）保险人的告知内容。保险人的告知一般称为明确说明。保险人应告知的内容主要是保险合同条款的内容，尤其是免责条款。保险合同订立时，保险人应主动向投保人说明保险合同条款的内容，尤其应当向投保人明确说明免责条款的含义和具体规定。

3. 告知的形式

在保险合同中，投保人与保险人各自履行告知义务的形式也不同。

（1）投保人的告知形式。按照惯例，投保人的告知形式有无限告知和询问回答告知两种。无限告知是指保险人对告知的内容没有明确性的规定，投保人应将其知晓的保险标的的风险状况及有关重要事实如实告知保险人；询问回答告知是指投保人只对保险人所询问的问题必须如实回答，而对询问以外的问题投保人无须告知。在我国，保险立法要求投保人采取询问回答的形式履行其告知义务。

（2）保险人的告知形式。保险人的告知形式有明确列明和明确说明两种。明确列明是指保险人只需将保险的主要内容明确列明在保险合同之中，即视为已告知投保人；明确说明是指保险人不仅应将保险的主要内容明确列明在保险合同之中，还必须对投保人进行正确的解释。

在国际保险市场上，一般只要求保险人明确列明保险合同的主要内容；我国要求保险人的告知形式采用明确列明与明确说明相结合，要求保险人对保险合同的主要条款尤其是免除保险人责任的条款不仅要明确列明，还要对该条款的内容以书面或者口头形式向投保人明确说明。

（二）保证

1. 保证的含义

保险中的保证是指保险人和投保人在保险合同中约定，投保人或被保险人在保险期限内对某种特定事项的作为不作为或担保其真实性。可见，保险合同保证义务的约束对象是投保人或被保险人。

保险合同的生效是以某种促使风险增加的事实不存在为先决条件，保险人所收取的保险费也是以被保险风险不能增加，或不存在其他风险因素为前提的。如果被保险人未经保险人同意而进行风险较大的活动，必然会影响保险双方事先确定的等价地位。例如，某商店在投保企业财产保险时，在合同中承诺不在店内放置危险品，此项承诺即为保证。如果没有此项保证，则保险人将不接受承保，或将调整保单所适用的费率。因此，保证是影响保险合同效力的重要因素，保险保证的内容是合同的组成部分。

2. 保证的形式

保证通常分为明示保证和默示保证。

(1) 明示保证。明示保证是在保险单中订明的保证，明示保证作为一种保证条款，通常用文字来表示，必须写入保险合同或写入与保险合同一起的其他文件内。明示保证可分为确认保证和承诺保证。确认保证事项涉及过去与现在，是投保人或被保险人对过去或现在某一特定事实存在或不存在的保证。例如，某人确认他从未得过重病，意指他在此事项认定以前与认定时从未得过重病，但并不包含今后他是否会患重病。承诺保证是指投保人对将来某一特定事项的作为或不作为，其保证事项涉及现在与将来，但不包括过去。例如，某人承诺今后不再吸烟，意为他保证从现在开始不再吸烟，但在此之前他是否吸烟则不予追究。

(2) 默示保证。默示保证是指一些重要保证并未在保单中订明，但订约双方都清楚的保证。与明示保证不同，默示保证不通过文字来说明，而是根据有关的法律、惯例及行业习惯来决定。默示保证实际上是法庭判例影响的结果，也是某行业习惯的合法化，默示保证与明示保证具有同等的法律效力，对被保险人具有同等的约束力。例如，在海上保险合同中通常有三项默示保证，即船舶的适航保证、不改变航道的保证和航行合法的保证。

(三) 弃权与禁止反言

(1) 弃权。弃权是保险合同一方当事人放弃他在保险合同中可以主张的某种权利，通常是指保险人放弃合同解除权与抗辩权。构成弃权必须具备两个要件：首先，保险人须有弃权的意思表示。这种意思表示可以是明示的，也可以是默示的。其次，保险人必须知道有权利存在。

(2) 禁止反言。禁止反言也称“禁止抗辩”，是指保险合同一方既然已放弃他在合同中的某种权利，将来不得再向他方主张这种权利。事实上，无论是保险人还是投保人，如果弃权，将来均不得重新主张。在保险实践中，它主要用于约束保险人。

阅读材料6-1

最大诚信原则的起源

弃权与禁止反言常常因保险代理人的原因产生。保险代理人出于增加保费收入以获得更多佣金的需要，可能会不认真审核标的的情况就以保险人的名义对投保人做出承诺并收取保险费。一旦保险合同生效，即使发现投保人违背了保险条款，也不得解除合同，因为代理人已经放弃了本可以拒保或附加条件承保的权利。从保险代理关系看，保险代理人是以保险人的名义从事保险活动的，其在授权范围内的行为所产生的一切后果应由保险人来承担。所以，代理人的弃权行为即视为保险人的弃权行为，保险人不得为此拒绝承担责任。弃权与禁止反言的限定，不仅可约束保险人的行为，要求保险人为其行为及其代理人的行为负责，同时也维护了被保险人的权益，有利于保险双方权利、义务关系的平衡。

四、违反最大诚信原则的表现形式及其法律后果

(一) 违反告知的表现形式及法律后果

由于保险合同双方当事人各自履行告知义务的形式和告知的内容不同，双方违反最

大诚信原则而导致的法律后果也各不相同。

1. 投保人（包括投保人、被保险人和受益人，以下相同）违反告知的法律后果

故意不履行如实告知义务。如果投保人故意隐瞒事实，不履行告知义务，保险人有权解除保险合同；若在保险人解约之前发生保险事故造成保险标的损失，保险人可以不承担赔偿或给付责任，同时也不退还保险费。

重大过失不履行如实告知义务。如果投保人违反告知义务的行为是因重大过失、疏忽所致，其未告知的事项足以影响保险人决定是否同意承保或者提高保险费率，保险人有权解除合同；如果未告知的事项对保险事故的发生有严重影响，保险人可以解除保险合同；对在合同解除之前发生的保险事故所致损失，不承担赔偿或给付责任，但可以退还保险费。

编造虚假事故原因或扩大损失程度。保险事故发生后，投保人、被保险人或受益人以伪造、变造的有关证明、资料或其他证据，编造虚假的事故原因或者扩大损失程度的，保险人对其虚报的部分不承担赔偿或给付保险金的责任。

未将保险标的危险程度显著增加的情况通知保险人。在财产保险中，被保险人未按保险合同约定，将财产保险的保险标的危险显著增加的情况及时通知保险人，对因保险标的危险程度显著增加而发生的保险事故，保险人不承担赔偿保险金的责任。

知识拓展 6-3　　违反告知的法律后果

《保险法》第十六条规定：订立保险合同，保险人就保险标的或者被保险人的有关情况提出询问的，投保人应当如实告知。

投保人故意或者因重大过失未履行前款规定的如实告知义务，足以影响保险人决定是否同意承保或者提高保险费率的，保险人有权解除合同。

前款规定的合同解除权，自保险人知道有解除事由之日起，超过30日不行使而消灭。自合同成立之日起超过2年的，保险人不得解除合同；发生保险事故的，保险人应当承担赔偿或者给付保险金的责任。

投保人故意不履行如实告知义务的，保险人对于合同解除前发生的保险事故，不承担赔偿或者给付保险金的责任，并不退还保险费。

投保人因重大过失未履行如实告知义务，对保险事故的发生有严重影响的，保险人对于合同解除前发生的保险事故，不承担赔偿或者给付保险金的责任，但应当退还保险费。

保险人在合同订立时已经知道投保人未如实告知的情况的，保险人不得解除合同；发生保险事故的，保险人应当承担赔偿或给付保险金的责任。

案例分析 6-4

违反如实告知义务被拒赔

案例：2017年3月30日，郭乙为其父亲郭甲在某保险公司内蒙古分公司（以下简

称某保险公司）投保了“老年恶性肿瘤疾病保险”，投保人及被保险人对保险公司询问的与被保险人相关的具体健康情况进行了回答，否认被保险人在投保前患有肿瘤等疾病，并声明其在投保单中所填写的各项内容均属实，同时表示其已完全理解了保险责任条款和责任免除条款，两人在《人身保险投保提示书》《投保单》中对列明的上述各项内容签字确认。上述保险合同于2017年3月31日生效，保险金额为100 000元。

此后，被保险人于2017年11月23日病故，相关受益人于2017年12月25日向保险公司申请理赔。保险公司在理赔调查中发现，被保险人于2017年3月22日至28日在扎赉特旗人民医院就医的入院记录和出院记录均诊断其疑似患有前列腺癌。根据以上调查证据，保险公司确定投保人未履行如实告知义务后，于2018年1月15日向投保人送达了解除合同并拒赔的《理赔决定通知书》。

保险合同相关受益人遂于2019年3月25日向人民法院提起诉讼。一审法院以依法成立的合同合法有效，对当事人具有约束力为由支持了原告的诉讼请求。保险公司不服一审判决提出上诉，二审法院经审查后认为，保险公司已经依法行使保险合同解除权，投保人及相关受益人并未依法请求法院确认合同解除的法律效力，因此，案涉保险合同已经依法解除，保险公司拒赔并不无不当。遂依法判决撤销一审判决，驳回一审原告的诉讼请求。

问题：在该案例中，保险公司的处置是否恰当？

分析：本案中，投保人和被保险人在投保时故意隐瞒了被保险人疑似患有前列腺癌的情况，且隐瞒的情况对保险公司决定是否承保或者以何种条件承保具有重要的影响，因此，保险公司解除合同并拒赔并无不当，而且保险公司解除合同的时间是在其知道解除合同事由之日起30日内，已依法行使了合同解除权，二审法院的判决也体现了这一点。

资料来源：中国保险行业协会编. 2020年度保险诉讼典型案例报告［M］. 北京：法律出版社，2021.

2. 保险人未尽告知义务的法律后果

未尽明确说明义务的法律后果：如果保险人在订立合同时未对免除保险人责任的条款履行法定的明确说明义务，则该条款无效。《保险法》第十七条规定：“对保险合同中免除保险人责任的条款，保险人在订立合同时应当在投保单、保险单或者其他保险凭证上做出足以引起投保人注意的提示，并对该条款的内容以书面或者口头形式向投保人做出明确说明；未作提示或者明确说明的，该条款不产生效力。”

隐瞒与保险合同有关的重要情况的法律后果：按照《保险法》第一百一十六条和第一百六十一条的规定，保险公司及其工作人员在保险业务活动中存在欺骗投保人、被保险人或者受益人，或者对投保人隐瞒与保险合同有关的重要情况等行为的，由保险监督管理机构责令改正，处5万元以上30万元以下的罚款；情节严重的，限制其业务范围、责令停止接受新业务或者吊销业务许可证。

（二）违反保证的法律后果

任何不遵守保证条款或保证约定、不信守合同约定的承诺或担保的行为，均属于违反保证。保险合同涉及的所有保证内容都是重要的，投保人与被保险人都必须严格遵守。如有所违背与破坏，其后果一般有两种：一是保险人不承担赔偿或给付保险金的责任；二是保险人有权解除保险合同。

任务三　完成保险承保业务

一、保险承保的含义

保险承保是保险人对愿意购买保险的单位或个人（即投保人）所提出的投保申请进行审核，做出是否同意接受以及以何种条件接受的决定的过程。实际上，进入承保环节，就进入了保险合同双方就保险条款进行实质性谈判的阶段。承保是保险经营的一个重要环节，承保质量的好坏直接关系到保险人经营的财务稳定性和经营效益的高低。

二、保险承保的主要环节与程序

（一）核保

保险核保是指保险公司在对投保的标的的信息全面掌握、核实的基础上，对可保风险进行评判与分类，进而决定是否承保、以什么样的条件承保的过程。核保是保险公司承保环节的核心，通过核保，可以排除不符合承保条件的保险标的。核保的主要目的在于辨别保险标的的危险程度，并据此对保险标的进行分类，按不同标准进行承保、制定费率，从而保证承保业务的质量。核保工作的好坏直接关系到保险合同能否顺利履行，关系到保险公司的盈亏和财务稳定。因此，严格规范核保工作是降低赔付率、增加保险公司盈利的关键，也是衡量保险公司经营管理水平高低的重要标志。

保险核保信息的来源主要有三个途径，即投保人填写的投保单、销售人员和投保人提供的情况、通过实际查勘获取的信息。首先，投保单是核保的第一手资料，也是最原始的保险记录。保险人可以从投保单的填写事项中获得信息，以对风险进行选择。其次，销售人员实际上是前线核保人员，其在销售过程中获取了大量有关保险标的情况，其寻找准客户和进行销售活动的同时实际上就开始了核保过程，可以视为外勤核保。所以必要时核保人员可以向销售人员直接了解情况。另外，对于投保单上未能反映的保险标的物和被保险人的情况，也可以进一步向投保人了解。最后，除了审核投保单以及向销售人员和投保人直接了解情况外，保险人还要对保险标的、被保险人面临的风险情况进行查勘，称为核保查勘。核保查勘可由保险人自己开展，也可委托专业机构和人员开展。

教学互动 6-2

如何理解“保险销售人员实际上是前线核保人员”这句话？为什么在我国现行的保险代理人制度下，保险销售人员的前线核保人员的角色没有得到充分发挥？

（二）做出承保决策

保险承保人员对通过一定途径收集的核保信息加以整理，并对这些信息经过承保选择和承保控制之后，做出以下承保决策：

（1）正常承保。对于属于标准风险类别的保险标的，保险公司按标准费率予以承保。

（2）优惠承保。对于属于优质风险类别的保险标的，保险公司按低于标准费率的优惠费率予以承保。

（3）有条件地承保。对于低于正常承保标准但又不构成拒保条件的保险标的，保险公司通过增加限制性条件或加收附加保费的方式予以承保。例如，在财产保险中，保险人要求投保人安装自动报警系统等安全设施才予以承保；如果保险标的低于承保标准，保险人采用减少保险金额，或者使用较高的免赔额或较高的保险费率的方式承保。

（4）拒保。如果投保人投保条件明显低于保险人的承保标准，保险人就会拒绝承保。对于拒绝承保的保险标的，要及时向投保人发出拒保通知。

（三）缮制单证

承保人做出承保决策后，对于同意承保的投保申请，由签单人员缮制保险单或保险凭证，并及时送达投保人手中。缮制单证是保险承保工作的重要环节，单证的缮制要及时，采用计算机统一打印，做到内容完整、数字准确、无错无漏无涂改。保单上注明缮制日期、保单号码，并在保单的正副本上加盖公、私章。如有附加条款，将其粘贴在保单正本的背面，加盖骑缝章。同时，要开具“交纳保费通知书”，并将其与保单的正、副本一起送复核员复核。

（四）复核签章

任何保险单均应按承保权限规定由有关负责人复核签发。它是承保工作的一道重要程序，也是确保承保质量的关键环节。复核时要注意审查：投保单、验险报告、保险单、批单以及其他各种单证是否齐全，内容是否完整、符合要求，字迹是否清楚，保险费计算是否正确等，力求准确无误。保单经复核无误后必须加盖公章，并由负责人及复核员签章，然后交由内勤人员发送。

（五）收取保费

向投保人及时足额收取保险费是保险承保中的一个重要环节。为了防止保险事故发生后的纠纷，在签订保险合同中要对保险费交纳的相关事宜予以明确，包括保险费交纳的金额、交付时间以及未按时交费的责任。尤其对于非寿险合同，要在合同中特别约定并明确告知投保人，如不能按时交纳保险费，保险合同将不生效，发生事故后保险人不承担赔偿责任；如不足额交纳保险费，保险人将有限定（如按照实交保费与应付保费的比例）地承担保险责任。

保险承保流程见图6-1。

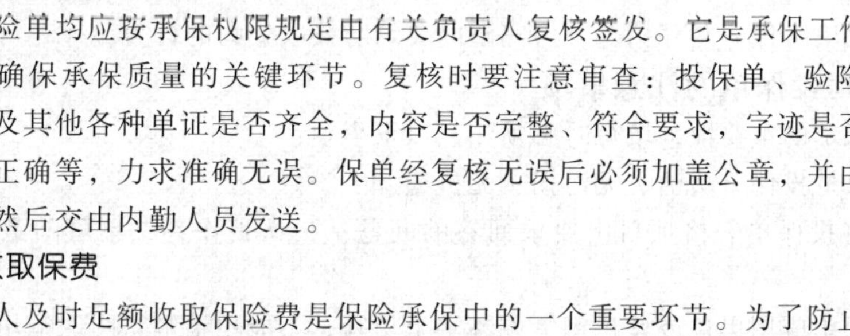

图6-1　保险承保流程图

子任务一　填写及审核投保单

一、投保单的法律定位

投保单，又称“要保单”，是投保人向保险人申请订立保险合同的书面要约，投保单是保险合同的重要法律文件之一。投保单一般由保险人按照事先统一格式印制，通常为表格形式。投保单所列项目因险种不同而有所区别，投保人应按照表格所列项目逐一填写，并回答保险人提出的有关保险标的的情况和事实。

作为体现投保人购买保险意向的书面要约凭证，投保人必须在投保单上签名或签章。投保单的内容必须完整、准确和真实。所谓完整，是指投保单所列明的栏目应当全部填写，无空缺；准确是指对各填写要素严谨无误，如标的的地址、保险金额、投保日期、客户联系方式等；真实是指投保单填写的主体资格人是投保人，而不是保险公司业务员代填写并代签名。真实的最大体现是投保人自己在投保单上盖章或签名，这是合同的重要要素。如果投保人盖章（签名）栏目空缺或由业务员代填写则属于无效要约，无效要约意味着保险人的承诺丧失了成立的基础，这无疑为日后产生保险纠纷埋下了导火索。因此，要严格操作程序——凡对公业务，必须在“投保人签章”栏加盖与投保人名称完全一致的公章；对私业务，必须在“投保人签章”栏由投保人签名并提供身份证影印件作为投保单附件一并存档，方为完整的要约与接收要约的行为。

二、填写投保单的注意事项

由于投保单的重要性，填写时必须注意以下事项：

（1）应保持投保单整洁、无污损、无折叠。

（2）应将投保单表格项目中要求回答的问题一一认真作答，不可随意填写、错项漏项。

（3）投保单应用黑色或蓝色钢笔或签字笔填写，不能用铅笔、圆珠笔填写。

（4）投保单的填写一律使用正楷简体字，字迹清晰、字体工整，不应字迹潦草、模糊不清，切忌繁体字、连笔字或草书等。

（5）投保单填写内容应准确、完整，避免涂改，不得使用涂改液。

（6）应在投保单各栏限定位置填写，不能随意填写到其他位置。

（7）必须履行如实告知义务，不能隐瞒或避重就轻。

（8）投保单填写完毕后，应由投保人、被保险人亲笔签名，以示确认所填写的各项内容。

三、投保单的审核

审核投保单是核保工作重要的一环，是风险评估不可或缺的一个步骤，以下是审核投保单重要内容的要点：

1. 投保人、被保险人、受益人（人身险）资料

确认投保人、被保险人、受益人的身份是否正确、信息是否充分。一是确定投保人、被保险人与受益人的关系，看是否符合保险利益原则的规定，此项针对人身保险；

二是审核投保人、被保险人是否对标的具有可保利益，对标的的权属进行分析，清楚标的损坏赔偿的权益归属，此项针对财产保险；三是审核投保单投保人名称与其在法定机构的注册名称及投保单中的签章是否相符；四是姓名（名称）、地址、邮编、联系方式等基本信息必须清晰无误。

2. 投保险种、应用条款

分析客户关心的风险所在，正确识别客户的意图与需求，根据现有险种、产品及条款，确认拟用险种正确无误。投保险种不能出现张冠李戴与违规操作，例如，客户投保财产险就不能用机器损坏险的投保单，未开办的险种或其相应的责任范围超出保险公司规定、保险惯例或保险监管规定的不能承保。

3. 保险标的

准确界定保险标的的性质、范围和内容，保险标的的行业性质或者标的类型必须清晰，标的位置、范围要准确、清晰地加以描述，确保承保标的的具体项目清晰。

4. 地域范围

审核标的涉及的区域范围。首先要清楚承保标的的坐落位置、地点、周围环境状况，对财产处于多个地点的，要清楚财产的分布状况；其次，要清楚产品责任与质量险等产品的销售区域。

5. 保险金额（赔偿限额）

确保保险金额数据来源准确、可靠，不管保险金额的确定方式如何，都要确认保险金额与相关利益相符，避免因超额投保或不足额投保而产生道德风险。在人身保险中要审核保险金额是否符合险种或公司规定。

6. 保险期限

清晰的保险期限约定对保费的计算以及保险责任的认定都十分重要。财产保险的保险期限通常不应超过一年，工程险项目或货运航次险的保险期限应根据项目或航次的实际完成时间而确定。人身保险的保险期限，除意外险和医疗保险外，一般为长期，但也应审核保险期限是否与险种的规定相符。

7. 保费交付方式和日期

保险费缴纳通常分为一次性交付和分期交付两种，确保保费按约定交付是保单生效的先决条件。重点审核分期付款方式是否符合公司规定、是否合理，同时要审核分期付款方式是否会产生应收风险。

8. 风险申报表（风险评估表）及过去损失记录表

在财产保险的核保中，风险评估是非常重要的一项工作，风险申报表是进行初步风险评估的重要依据和信息来源。不同险种须用不同的风险信息表。重点审核风险信息的完整性与真实性，确保申报项目不漏项，数据格式符合要求。过去损失记录主要包括事故损失大小、损失原因、发生时间等信息，其损失涉及范围不一定与保险责任直接相关。

9. 投保人申明、签名、盖章、投保日期

审核投保人签名、签章与投保单中被保险人的有关内容是否相符，投保时间是否存在倒签现象，务必确保投保人申明所填写资料属实。

子任务二　完成财产保险与人身保险的承保业务

一、财产保险的核保

在财产保险核保过程中，需要对有些因素进行重点风险分析和评估，并实地查勘。其中主要的核保要素有：

（1）保险标的物所处的环境。保险标的物所处的环境不同，直接影响其出险概率的高低以及损失的程度。例如，对所投保的房屋，要检验其所处的环境是工业区、商业区还是居民区；附近有无诸如易燃、易爆品等危险源；救火水源如何以及与消防队的距离远近；房屋是否属于高层建筑，周围是否通畅，消防车能否靠近等。

（2）保险财产的占用性质。查明保险财产的占用性质，可以了解其可能存在的风险；同时要查明建筑物的主体结构及所使用的材料，以确定其风险等级。

（3）投保标的物的主要风险隐患和关键防护部位及防护措施状况。这是对投保财产自身风险的检验。认真检查投保财产可能发生风险损失的风险因素。例如：投保的财产是否属于易燃、易爆品或易受损物品；对温度和湿度的灵敏度如何；机器设备是否超负荷运转；使用的电压是否稳定；建筑物结构状况等。

（4）对投保财产的关键部位要重点检查。例如：建筑物的承重墙体是否牢固；船舶、车辆的发动机的保养是否良好。

（5）严格检查投保财产的风险防范情况。例如：有无防火设施、报警系统、排水排风设施；机器有无超载保护、降温保护措施；运输货物的包装是否符合标准；运载方式是否合乎标准等。

（6）有无处于危险状态中的财产。正处在危险状态中的财产意味着该项财产必然或即将发生风险损失，对于这样的财产，保险人不予承保。这是因为保险承保的风险应具有损失发生的不确定性。必然发生的损失属于不可保风险。如果保险人予以承保，就会造成不合理的损失分布，这对于其他被保险人是不公平的。

（7）检查各种安全管理制度的制定和实施情况。健全的安全管理制度是预防、降低风险发生的保证，可减少承保标的损失，提高承保质量。因此，核保人员应核查投保方的各项安全管理制度，核查其是否有专人负责该制度的执行和管理。如果发现问题，应建议投保人及时解决，并复核其整改效果。倘若保险人多次建议投保方实施安全方案，但投保方仍不执行，保险人可调高费率，增加特别条款，甚至拒保。

（8）查验被保险人以往的事故记录。这一核保要素主要包括被保险人发生事故的次数、时间、原因、损失及赔偿情况。一般从被保险人过去3~5年间的事故记录中可以看出被保险人对保险财产的管理情况，通过分析以往损失原因找出风险所在，督促被保险人改善管理，采取有效措施，避免损失。

（9）调查被保险人的道德情况。特别是对于经营状况较差的企业，弄清是否存在道德风险。一般可以通过政府有关部门或金融单位了解客户的资信情况，必要时可以建立客户资信档案，以备承保时使用。

二、人身保险的核保

阅读材料6-2

逆选择及其防止方法

在人身保险中，意外伤害保险比较特殊，其承保条件比较宽松，主要审核被保险人的职业类别。而人身保险其他险种核保的要素与人寿保险基本相同，主要和年龄、性别、身体情况等影响人的健康、死亡的因素相关。

（一）人身保险的核保要素

人身保险的核保要素一般分为影响死亡率的要素和非影响死亡率的要素。影响死亡率的要素包括年龄、性别、职业、健康状况、体格、习惯、嗜好、居住环境、种族、家族和病史等。非影响死亡率的要素包括保额、险种、交费方式、投保人财务状况、投保人与被保险人及受益人之间的关系。相比之下，在人身保险核保中需要重点考虑的是影响死亡率的要素。

（1）年龄和性别。年龄是人寿保险核保所要考虑的最重要的因素之一。因为死亡概率一般随着年龄的增加而增加，各种死亡原因在不同年龄段的分布是不一样的，而且不同年龄组各种疾病的发病率也不相同，因此，保险金给付的频数与程度有很大的差异。另外，性别对死亡率和疾病种类也有很大影响。有关统计资料表明，女性平均寿命要长于男性4~6年，各国的生命表中的死亡概率的计算也充分反映了这一点。因此，性别因素也导致保险人承担给付义务的不同。

（2）体格及身体情况。体格是遗传所致的先天性体质与后天各种因素的综合表现。体格包括身高、体重等。保险公司可编制一张按照身高、年龄、性别计算的平均体重分布表。经验表明，体重偏轻一般关系不大，超重会引起生理失调，导致各种疾病的发生，会增加死亡率，中年人和老年人尤甚。体重在短期内明显的增减也是核保应考虑的情况，短期内体重明显改变很可能是疾病所致，也有可能是主观行为造成，比如减肥，核保人员应弄清楚体重变化的真正原因。体格以外的身体情况也是核保的重要因素，如神经、消化、心血管、呼吸、泌尿、内分泌系统失常会引起较高的死亡概率。在保险实务中，保险公司一般会通过身高和体重计算被保险人的体格指数，以此判断被保险人的体格情况。

知识拓展 6-4　　体格指数

身高和体重之间的关系，加以性别和年龄校正，表示为体格指数（BMI）：

BMI=体重（Kg）/身高（M）的平方

在医学上，正常值范围为18～25，在被保人群中，正常值范围界定较为宽松，亚洲人群为17～25。超过25为超重，超过30为肥胖，许多保险公司的核保手册基本上对BMI超过30才有评点，低于17为体重不足。

现代科学假定，如果没有存在危险因素（比如说高血压），一个体重高于或低于正常体重20%的人，其期望寿命不会受到影响。

（3）个人病史和家族病史。如果被保险人曾患有某种急性或慢性疾病，往往会影响其寿命，所以，在核保中一般除了要求自述病史外，有时还需要医师或医院出具的病情报告。了解家族病史主要是了解家庭成员中有无可能影响后代的遗传性或传染性疾病，如糖尿病、高血压病、精神病、血液病、结核和癌症等。目前，癌症和心血管疾病是引起死亡的最主要原因。

（4）职业、习惯嗜好及生存环境。首先，疾病、意外伤害和丧失工作能力的概率在很大程度上受所从事的职业的影响。一些职业具有特殊风险，虽不会影响被保险人死亡概率的变化，却会严重损害被保险人的健康从而导致大量医疗费用的支出，如某些职业病。另外，有些职业会增加死亡概率或意外伤害概率，如高空作业工人、井下作业的矿工及接触有毒物质的工作人员等。其次，如果被保险人有吸烟、酗酒等不良嗜好或是赛车、跳伞、登山、冲浪等高风险运动的业余爱好，核保人可以提高费率承保或列为除外责任，甚至拒绝承保。最后，被保险人的生活环境和工作环境的好坏对其身体健康和寿命长短也有重要影响。

（二）风险类别划分

核保人员在审核了投保方所有有关的资料并进行体检以后，要根据被保险人的身体状况进行分类。在人寿保险中，被保险人是否需要体检，一般是由其年龄和投保金额决定的，投保年龄越大、投保金额越高，体检的必要性就越大。由专门人员或指定的医疗机构对被保险人进行体检，实际测定被保险人的身体健康状况，体检后由医生提供的体检报告就是一份核保查勘结果。根据体检结果，保险公司将被保险人进行分类，决定是否承保以及按照什么条件或采用不同费率承保，一般分为以下四类：

（1）标准体。标准风险类别的人有正常的预期寿命，对他们可以使用标准费率承保。大多数被保险人属于这一类型。

（2）优质体。这一风险类别的人，不仅身体健康，且有良好的家族健康史，无吸烟、酗酒等不良嗜好。对该类被保险人，保险人在承保时可以考虑适当给予费率的优惠，即可以按照低于标准的费率予以承保。

阅读材料6-3

乙肝小三阳核保案例

（3）弱体。弱体风险类别的人在健康和其他方面存在缺陷，致使他们的预期寿命低于正常的人。对于弱体，应按照高于标准的费率予以承保。

（4）拒保体。该类风险的人有极高的死亡概率，以致承保人无法按照正常的大数法则分散风险，只能拒保。

项目小结

本项目的主要任务是根据上一项目中设计的保险投保方案，完成承保的业务。

在保险承保的环节中，主要涉及保险的两个基本原则——保险利益原则和最大诚信原则。保险利益原则规定了投保人与保险标的之间必须存在经济上的利害关系，否则会导致保险合同无效。保险利益原则在财产保险和人身保险中的应用，在量的界定、保险利益变动、保险利益的时效等方面有不同的规定。最大诚信原则体现了保险合同的特殊性，由于保险合同双方存在信息不对称，对双方的诚信要求很高。对投保人而言，在投保以及合同履行期间应如实告知有关保险标的的重要事实，同时信守合同订立的约定与承诺，对保险人而言，要求保险人向投保人明确说明保险合同条款内容，尤其是责任免除条款。最大诚信原则包括告知、保证、弃权与禁止反言等几项内容。

保险承保是保险公司重要的经营环节，投保人填写投保单交到保险公司，即进入了保险承保的环节，承保工作的质量关系到保险公司利润目标的实现。保险承保主要包括核保、做出承保决策、缮制单证、复核签章、收取保费等环节。

重点回顾

1. 保险利益原则。
2. 最大诚信原则。
3. 财产保险的核保要素。
4. 人身保险的核保要素。

基础知识练习

一、单项选择题

1.若投保人对保险标的不具有保险利益而签订保险合同，将导致保险合同（　　）。

A.变更　　B.解除　　C.终止　　D.无效

2.以下关于财产保险的保险利益的说法，错误的是（　　）。

A.财产所有人、经营管理人对其所有的或经营管理的财产具有保险利益

B.财产的抵押权人对抵押财产具有保险利益

C.财产的保管人对其保管的财产，在负有经济责任的条件下具有保险利益

D.承包人对其占用的财产，在不负有经济责任的条件下具有保险利益

3.王某将一套价值100万元的房屋抵押给银行，银行发放了70万元的贷款，半年后王某偿还贷款20万元，此时银行对房屋的保险利益额度是（　　）。

A.70万元　　B.100万元　　C.50万元　　D.30万元

4.在财产保险中，要求保险利益存在的时间是（　　）。

A.发生保险事故时　　B.出具保险单时

C.订立保险合同时　　D.投保人填写投保单时

5.由于人身保险的保险期限较长，并具有储蓄性，因而强调人身保险利益存在的时间是（　　）。

A.发生保险事故时　　B.出具保险单时

C.订立保险合同时　　D.从订立合同到发生保险事故

6.以下不属于投保人应告知的内容的是（　　）。

A.有关保险标的的风险状况　　B.保险标的的危险程度显著增加

C.保险标的的所有权发生转移　　D.责任免除条款的内容

7.在人身保险中，不属于实质性重要事实的是（　　）。

A.被保险人的年龄　　B.被保险人的性别

C.被保险人的身体状况　　D.被保险人的联系方式

8.我国对于保险人履行告知义务的形式要求是（　　）。

A.明确列明　　B.明确说明

C.如实告知　　D.明确列明加明确说明

9.以下关于告知的说法，错误的是（　　）。

A.在我国，投保人采取询问回答告知的形式履行其告知义务

B.我国要求保险人的告知形式采用明确列明和明确说明相结合

C.保险合同订立后，保险标的危险程度显著增加，可以不通知保险人

D.重复保险的投保人应将重复保险的有关情况通知保险人

10.以下有关保证的说法中，错误的是（　　）。

A.明示保证分为确认保证和承诺保证

B.默示保证的效力小于明示保证

C.明示保证用文字在合同中写明

D.保证的内容是保险合同组成部分

11.根据最大诚信原则，在保险实务中弃权和禁止反言约束的主要对象是（　　）。

A.投保人　　B.被保险人　　C.保险人　　D.受益人

二、多项选择题

1.以下关于保险利益的说法，正确的有（　　）。

A.体现了投保人或者被保险人与保险标的之间存在的金钱上的利益关系

B.保险利益必须是合法的利益

C.保险利益必须是经济利益

D.保险利益必须是确定的利益

2.投保人对（　　）具有保险利益。

A.本人　　B.配偶、子女、父母

C.家庭其他成员　　D.与投保人有劳动关系的劳动者

3.投保人故意不履行如实告知义务的法律后果有（　　）。

A.保险人可以解除合同

B.在保险人解约之前发生保险事故造成保险标的损失，保险人可以不承担赔偿或给付责任

C.保险人不退还保险费

D.保险人可以退还保险费

4.最大诚信原则主要包括（　　）。

A.告知　　B.说明　　C.保证　　D.弃权与禁止反言

5.承保决策一般有（　　）。

A.正常承保　　B.优惠承保　　C.有条件承保　　D.拒保

6.以下属于财产保险主要的核保要素的有（　　）。

A.保险标的物所处的环境　　B.保险财产的占用性质

C.保险标的物的主要风险隐患　　D.被保险人以往的事故记录

三、简答题

1. 简述保险利益原则的意义。

2. 简述最大诚信原则的主要内容。

四、案例分析题

案情简介：2019年1月2日，A公司向本市一家印刷厂租借了一间100多平方米的厂房作为生产车间，双方在租赁合同中约定租赁期为一年，若有一方违约，则违约方将支付违约金。同年3月6日，A公司向当地保险公司投保了企业财产险，期限为一年。当年A公司因订单不断，欲向印刷厂续租厂房一年，遭到拒绝，因此A公司只好边维持生产边准备搬迁。次年1月2日至18日间，印刷厂多次与A公司交涉，催促其尽快搬走，而A公司经理多次向印刷厂解释，并表示愿意支付违约金。最后，印刷厂法定代表人只得要求A公司最迟在2月10日前交还厂房，否则将向有关部门起诉。2月3日，A公司职员不慎将洒在地上的煤油引燃起火，造成厂房内设备损失215 000元，厂房屋顶烧塌，需修理费53 000元，A公司就此向保险人索赔。

请分析在此案例中，保险公司是否应进行赔偿?

实战演练

1.根据情境资料，填写机动车辆保险投保单。

情境：张辉将自家用的一辆全新奥迪轿车投保车险。

投保人及被保险人信息：

张辉：男，1980年5月18日出生，身份证号450106198005183000，通信地址：某省某市滨海区永乐小区7号楼2003室，邮编500000，移动电话13911188888，

投保车辆信息：

奥迪A6L轿车，车身颜色为黑色，新车购置价为50万元，车牌号为桂ABC309，发动机号0661809，车架号LDC5134P2895106，核定载客5人，初次登记日期为2015年11月9日，核定载质量800 kg，整备质量1 775kg，排量2.0，行驶区域为中国境内，保险期间为一年。指定驾驶员王艳，驾驶员王艳身份证号450106198208183024，领证日期为2014年5月3日。

投保险种信息：

(1) 机动车辆损失险，保额50万元，保险费6 500元；(2) 商业第三者责任险，责任限额10万元，保险费800元；(3) 附加车上人员责任险，驾驶1人，保额1万元，保险费40元，乘客3人，保额每人1万元，保险费120元；(4) 附加玻璃单独破碎险，保额5万元，保险费100元；(5) 附加车身划痕险，保额5 000元，保险费20元；(6) 附加不计免赔特约险（包括上述险种），200元。(注：以上客户信息为虚构，如有雷同，纯属偶然) 机动车辆保险投保单见表6-1。

表 6-1 **某财产保险公司机动车辆保险投保单示例**

××财产保险公司机动车辆保险投保单

欢迎您到××财产保险有限责任公司投保！在您填写本投保单前请先详细阅读《机动车交通事故责任强制保险条款》及我公司的机动车辆保险条款，阅读条款时请您特别注意各个条款中的保险责任、责任免除、投保人义务、被保险人义务等内容并听取保险人就条款（包括责任免除条款）所做的说明。您在充分理解条款后，再填写本投保单各项内容（请在需要选择的项目前的“□”内画√表示）。为了合理确定投保机动车的保险费，并保证您获得充足的保障，请您认真填写每个项目，确保内容的真实可靠。您所填写的内容我公司将为您保密。本投保单所填内容如有变动，请及时到我公司办理变更手续。

<table>
<tr><td rowspan="3">投保人</td><td>投保人名称/姓名</td><td colspan="3"></td><td>投保机动车数</td><td>辆</td></tr>
<tr><td>联系人姓名</td><td></td><td>固定电话</td><td></td><td>移动电话</td><td></td></tr>
<tr><td>投保人住所</td><td colspan="3"></td><td>邮政编码</td><td></td></tr>
<tr><td rowspan="6">被保险人</td><td colspan="3">□自然人姓名：</td><td colspan="2">身份证号码</td><td></td></tr>
<tr><td colspan="6">□法人或其他组织名称：</td></tr>
<tr><td>组织机构代码</td><td colspan="3"></td><td>职业</td><td></td></tr>
<tr><td>被保险人单位性质</td><td colspan="5">□党政机关、团体 □事业单位 □军队（武警） □使（领）馆 □个体、私营企业 □其他</td></tr>
<tr><td>联系人姓名</td><td></td><td>固定电话</td><td></td><td>移动电话</td><td></td></tr>
<tr><td>被保险人住所</td><td colspan="3"></td><td>邮政编号</td><td></td></tr>
</table>

续表

<table>
<tr><td rowspan="13">投保机动车情况</td><td colspan="3">被保险人与机动车的关系</td><td>□所有
□使用
□管理</td><td>行驶证车主</td><td colspan="4"></td></tr>
<tr><td>号牌号码</td><td colspan="2"></td><td>号牌底色</td><td colspan="5">□蓝　□黑　□黄　□白　□白蓝
□其他颜色</td></tr>
<tr><td>厂牌型号</td><td colspan="2"></td><td>发动机号</td><td colspan="5"></td></tr>
<tr><td>VIN码</td><td colspan="4"></td><td colspan="2">车架号</td><td colspan="2"></td></tr>
<tr><td>核定载客</td><td>人</td><td>核定载质量</td><td></td><td>排量/功率</td><td colspan="2"></td><td>整备质量</td><td>千克</td></tr>
<tr><td>初次登记日期</td><td colspan="2">年　月　日</td><td>已使用年限</td><td>年</td><td colspan="4">年平均行驶里程
公里</td></tr>
<tr><td>车身颜色</td><td colspan="8">□黑色 □白色 □红色 □灰色 □蓝色 □黄色 □绿色 □紫色 □粉色 □棕色 □其他颜色</td></tr>
<tr><td>机动车种类</td><td colspan="8">□客车 □货车 □客货两用车 □挂车 □低速货车和三轮汽车 □特种车（请填用途）：________。
□摩托车（不含侧三轮） □侧三轮 □兼用型拖拉机 □运输型拖拉机</td></tr>
<tr><td>机动车使用性质</td><td colspan="8">□家庭自用　□非营业用（不含家庭自用）
□出租\租赁　□城市公交　□公路客运　□营业性货运</td></tr>
<tr><td colspan="4">上年是否在本公司投保商业机动车保险</td><td colspan="5">□是　□否</td></tr>
<tr><td>行驶区域</td><td colspan="8">□中国境内　□省内行驶　□场内行驶　□固定路线
具体路线：________________________________。</td></tr>
<tr><td colspan="3">是否为未还清贷款的车辆</td><td>□是
□否</td><td colspan="2">上一年度交通违法记录</td><td colspan="3">□有　□无</td></tr>
<tr><td>上年赔款次数</td><td colspan="8">□交强险赔款次数______次　□商业机动车保险赔____次</td></tr>
<tr><td colspan="2">投保主险条款名称</td><td colspan="8"></td></tr>
<tr><td>指定驾驶员</td><td>姓名</td><td colspan="4">驾驶证号码</td><td colspan="4">初次领证日期</td></tr>
<tr><td>驾驶人员1</td><td></td><td colspan="4">□□□□□□□□□□□□□□□□□□</td><td colspan="4"></td></tr>
<tr><td>驾驶人员2</td><td></td><td colspan="4">□□□□□□□□□□□□□□□□□□</td><td colspan="4"></td></tr>
<tr><td colspan="2">保险期间</td><td colspan="8">年　月　日零时起至　　年　月　日二十四时止</td></tr>
</table>

续表

<table>
<tr><td colspan="3">投保险种</td><td>保险金额/责任限额（元）</td><td>保险费（元）</td><td>备注</td></tr>
<tr><td colspan="3">□机动车损失险，新车购置价　　元</td><td></td><td></td><td></td></tr>
<tr><td colspan="3">□商业第三者责任险</td><td></td><td></td><td></td></tr>
<tr><td rowspan="3">□车上人员责任险</td><td colspan="2">驾驶　　人</td><td>万·人·次</td><td></td><td></td></tr>
<tr><td colspan="2">乘客人数　　人</td><td>万·人·次</td><td></td><td></td></tr>
<tr><td colspan="2">乘客人数　　人</td><td>人·次</td><td></td><td></td></tr>
<tr><td colspan="3">□全车盗抢险</td><td></td><td></td><td></td></tr>
<tr><td rowspan="2" colspan="2">□附加玻璃单独破碎险</td><td>□国产玻璃</td><td></td><td></td><td></td></tr>
<tr><td>□进口玻璃</td><td></td><td></td><td></td></tr>
<tr><td colspan="3">□附加车身划痕险</td><td></td><td></td><td></td></tr>
<tr><td rowspan="5">□附加不计免赔特约险</td><td rowspan="5">适用险种</td><td>□机动车损失险</td><td rowspan="5"></td><td></td><td></td></tr>
<tr><td>□第三者责任险</td><td></td><td></td></tr>
<tr><td>□车上人员责任险</td><td></td><td></td></tr>
<tr><td>□全车盗抢险</td><td></td><td></td></tr>
<tr><td>□车身划痕险</td><td></td><td></td></tr>
<tr><td colspan="3">□附加可选免赔额特约</td><td>免赔金额：</td><td></td><td></td></tr>
<tr><td colspan="6">保险费合计（人民币大写）　　（¥　　元）</td></tr>
<tr><td>特别约定</td><td colspan="5"></td></tr>
<tr><td colspan="2">保险合同争议解决方式选择</td><td colspan="4">□诉讼　□提交仲裁委员会仲裁</td></tr>
<tr><td colspan="6">投保人声明：保险人已将投保险种对应的保险条款（包括责任免除部分）向本人作了明确说明，本人已充分理解。上述所填写的内容均属实，同意以此投保单作为订立保险合同的依据。
投保人签名/签章：</td></tr>
</table>

2. 教师提供情境资料和空白人身保险投保单，学生根据情境资料，两人为一组，一人扮演客户，一人扮演保险经纪人，由保险经纪人指导客户填写投保单。

3. 在实训软件上完成财产保险与人身保险的承保业务操作。

项目六　练习题参考答案及解析

项目七 认识保险合同

学习目标

知识目标：

1. 掌握保险合同的特征与主要种类；
2. 掌握保险合同的主体、客体，熟悉保险合同的内容、形式；
3. 熟悉保险合同的订立、生效、履行、变更、中止及终止的相关规定；
4. 了解保险合同的解释和争议处理。

技能目标：

1. 能用简练的语言正确讲解保险合同的主要条款；
2. 能在实训软件上完成财产保险和人身保险的保全业务操作。

素养目标：

通过对本项目的学习，增强合法合规意识，感受“契约精神”在保险中的体现和重要性。

情境导入

经过保险公司的核保，张先生一家投保的重大疾病险和儿童教育金保险顺利承保。保险公司出单后，保险经纪人拿着保险合同来到张先生家里，给张先生一家就保险合同的主要内容进行详细讲解，并重点提示和解释了责任免除条款

任务一　了解保险合同的基本事项

一、保险合同的定义

合同（也称“契约”）是平等主体的当事人为了实现一定的目的，以双方或多方意思表示一致设立、变更和终止权利义务关系的协议。

《保险法》第十条规定：“保险合同是投保人与保险人约定保险权利义务关系的协议。”根据保险合同的约定，收取保险费是保险人的基本权利，赔偿或给付保险金是保险人的基本义务；与此相对应，交付保险费是投保人的基本义务，请求赔偿或给付保险金是被保险人的基本权利。

二、保险合同的特征

保险合同是一种特殊的民事合同，除具有一般合同的法律特征外，还有一些特有的法律特征。

（一）保险合同的有偿性

根据合同当事人双方的受益状况，合同被区分为有偿合同与无偿合同。有偿合同是指当事人因享有合同的权利而必须偿付相应代价的合同；无偿合同是指当事人享有合同的权利而不必偿付相应代价的合同。保险合同的有偿性主要体现在投保人要取得保险的风险保障，必须支付相应的代价，即保险费。保险人要收取保险费，必须承诺承担保险保障责任。

（二）保险合同的保障性

保险合同的保障性与保险的职能紧密相关。保险提供的保障包括有形和无形两种形式，有形保障体现在物质方面，即保险标的一旦发生保险事故，保险人按照保险合同规定的责任范围给予一定金额的经济赔偿或给付；无形保障则体现在精神方面，即保险人对所有被保险人提供的心理上的安全感，使他们能够解除后顾之忧。

（三）保险合同的双务性

在保险合同中，被保险人要得到保险人对其保险标的给予保障的权利，就必须向保险人交付保险费；而保险人收取保险费，就必须承担保险事故发生或合同届满时的赔付义务，双方的权利和义务是彼此关联的。但是，保险合同的双务性与一般双务合同并不完全相同，即保险人的赔付义务只有在约定的事故发生时才履行，因而是附有条件的双务合同。

（四）保险合同的附合性

附合合同是指合同内容不是由当事人双方协商拟定，而是由一方当事人事先拟定，印制好格式条款供另一方当事人选择，另一方当事人只能作取与舍的决定，无权拟定合同的条文。保险合同是典型的附合合同，因为保险合同的基本条款由保险人事先拟定并经监管部门审批，而投保人往往缺乏保险知识，不熟悉保险业务，很难对保险条款提出异议。所以，投保人购买保险就表示同意保险合同条款，即使需要变更合同的某项内容，也只能采纳保险人事先准备的附加条款。不过，也有例外情况，在团体保险中，投保人可以就条款内容与保险人进行协商。

（五）保险合同的射幸性

射幸合同是指合同的效果在订约时不能确定的合同，即合同当事人一方并不必然履行给付义务，而只有当合同中约定的条件具备或合同约定的事件发生时才履行。保险合同是一种典型的射幸合同，即保险人是否履行赔付义务取决于偶然的、不确定的保险事故是否发生。

（六）保险合同的最大诚信性

任何合同的订立，都应以合同当事人的诚信为基础。但是，由于保险双方信息的不对称性，因此保险合同较一般合同更需要诚信，即保险合同是最大诚信合同。

三、保险合同的种类

（一）补偿性保险合同与给付性保险合同

按照合同的性质分类，保险合同可以分为补偿性保险合同与给付性保险合同。

（1）补偿性保险合同。补偿性保险合同是指保险人的责任以补偿被保险人的经济损失为限。各类财产保险合同和人身保险中的医疗保险合同都属于补偿性保险合同。

（2）给付性保险合同。给付性保险合同是指保险金额由双方事先约定，在保险事件发生或约定的期限届满时，保险人按合同规定标准金额给付的合同，如各类寿险合同、重大疾病保险合同属于给付性保险合同。

（二）定值保险合同与不定值保险合同

在各类财产保险中，依据保险价值在订立合同时是否确定，保险合同可分为定值保险合同和不定值保险合同。

（1）定值保险合同。定值保险合同是指在订立保险合同时，投保人和保险人已确定保险标的的保险价值，并将其载明于合同中的保险合同。定值保险合同成立后，一旦发生保险事故，保险合同当事人应以事先确定的保险价值作为保险人确定赔偿金数额的计算依据。如果保险事故造成保险标的全部损失，无论该保险标的实际损失如何，保险人均应支付合同所约定的保险金额的全部，不必对保险标的重新估价；如果保险事故仅造成保险标的部分损失，则需要确定损失的比例。该比例与保险价值的乘积，即为保险人应支付的赔偿金额，同样无须重新对保险标的的实际损失价值进行估量。在保险实务中，定值保险合同多适用于某些不易确定价值的财产，如农作物保险、货物运输保险以及以字画、古玩等为保险标的的财产保险合同。

案例分析 7-1

定值保险的赔偿

案例：有一批货物出口，货主以定值保险的方式投保了货物运输保险，按投保时实际价值与保险人约定的保险价值为100万元，保险金额也为100万元，之后货物在运输途中发生保险事故，出险时当地完好市价为80万元。

问题：如果货物全损，保险人如何赔偿？赔偿多少？

分析：按照定值保险的规定，发生保险事故时，以约定的保险金额为赔偿金额，因此，保险人应当按保险金额赔偿，其赔偿金额为100万元。

（2）不定值保险合同。不定值保险合同是指投保人和保险人在订立保险合同时不预先约定保险标的的保险价值，仅载明保险金额作为保险事故发生后赔偿最高限额的保险合同。在不定值保险合同的条件下，一旦发生保险事故，保险合同当事人需重新确定保险价值，并以此作为保险人确定赔偿金数额的计算依据。在通常情况下，受损保险标的保险价值以保险事故发生时当地同类财产的市场价格来确定，但保险人对保险标的所遭受损失的赔偿不得超过合同所约定的保险金额。如果实际损失大于保险金额，保险人的赔偿责任仅以保险金额为限；如果实际损失小于保险金额，则保险人的赔偿不会超过实际损失。目前，在保险实务中，大多数财产保险业务均采用不定值保险合同的形式。

（三）足额保险合同、不足额保险合同与超额保险合同

根据保险金额与保险价值的对比关系，保险合同可分为三种不同的类型。

（1）足额保险合同。足额保险合同是指保险金额等于保险价值的保险合同。

（2）不足额保险合同。不足额保险合同是指保险金额小于保险价值的保险合同。

（3）超额保险合同。超额保险合同是指保险金额大于保险价值的保险合同。

在投保时，一般情况下大多数投保人都会选择足额投保，即保险金额等于保险价值，也有一部分投保人会选择不足额投保，但是投保时一般不允许出现超额保险。在不定值保险合同中，保险人在保险事故发生时要重新衡量保险价值，而保险标的的价格有可能会发生变动，因此就会出现足额保险、不足额保险或超额保险的情况。

对于上述三种不同类型的保险合同，一旦发生保险事故而进行保险理赔，保险人通常采取的处理方式可简单归纳为：足额保险，十足赔偿；不足额保险，按照保险金额与保险价值的比例承担赔偿责任；超额保险，超过保险价值的部分无效。

知识拓展 7-1　　为什么会出现不足额保险和超额保险？

不足额保险合同是指保险金额小于保险价值的保险合同。产生不足额保险合同的原因大致有以下三种：

1.投保人基于自己的意思或基于保险合同当事人的约定而将保险标的物的部分价值投保。前者如投保人为节省保险费或认为有能力自己承担部分损失而自愿将一部分风险由自己承担。后者如在共同保险中，应保险人的要求而自留部分

保险。

2.投保人因没有正确估计保险标的物的价值而产生的不足额保险。

3.保险合同订立后，因保险标的物的市场价格上涨而产生的不足额保险。

由于不足额保险合同中规定的保险金额低于保险价值，其差额部分的风险投保人并未转移给保险人，不足额部分应视为投保人自保。当发生全损时，保险人按约定的保险金额给付保险金；当发生部分损失时，通常适用比例分摊原则，即保险人与被保险人就损失按比例分摊。在英美等国家多采用“第一危险”的赔偿方法，即首先由保险人在保险金额的限度内为赔偿给付，如果实际的损失超过保险金额，则由被保险人自行承担超出的部分。

超额保险是指投保时确定保险金额大于保险价值。产生超额保险的原因为：一是出于投保人的善意或恶意，造成保险金额大于保险价值；二是保险合同订立后，由于保险财产的市价下跌，以致保险事故发生时保险金额大于保险价值。一般来讲，如果是投保人出于恶意，企图为获得不正当利益而造成的超额保险，则合同无效；如果是善意的，仅超额部分无效，如果发生财产损失，保险人不赔偿超额部分，也不退还多收的保费。保险财产市价下跌导致的超额保险，赔偿额同样要按保险事故发生时的实际价值计算，超过部分的保额无效，保费不退还。

教学互动 7-1

当出现不足额保险和超额保险时，被保险人可能出现不能全额得到赔偿的情况，导致利益受损，在实务中应如何操作，才能避免此类情况的发生？

知识拓展 7-2

《保险法》第五十五条：投保人和保险人约定保险标的的保险价值并在合同中载明的，保险标的发生损失时，以约定的保险价值为赔偿计算标准。

投保人和保险人未约定保险标的的保险价值的，保险标的发生损失时，以保险事故发生时保险标的的实际价值为赔偿计算标准。

保险金额不得超过保险价值。超过保险价值的，超过部分无效，保险人应当退还相应的保险费。

保险金额低于保险价值的，除合同另有约定外，保险人按照保险金额与保险价值的比例承担赔偿保险金的责任。

（四）单一风险合同、综合风险合同和一切险合同

按照承担风险责任的方式分类，保险合同可分为单一风险合同、综合风险合同和一切险合同。

（1）单一风险合同。单一风险合同是指只承保一种风险责任的保险合同，如农作物

雹灾保险合同，只对冰雹造成的农作物损失负责赔偿；林木火灾保险只承保火灾一种风险。

（2）综合风险合同。综合风险合同是指承保两种以上的多种特定风险责任的保险合同。这种保险合同必须把承保的风险责任一一列举，只要损失是由于所保风险造成的，保险人就负责赔偿。

（3）一切险合同。一切险合同是指保险人承保的风险是合同中列明的除不保风险之外的一切风险的保险合同。由此可见，所谓一切险合同并非意味着保险人承保一切风险，在一切险合同中，保险人并不列举规定承保的具体风险而是以“责任免除”条款确定其不承保的风险。也就是说，凡未列入责任免除条款中的风险均属于保险人承保的范围。

（五）财产保险合同与人身保险合同

按照保险标的分类，保险合同可分为财产保险合同与人身保险合同。

（1）财产保险合同。财产保险合同是以财产及其有关的经济利益为保险标的的保险合同。财产保险合同通常又可分为财产损失保险合同、责任保险合同、信用保险合同和保证保险合同等。

（2）人身保险合同。人身保险合同是以人的寿命和身体为保险标的的保险合同。人身保险合同又可分为人寿保险合同、人身意外伤害保险合同和健康保险合同等。

（六）原保险合同与再保险合同

按照保险合同当事人分类，保险合同可分为原保险合同与再保险合同。

（1）原保险合同。原保险合同是指保险人与投保人直接订立的保险合同，合同保障的对象是被保险人。

（2）再保险合同。再保险合同是指保险人为了将其所承担的保险责任转移给其他保险人而订立的保险合同，合同直接保障的对象是指原保险合同的保险人。

四、保险合同的要素

（一）保险合同的主体

保险合同的主体是保险合同的参加者，是在保险合同中享有权利并承担相应义务的人。保险合同的主体包括保险合同的当事人和关系人。

1. 保险合同的当事人

保险合同的当事人包括保险人和投保人。

（1）保险人。保险人（又称“承保人”）是指经营保险业务，与投保人订立保险合同，享有收取保险费的权利，并对被保险人承担损失赔偿或给付保险金义务的一方当事人。对于保险人在法律上的资格，各国保险法都有严格规定。一般来说，保险人经营保险业务必须经过国家有关部门审查认可。我国《保险法》第六条规定：“保险业务由依照本法设立的保险公司以及法律、行政法规规定的其他保险组织经营，其他单位和个人不得经营保险业务。”

《保险法》第十条明确规定：“保险人是指与投保人订立保险合同，并按照合同约定承担赔偿或者给付保险金责任的保险公司。”同时，还从保险公司的组织形式、设立条件与程序、保险公司高管人员的资格、保险公司的变更、保险公司的经营、保险公司的整顿、接管与破产等方面对保险公司做了具体规定。在国际上，保险公司的组织形式主要是股份有限公司和相互保险公司。

（2）投保人。投保人（又称“要保人”）是指与保险人订立保险合同并负有交付保险费义务的保险合同的另一方当事人。《保险法》第十条规定：“投保人是指与保险人订立保险合同，并按照合同约定负有支付保险费义务的人。”就法律条件而言，投保人可以是法人，也可以是自然人，但必须具有民事行为能力；就经济条件而言，投保人必须具有交付保险费的能力；就特殊条件而言，投保人应当对保险标的具有保险利益。

根据《中华人民共和国民法典》的有关规定，不同投保人的民事行为能力有不同的具体规定。就自然人而言，必须年满18周岁或16周岁但以自己的劳动收入为主要生活来源，并且无精神性疾病；就法人而言，必须依法成立，有必要的财产或经费、名称、组织机构和场所，并能独立承担民事责任。

2. 保险合同的关系人

保险合同的关系人包括被保险人和受益人。

微课7

保险合同的关系人

（1）被保险人。《保险法》第十二条规定：“被保险人是指其财产或者人身受保险合同保障，享有保险金请求权的人。投保人可以为被保险人。”

①被保险人的资格。一般来说，在财产保险合同中，被保险人的资格没有严格的限制，自然人和法人都可以作为被保险人。而在人身保险合同中，法人不能作为被保险人，只有自然人而且只能是有生命的自然人才能成为人身保险合同的被保险人。

知识拓展 7-3

《保险法》第三十三条规定：投保人不得为无民事行为能力人投保以死亡为给付保险金条件的人身保险，保险人也不得承保。父母为其未成年子女投保的人身保险，不受前款规定限制。但是，因被保险人死亡给付的保险金总和不得超过国务院保险监督管理机构规定的限额。

②被保险人与投保人的关系。在保险合同中，被保险人与投保人的关系，通常有两种情况：一是当投保人为自己的利益投保时，投保人和被保险人同属一人，此时的被保险人可以视同保险合同的当事人，在财产保险合同中，投保人与被保险人常常是同一个人；二是当投保人为他人的利益投保时，投保人与被保险人分属两人，此时的被保险人即为保险合同的关系人，这在人身保险中较为常见。

③被保险人的数量。同一保险合同中被保险人可以是一人，也可以是数人，无论是一人还是数人，被保险人都应载明于保险合同中。

④各类保险的被保险人。在财产保险中，被保险人是保险财产的权利主体；在人身保险中，被保险人既是受保险合同保障的人，也是保险事故发生的本体；在责任保险中，被保险人是对他人财产损毁或人身伤害依照法律、契约或道义负有经济赔偿责任的

人；在信用（保证）保险中，被保险人是因他人失信而有可能遭受经济损失的人，或者是因自身失信可能导致他人损失的人。

（2）受益人。在财产保险合同中，由于保险赔偿金的受领者多为被保险人本人，所以在合同中一般没有受益人的规定。受益人一般属于人身保险范畴的特定关系人，即人身保险合同中由被保险人或投保人指定，当保险合同规定的条件实现时有权领取保险金的人。《保险法》第十八条规定："受益人是指人身保险合同中由被保险人或者投保人指定的享有保险金请求权的人。投保人、被保险人可以为受益人。"

① 受益人的资格。受益人的资格一般无特别限制，自然人、法人及其他任何合法的经济组织都可作为受益人；自然人中无民事行为能力、限制民事行为能力的人均可被指定为受益人；投保人、被保险人本人也可以作为受益人。

② 受益人的法律地位。受益人是人身保险合同中的重要主体之一。在人身保险合同中，受益人有着独特的法律地位，除保险合同约定的事件发生，受益人须及时通知保险人之外，不承担其他任何义务。受益人领取保险金的权利受到法律保护，保险金不能视为死者（被保险人）的遗产，受益人以外的任何人无权分享，也不得用于清偿死者生前的债务。因此，在执行遗产税的国家或地区，人寿保险也就具有了避税的功能。

③ 受益人的受益权是通过指定产生的。受益人取得受益权的唯一方式是被保险人或投保人通过保险合同指定。受益人中途也可以变更，但若是投保人指定或变更受益人，必须征得被保险人的同意。

知识拓展 7-4

《保险法》第三十九条：人身保险的受益人由被保险人或者投保人指定。投保人指定受益人时须经被保险人同意。投保人为与其有劳动关系的劳动者投保人身保险，不得指定被保险人及其近亲属以外的人为受益人。被保险人为无民事行为能力人或者限制民事行为能力人的，可以由其监护人指定受益人。

《保险法》第四十条：被保险人或者投保人可以指定一人或者数人为受益人。受益人为数人的，被保险人或者投保人可以确定受益顺序和受益份额；未确定受益份额的，受益人按照相等份额享有受益权。

《保险法》第四十一条：被保险人或者投保人可以变更受益人并书面通知保险人。保险人收到变更受益人的书面通知后，应当在保险单或者其他保险凭证上批注或者附贴批单。投保人变更受益人时须经被保险人同意。

《保险法》第四十二条：被保险人死亡后，有下列情形之一的，保险金作为被保险人的遗产，由保险人依照《中华人民共和国继承法》的规定履行给付保险金的义务：（一）没有指定受益人，或者受益人指定不明无法确定的；（二）受益人先于被保险人死亡，没有其他受益人的；（三）受益人依法丧失受益权或者放弃受益权，没有其他受益人的。受益人与被保险人在同一事件中死亡，且不能确定死亡先后顺序的，推定受益人死亡在先。

《保险法》第四十三条：投保人故意造成被保险人死亡、伤残或者疾病的，保险人不承担给付保险金的责任。投保人已交足二年以上保险费的，保险人应当按照合同约定向其他权利人退还保险单的现金价值。受益人故意造成被保险人死亡、伤残、疾病的，或者故意杀害被保险人未遂的，该受益人丧失受益权。

知识拓展 7-5　　法定继承

法定继承，是指由法律直接规定继承人的范围、继承的先后顺序以及遗产分配原则的一种继承方式。法定继承人的继承顺序是指继承开始后，各个法定继承人继承被继承人遗产的先后次序。

《中华人民共和国民法典》第一千一百二十七条规定：遗产按照下列顺序继承：

第一顺序：配偶、子女、父母。

第二顺序：兄弟姐妹、祖父母、外祖父母。

继承开始后，由第一顺序继承人继承，第二顺序继承人不继承；没有第一顺序继承人继承的，由第二顺序继承人继承。

本条规定有五种法定继承人：配偶，子女，父母，兄弟姐妹，祖父母、外祖父母。要求继承人严格按照继承顺序继承。不同顺序的继承人不能同时继承。当被继承人有第一顺序继承人存在时，先由第一顺序继承人继承，只有在没有第一顺序继承人或者第一顺序继承人全部放弃或丧失继承权时，第二顺序继承人方能

（二）保险合同的客体

客体是指在民事法律关系中主体享受权利和履行义务时共同指向的对象。客体在一般合同中称为标的，即物、行为、智力成果等。保险合同虽属民事法律关系范畴，但它的客体不是保险标的本身，而是投保人或者被保险人对保险标的具有的法律上承认的利益，即保险利益。

保险合同不能保障保险标的不受损失，只能保障投保人的利益不变。所以，在保险合同中，客体是保险利益，而保险标的则是保险利益的载体。一般而言，保险合同成立后，因某种原因保险利益消失，保险合同也随之失效。所以，保险利益是保险合同的客体，是保险合同成立的要素之一，如果缺少了这一要素，保险合同就不能成立。

（三）保险合同的内容

保险合同的内容是指保险合同当事人之间由法律确认的权利和义务及相关事项。其中，保险合同双方的权利和义务通常通过保险合同条款的形式反映出来。

1. 保险条款及其分类

保险条款是记载保险合同内容的条文、款目，是保险合同双方享受权利与承担义务的主要依据，一般事先印制在保险单上。保险条款一般可分为基本条款和附加条款两

大类。

（1）基本条款。基本条款是指保险人事先拟定并印制在保险单上的有关保险合同双方当事人权利和义务的基本事项。基本条款构成保险合同的基本内容，是投保人与保险人签订保险合同的依据，不能随投保人的意愿而变更。

（2）附加条款。附加条款是指保险合同双方当事人在基本条款的基础上，根据需要另行约定或附加的，用以扩大或限制基本条款中所规定的权利和义务的补充条款。

在保险实务中，一般把基本条款规定的保险人承担的责任称为基本险，附加条款所规定的保险人所承担的责任称为附加险。投保人不能单独投保附加险，而必须在投保基本险的基础上才能投保附加险。

2. 保险合同的基本事项

（1）保险合同当事人和关系人的姓名或者名称、住所。这是关于保险人、投保人、被保险人和受益人基本情况的条款，其名称和住所必须在保险合同中详加记载，以便保险合同订立后，能有效行使权利和履行义务。因为在保险合同订立后，凡有对保险费的请求支付、风险增加的告知、风险发生原因的调查、保险金的给付等，都会涉及当事人和关系人的姓名或者名称、住所事项，同时也涉及发生争议时的诉讼管辖和涉外争议的法律适用等问题。但在一些保险利益可随保险标的转让而转移于受让人的运输货物保险合同中，投保人在填写其姓名的同时，可标明“或其指定人”字样，该保险单可由投保人背书转让。此外，货物运输保险合同的保险单还可以采取无记名式，随保险货物的转移而转移给第三人。在保险合同中应载明名称、住所的一般是对投保人、被保险人和受益人而言。保险人的名称、住所已在保险单上印制。

（2）保险标的。明确了保险标的，有利于判断投保人或者被保险人对保险标的是否具有保险利益，所以，保险合同必须载明保险标的。财产保险合同中的保险标的是指物、责任、利益和信用，人身保险合同中的保险标的是指被保险人的寿命和身体。

（3）保险责任和责任免除。保险责任是指在保险合同中载明的对于保险标的在约定的保险事故发生时，保险人应承担的经济赔偿和给付保险金的责任，一般都在保险条款中予以列举。保险责任明确的是，哪些风险的实际发生造成了被保险人的经济损失或人身伤亡，保险人应承担赔偿或给付责任。

责任免除是指保险人不负赔偿和给付责任的范围。责任免除明确的是哪些风险事故的发生造成的财产损失或人身伤亡与保险人的赔付责任无关。一般分为四种类型：①不承保的风险，即损失原因免除，如在现行企业财产基本险中，保险人对地震引起的保险财产损失不承担赔偿责任。②不承担赔偿责任的损失，即损失免除，如正常维修、保养引起的费用及间接损失，保险人不承担赔偿责任。③不承保的标的，包括绝对不保的标的，如土地、矿藏等和可特约承保的标的，如金银、珠宝等。④投保人或被保险人未履行合同规定义务的责任免除。

（4）保险期间和保险责任开始时间。保险期间是指保险合同的有效期间，即保险人为被保险人提供保险保障的起讫时间。在一般情况下按自然日期计算，也可按一个运行期、一个工程期或一个生长期计算。保险期间是计算保险费的依据，也是保险人履行保险责任的基本依据之一。

保险责任开始时间是指保险人开始承担保险责任的起点时间，通常以某年、某月、某日、某时表示。《保险法》第十三条规定："依法成立的保险合同，自成立时生效。投保人和保险人可以对合同的效力约定附条件或者附期限。"第十四条规定："保险合同成立后，投保人按照约定交付保险费，保险人按照约定的时间开始承担保险责任。"

（5）保险价值。保险价值是指保险合同双方当事人订立保险合同时保险标的的价值，即投保人对保险标的所享有的保险利益用货币估计的价值额。在财产保险中，一般情况下，保险价值就是保险标的的实际价值；在人身保险中，由于人的生命难以用客观的价值标准来衡量，所以不存在保险价值的问题，发生保险事故时，以双方当事人约定的最高限额核定给付标准。

（6）保险金额。保险金额是指保险人承担赔偿或者给付保险金责任的最高限额。在不同的保险合同中，保险金额的确定方法有所不同。在财产保险中，保险金额要根据保险价值来确定；在责任保险和信用保险中，一般由保险双方当事人在签订保险合同时依据保险标的的具体情况商定一个最高赔偿限额；在人身保险中，由于人的生命价值难以用货币来衡量，只能根据被保险人的经济保障需要与投保人支付保险费的能力，由保险双方当事人协商确定保险金额。

（7）保险费以及支付办法。保险费是指投保人支付的作为保险人承担保险责任的代价。交纳保险费是投保人的基本义务。保险合同中必须规定保险费的交纳办法及交纳时间。财产保险一般为订约时一次付清保险费；长期寿险既可以订约时一次趸交保险费，也可以订约时先付第一期保险费，在订约后的双方约定的期间内采用定期交付定额或递增、递减保险费等办法。

投保人支付保险费的多少是由保险金额的大小和保险费率的高低以及保险期限等因素决定的。保险费率是指保险人在一定时期按一定保险金额收取保险费的比例，通常用百分率或千分率来表示。保险费率一般由纯费率和附加费率两部分组成，纯费率是保险费率的基本部分。在财产保险中，主要是依据保险金额损失率（损失赔偿金额与保险金额的比例）来确定；在长期寿险中，则是根据人的预定死亡（生存）率和预定利率等因素来确定。附加费率是指在一定时期内保险人业务经营费用与预定利润的总和同保险金额的比率。

（8）保险金赔偿或给付办法。保险金赔偿或给付办法即保险赔付的具体规定，是保险人在保险标的遭遇保险事故，致使被保险人经济损失或人身伤亡时，依据法定或约定的方式、标准或数额向被保险人或其受益人支付保险金的方法。在财产保险中表现为支付赔款，在人寿保险中表现为给付保险金。

（9）违约责任和争议处理。违约责任是指保险合同当事人因其过错致使合同不能履行或不能完全履行，即违反保险合同规定的义务而应承担的责任。保险合同作为最大诚信合同，违约责任条款在其中的作用更加重要，因此，在保险合同中必须予以载明。争议处理条款是指用以解决保险合同纠纷适用的条款。争议处理的方式一般有协商、仲裁和诉讼等。

（10）订立合同的年、月、日。订立合同的年、月、日，通常是指合同的生效时间，以此确定投保人是否有保险利益、保险费的交付期等。在特定情况下，订立合同的年、月、日对核实赔案事实真相可以起到关键作用。

教学互动 7-2

在阅读保险合同条款的时候，重点看哪些部分的内容？

任务二　了解保险合同的订立、生效与履行

一、保险合同的订立

保险合同的订立是指保险人与投保人在平等自愿的基础上就保险合同的主要条款经过协商最终达成协议的法律行为。与其他合同一样，保险合同的订立也要经过要约和承诺两个步骤。

要约（又称“订约提议”）是指一方当事人就订立合同的主要条款，向另一方提出订约建议的明确的意思表示。提出要约的一方为要约人，接受要约的一方为受约人。就保险合同的订立而言，要约即为提出保险要求。由于保险合同通常采用格式合同，所以，保险合同的订立通常是由投保人提出要约，即由投保人填写投保单，向保险人提出保险要求。

承诺（又称“接受提议”）是指当事人一方表示接受要约人提出的订立合同的建议，完全同意要约内容的意思表示。在保险合同订立过程中，保险人对投保人提出的投保申请做出同意订立保险合同的意思表示就是承诺，即同意承保。要约一经承诺，合同即告成立。

二、保险合同的形式与构成

（一）保险合同的书面形式

《保险法》第十三条规定：“投保人提出保险要求，经保险人同意承保，保险合同成立。保险人应当及时向投保人签发保险单或者其他保险凭证。保险单或者其他保险凭证应当载明当事人双方约定的合同内容。当事人也可以约定采用其他书面形式载明合同内容。”这说明保险合同的成立并非必须采取特定形式，只要投保人提出的保险要求经保险人同意承保，保险合同即告成立。但是，由于保险合同条款内容繁杂，无法通过口头简洁地表达，加之有些保险合同期限较长，日后恐有因“空口无凭”引起保险双方分歧与争议，所以，在长期的保险实践中，形成了保险合同一般采取书面形式的要求。

1. 保险单

保险单是投保人与保险人之间订立保险合同的正式书面凭证，一般由保险人在保险合同成立时签发，并将正本交由投保人收执，表明保险人已接受投保人的投保申请。保险单签发后，即成为保险合同最主要的组成部分，是保险合同存在的重要凭证，是保险双方当事人享有权利与承担义务的最重要的凭证和依据。

保险单的内容要完整具体，文意要清楚准确，一般应详细列明保险人与投保人的权利、义务及各种证明双方权利、义务的重要事项。作为保险合同的正式书面凭证，保险单应包含四大重要事项：声明事项、保险事项、除外事项和条件事项。

保险单在特定的条件下，有类似有价证券的作用，常被称为“保险证券”，如长期寿险保单具有现金价值，投保人可以以保单作质押向其投保的保险人或第三者申请贷款，但应注意，保单出质后，投保人不得再转让或解除。另外，以死亡为给付保险金条件的保险合同，未经被保险人同意，投保人不得将保单进行质押。

阅读材料7-1

投保单与保险单的效力

2. 暂保单

暂保单（又称“临时保单”）是保险人签发正式保险单之前发出的临时凭证，证明保险人已经接受投保人投保，是一个临时保险合同，但它们的法律效力与正式保险单完全相同，只是有效期较短，一般为30天，正式保险单签发后，暂保单则自动失效。暂保单签发后，保险人若确定不予承保，应按约定终止暂保单的效力，解除临时保险合同。

暂保单的内容非常简单，一般仅载明投保人与被保险人的姓名、投保险别、保险标的、保险金额、责任范围等重要事项。需要注意的是，签发暂保单并不是订立保险合同的必经程序，暂保单也不是保险合同必不可少的法律文件。

3. 保险凭证

保险凭证又称“小保单”，实际上是一种简化的保险单。凭证上不印保险条款，只有一些重要事项，如被保险人信息、保险金额、保险责任等，但其与保险单具有同样的法律效力。凡保险凭证上未列明的内容均以相应的保险单的条款为准，两者有抵触时以保险凭证上的内容为准。我国的货物运输保险、团体人寿保险和机动车辆第三者责任保险都大量使用了保险凭证。

4. 其他书面形式

除了以上印刷的书面形式外，保险合同也可以采取其他书面协议形式，如保险协议书、电报、电传、电子数据交换等形式。随着互联网对保险行业影响的深入，越来越多的人通过互联网渠道投保保险，电子保单将会越来越多出现在我们面前。

（二）保险合同的构成

上述保险合同的书面形式只是保险合同的组成部分，而不是保险合同的全部。在订立和履行保险合同过程中形成的所有文件和书面材料都是保险合同的组成部分，包括保险单、保险凭证、投保单；保证；关于保险标的风险程度的证明、图表、鉴定报告（如人身保险中被保险人的体检报告）；保险费收据；变更保险合同的申请；发生保险事故的通知、索赔申请、损失清单、损失鉴定等。

投保单（又称 “要保单”）是投保人向保险人申请订立保险合同的书面要约，投保单是保险合同的重要法律文件之一。投保单一经保险人接受并签章，即成为保险合同的组成部分。投保单上记录了有关保险合同当事人以及保险标的的重要信息，如若今后产生保险纠纷，投保单往往成为重要的证据。

批单（又叫“背书”）是保险双方当事人协商修改和变更保险单内容的一种单证，也是保险合同变更时最常用的书面单证。批单实际上是对已签订的保险合同进行修改、补充或增减内容的批注，一般由保险人出具。批单列明变更条款内容事项，一般附贴在原保险单或保险凭证上。批单的法律效力优于原保险单的同类条款。凡经批改过的内容，均以批单为准；多次批改，应以最后批改的为准。批单也是保险合同的重要组成部分。

三、保险合同的效力

（一）保险合同的成立与生效

1. 保险合同的成立

保险合同的成立是指投保人与保险人就合同的条款达成协议。在实务操作中，当保险人审核投保人填具的投保单后并在投保单上签章表示同意承保时，就意味着保险合同的成立，但是，保险合同的成立并不一定意味着保险责任的开始。

2. 保险合同的生效

保险合同的生效是指依法成立的保险合同条款对合同当事人产生约束力。《保险法》第十三条规定："依法成立的保险合同，自成立时生效。投保人和保险人可以对合同的效力约定附条件或者附期限。" 一般合同一经成立即生效，双方便开始享有权利，承担义务。但是，保险合同往往是附条件、附期限生效的合同，只有当事人的行为符合所附条件或达到所附期限时，保险合同才生效，如保险合同订立时，约定保险费交纳后保险合同才开始生效，那么，虽然保险合同已经成立，但要等到投保人交纳保险费后才能生效。另外，如果保险合同当事人对合同生效时间作了约定，那么保险合同应从双方约定的日期开始生效。我国保险实践中普遍推行的"零时起保制"，就是指保险合同的生效时间是在合同成立的次日零时或约定的未来某一日的零时。

案例分析 7-2

保险合同的成立与生效

案例：某人寿保险公司（以下简称保险公司）的一名投保人刚缴纳首期保险费，在体检完成后，被保险人便因意外身故，保险受益人提出近300万元的索赔，保险公司以未收到体检报告，未同意承保为由，拒绝赔偿，但同时表示可以考虑通融赔偿100万元。此案发生后，这起标的巨大的寿险理赔案引起了法律界、保险界的激烈讨论。

问题：该保险合同保险公司是否应当赔偿？

分析：这取决于该保险合同是否成立和生效，即保险合同的成立和生效时间是本案的关键所在。

1. 本案保险合同是否成立。《中华人民共和国民法典》将合同的成立过程分为两个阶段：要约和承诺。所谓要约是指要约人向受要约人发出的缔结合同的意思表示；承诺是指受要约人对要约人做出的对要约完全同意的意思表示。有效的承诺做出后，合同宣告成立，即承诺的做出是合同成立的标志。而在法律上，一个承诺必须具备下列条件才能发生法律效力：（1）承诺必须由受要约人向要约人做出；（2）承诺的内容与要约的内容一致；（3）承诺必须在要约的有效期内达到要约人；（4）承诺须表明受要约人决定与要约人订立合同；（5）承诺的方式必须符合要约的要求。同时，《中华人民共和国民法典》规定承诺原则上应采用通知的方式，但根据交易习惯或要约表明可以通过行为做出承诺的除外。这也就是说，承诺的做出应当是以明示的方式而不得以默示的方式，而且这种意思表示须到达要约人才生效。另外，法律还规定承诺人对其尚未生效的承诺享有撤销权。在保险合同的订立过程中，投保人向保险人填写投保单，并支付保险费的行为其实质就是要约；此时合同尚未成立，当然也未生效。接下来，保险人开始审查投保人的要约，如果符合保险合同订立的条件则签发保险单，保险合同成立；如果不符合投保条件，则退还保险费，保险合同不成立。在本案中，保险人在收到投保人的要约后，虽安排被保险人体检，但尚未做出任何关于其是否承保的意思表示，因此应当认为其尚在审查要约，尚未做出承诺。如果说推定此时合同成立，则不但是对承诺不得以默示方式做出规定的违反，而且也是对保险人承诺撤销权的公然剥夺。因而此时保险合同尚未成立，即本案中保险公司可以拒赔。

2.争议产生的原因。之所以出现上述争议主要是由于保险合同的成立与生效时间不一致。我们知道，合同的成立与生效是两个概念，合同未成立当然不生效，但合同成立后，其生效时间却不一定与合同成立的时间一致。合同成立后，可能同时生效，也可能延期生效，也可能出现一种特殊的情况，即将合同生效的时间追溯到要约人预履行义务的时间（这也是保险业订立保险合同的惯例）。也正是由于这种特殊情况的存在，人们会对保险合同成立与生效时间产生误解。

资料来源：佚名.保险经纪的案例三：简析保险合同的成立和生效［EB/OL］.［2017-03-26］. http://www.51test.net/show/514952.html.

（二）保险合同的有效与无效

1. 保险合同的有效

保险合同的有效是指保险合同具有法律效力并受国家法律保护。任何保险合同要产生当事人所预期的法律后果，使合同产生相应的法律效力，必须符合有效条件。按照保险合同订立的一般原则，保险合同的有效条件包括：

（1）合同主体（包括保险人、投保人、被保险人和受益人）必须具有保险合同的主体资格。

（2）主体合意。主体合意是指签订保险合同的当事人双方必须具有主体资格基础上的合意，是建立在最大诚信基础上的合意。任何一方对他方的限制和强迫命令，或者一方对保险合同存在重大误解，都可使合同无效。

（3）客体合法。所谓客体合法是指投保人对于投保的标的所具有的保险利益必须符合法律规定，符合社会公共利益要求，为法律所保护，否则，保险合同无效。

（4）合同内容合法。所谓合同内容合法是指保险合同的内容不得与法律和行政法规的强制性或禁止性规定相抵触，也不能滥用法律的授权性或任意性规定达到规避法律规范的目的。

2. 保险合同的无效

保险合同的无效是指保险合同不具有法律效力，不被国家保护。保险合同无效须由人民法院或仲裁机构进行确认。如果保险合同不能满足合同有效的条件，则会导致保险合同无效。

保险合同无效可以分为全部无效和部分无效。保险合同的全部无效是指其约定的全部权利和义务自始不产生法律效力，如投保人对保险标的不具有保险利益、违反国家利益和社会公共利益的保险合同、保险标的不合法的保险合同等均属于全部无效的保险合同。保险合同部分无效是指保险合同某些条款的内容无效，但合同的其他部分仍然有效，如超额保险中超额部分无效，保险金额以内部分仍然有效。

3. 对无效保险合同的处理

保险合同的无效不同于保险合同的失效。保险合同被确认无效后，即自始无效，是绝对无效；而保险合同失效则是由于某种事由的发生，使保险合同的效力暂时中止，而非绝对无效，待条件具备时，合同效力仍可恢复。

对于无效保险合同的处理方式依合同无效的影响程度不同而不同。一般的无效保险合同采取返还财产的方式，即保险人将收取的保险费退还给投保人，被保险人将保险人赔付的保险金退还给保险人；对给当事人造成损失的无效保险合同采取赔偿损失的方式，即按照过错原则由有过错的一方向另一方赔偿，如果双方均有过错，则相互赔偿；对违反国家利益和社会公共利益的保险合同采取追缴财产的方式，即追缴故意违反国家利益和社会公共利益的一方已经通过保险合同取得和约定取得的财产，收归国库。

四、保险合同的履行

（一）投保人义务的履行

（1）如实告知义务。如实告知是投保人必须履行的义务，是最大诚信原则对投保人的要求，也是保险人实现其权利的必要条件。

（2）交纳保险费义务。交纳保险费是投保人的最基本的义务，通常也是当事人约定保险合同生效的前提条件之一。投保人如果未按保险合同的约定履行此项义务，将要承担由此造成的法律后果：以交付保险费为保险合同生效条件的，保险合同不生效；约定分期交付保险费的人身保险合同，未能按时交纳续期保险费，且超过宽限期仍未交纳保险费的，保险合同将中止，在合同中止期间发生的保险事故，保险人不承担责任，超过中止期（一般为2年）未复效者，保险合同终止。

（3）维护保险标的安全义务。保险合同订立后，财产保险合同的投保人、被保险人应当遵守国家有关消防、安全生产操作、劳动保护等方面的规定，维护保险标的的安全，保险人有权对保险标的的安全工作进行检查，经被保险人同意，可以对保险标的采取安全防范措施。投保人、被保险人未按约定维护保险标的安全的，保险人有权要求增加保险费或解除保险合同。

阅读材料7-2

保险标的的危险程度显著增加未通知保险人的后果

（4）危险增加通知义务。按照《保险法》的规定，保险标的的危险程度显著增加时，被保险人应及时通知保险人。保险人可根据危险增加的程度决定是否增收保险费或解除保险合同。保险人解除合同的，应当将已收取的保险费，按照合同约定扣除自保险责任开始之日起至合同解除之日止应收的部分后，退还投保人。若被保险人未履行危险增加的通知义务，保险人对因危险程度显著增加而导致的保险标的的损失可以不承担赔偿责任。

（5）保险事故发生后及时通知义务。投保人、被保险人或受益人在知道保险事故发生后，应当及时将保险事故发生的时间、地点、原因及保险标的的、保险合同的有关情况通知保险人。这既是被保险人或受益人的一项义务，也是其获得保险赔付的必要程序之一。保险事故发生后通知义务的履行，可以采取书面形式或口头形式，但法律要求采取书面形式的必须采取书面形式。“及时”应以合同约定为准，合同没有约定的，应根据实际情况，确定合理的时限。

（6）损失施救义务。《保险法》第五十七条规定，保险事故发生时，被保险人应当尽力采取必要的措施，防止或者减少损失。保险事故发生后，被保险人为防止或者减少保险标的的损失所支付的必要的、合理的费用，由保险人承担；保险人所承担的费用数额在保险标的损失赔偿金额以外另行计算，最高不超过保险金额的数额。

案例分析 7-3

未履行施救义务导致拒赔

案例：农村个体户柳某盖了新房子，买了新家具，此时恰好村里推行家庭财产保险制度，柳某便买了1万元的家庭财产保险。春节期间，邻居家放爆竹，不慎将屋后的柴草引着，大火烧着了柳某的新房。此时柳某正在朋友家喝酒，得知自家着火的情况后，不仅不去救火，反而说：已保险，房子烧光了，保险公司得赔偿，正好重新盖房。由于柳某对救火不积极，妻子和孩子只抢出了一台彩电和大部分衣服杂物，房屋家具全部被烧毁。

柳某向保险公司索赔，保险公司认为：由于柳某没有履行法律规定的被保险人应承担的防灾防损特别是积极抢救的义务，所以，在保险公司没有弄清由此扩大的损失数额前，保险公司拒绝赔偿。

问题：保险公司的做法是否符合法律规定？

分析：保险是一种合同法律关系，当事人的权利和义务是相互联系，相互制约，相互适应，同时并存的。柳某享有遭受火灾时要求赔偿的权利，保险公司承担赔偿义务，同时，保险公司享有要求柳某作为投保人履行施救义务的权利。此时，柳某就又成了义务主体。我们判断一个民事法律关系是公平的、互利的，还是欺诈的、显失公平的，也主要是从民事法律关系所确定的双方的权利和义务来观察的。其中，加强安全防灾和施救是投保人的重要义务之一。《保险法》规定在发生保险事故后，投保方有责任采取一切必要措施，避免扩大损失，并将事故发生的情况及时通知保险方。如果投保方没有采取措施，保险方对由此而扩大的损失，有权拒绝赔偿。

资料来源：佚名.投保遭火灾　保险公司拒赔咋办？[EB/OL].［2017-04-11］. http：//www.cermn.com/ArticleView.aspx？id=102116.

（7）提供单证义务。保险事故发生后，投保人、被保险人或受益人向保险人提出索赔时，应当按照保险合同规定，向保险人提供其所能提供的与确认保险事故的性质、原因、损失程度等有关的证明和资料。

（8）协助追偿义务。在财产保险中由于第三人行为造成保险事故时，被保险人应当保留对保险事故责任方请求赔偿的权利，并协助保险人行使代位求偿权；被保险人应向保险人提供代位求偿所需的文件及其所知道的有关情况。

（二）保险人义务的履行

（1）承担赔偿或给付保险金义务。赔偿或给付保险金是保险人最基本的义务。这一义务在财产保险中表现为对被保险人因保险事故发生而遭受损失的赔偿，在人身保险中表现为对被保险人死亡、伤残、疾病或者达到合同约定的年龄、期限时给付保险金。

（2）说明合同条款内容的义务。订立保险合同时，保险人应当向投保人提供保险条款并说明合同内容。对保险合同中免除保险人责任的条款，保险人在订立保险合同时应当在投保单、保险单或者其他保险凭证上做出足以引起投保人注意的提示，并对该条款的内容以书面或者口头形式向投保人做出明确说明；未做提示或者明确说明的，该条款不产生效力。

（3）及时签单义务。保险合同成立后，及时签发保险单证是保险人的法定义务。保险单证是保险合同成立的证明，也是履行保险合同的依据。

（4）为投保人或被保险人保密义务。保险人在办理保险业务中对知道的投保人或被保险人的业务情况、财产情况、家庭状况、身体健康状况等，负有保密的义务。

五、人寿保险合同的常用条款

（一）不可抗辩条款

不可抗辩条款是指自人寿保险合同订立时起，超过法定时限（通常规定为2年）后，保险人将不得以投保人和被保险人在投保时违反如实告知义务（如误告、漏告、隐瞒某些事实）为理由，而主张保险合同无效或拒绝给付保险金。

保险合同是最大诚信合同，在人寿保险中，对于足以影响保险人决定是否同意承保的因素，如被保险人的年龄、健康状况、职业等，投保人或被保险人应履行如实告知义务，不得有任何隐瞒或欺骗。如果在投保时，投保人故意隐匿或因为过失遗漏而作不实申报，足以影响保险人对于风险的评估，保险人有权解除合同。但由于涉及此条款的合同为长期合同，如果不加以限制，保险人有可能滥用这一权利，而使被保险人的利益无法得到保障；同时，经过较长一段时间后，要查明投保人投保时是否履行了如实告知义务非常困难，往往容易引起纠纷，因此，法律规定一个期间，要求保险人在此期间内进行审查，并有权解除合同。一旦超过该期限，保险人不得再主张合同解除或不承担给付保险金的责任，从而保护被保险人和受益人的利益。不可抗辩条款也适用于因效力中止而复效的保单。

知识拓展 7-6　《保险法》第十六条

投保人故意或者因重大过失未履行前款规定的如实告知义务，足以影响保险人决定是否同意承保或者提高保险费率的，保险人有权解除合同。

前款规定的合同解除权，自保险人知道有解除事由之日起，超过30日不行使而消灭。自合同成立之日起超过2年的，保险人不得解除合同；发生保险事故的，保险人应当承担赔偿或者给付保险金的责任。

（二）年龄误告条款

年龄误告条款是针对投保人申报的被保险人年龄不真实问题而做出规范的条款，主要内容包括：

（1）真实年龄不符合合同约定的年龄限制。《保险法》第三十二条第（一）款规定："投保人申报的被保险人年龄不真实，并且其真实年龄不符合合同约定的年龄限制的，保险人可以解除合同，并按照合同约定退还保险单的现金价值。"

（2）真实年龄符合合同约定的年龄限制。如果被保险人的真实年龄符合合同约定的年龄限制，法律与保险合同中一般均要求保险人按被保险人真实年龄对保险费或保险金进行调整。《保险法》第三十二条第（二）款和第（三）款规定："投保人申报的被保险人年龄不真实，致使投保人支付的保险费少于应付保险费的，保险人有权更正并要求投保人补交保险费，或者在给付保险金时按照实付保险费与应付保险费的比例支付。""投保人申报的被保险人年龄不真实，致使投保人支付的保险费多于应付保险费的，保险人应当将多收的保险费退还投保人。"

（三）宽限期条款

一般情况下，对于分期支付保险费的合同，投保人应于合同成立时支付首期保险费，并应当按期交纳其他各期保险费。然而，由于人身保险合同的保险期限较长，一时疏忽或者经济困难或其他客观原因使投保人没能在约定的期限按时交付保险费的情况时有发生。如果保险人据此解除保险合同，将使保险人、投保人、被保险人的利益均受到损害。为了保护被保险人的利益，给投保人交纳续期保险费规定一定的宽限期（通常是2个月或60天），在宽限期内，即使投保人没有及时交付保险费，合同仍然有效。如果发生保险事故，保险人仍承担给付保险金的责任。

《保险法》第三十六条规定："合同约定分期支付保险费，投保人支付首期保险费后，除合同另有约定外，投保人自保险人催告之日起超过三十日未支付当期保险费，或者超过约定的期限六十日未支付当期保险费的，合同效力中止，或者由保险人按照合同约定的条件减少保险金额。被保险人在前款规定期限内发生保险事故的，保险人应当按照合同约定给付保险金，但可以扣减欠交的保险费。"

（四）复效条款

人寿保险合同在履行过程中的一定期间内，由于失去某些合同要求的必要条件（如欠交保费等），致使合同效力中止；一旦投保人重新具备交纳保险费的能力并且愿意补交合同效力停止期间的保险费及其利息，保险合同效力将恢复。当然，除了补交保险费，被保险人在提出复效时其身体状况必须仍然符合承保条件。如果这一中止期限届满，投保人仍未能就复效问题与保险人达成一致意见并补交保险费，保险人就有权解除保险合同。

《保险法》第三十七条规定："合同效力依照本法第三十六条规定中止的，经保险人与投保人协商并达成协议，在投保人补交保险费后，合同效力恢复。但是，自合同效力中止之日起满二年双方未达成协议的，保险人有权解除合同。保险人依照前款规定解除合同的，应当按照合同约定退还保险单的现金价值。"

对投保人来讲，复效要比重新订立保险合同更为有利。投保人提出复效时，必须履行的程序包括：提出复效申请；提供可保证明，例如体检报告、健康证明等；付清欠交保费及利息；付清保单借款。

（五）自杀条款

所谓自杀，在法律上是指故意剥夺自己生命的行为。如果没有主观上的故意，则不能称为自杀。在人寿保险合同中，一般都将自杀作为责任免除条款来规定，这主要是为了避免蓄意自杀者通过保险方式谋取保险金，防止道德风险的发生。但自杀毕竟是死亡的一种，有时被保险人遭受意外事件的打击或心态失常亦会做出结束自己生命的行为，并非有意图谋保险金。为了保障投保人、被保险人、受益人的利益，在很多人寿保险合同中都将自杀列入保险责任范围，但规定在保险合同生效一定期限后（通常是两年）发生被保险人的自杀行为，保险人才承担给付保险金的责任。根据心理学的调查，一个人在两年以前即开始自杀计划，这一自杀意图能够持续两年期限并最终实施的可能性很小。因此，自杀条款的规定既可避免道德风险的发生，又可最大限度地保障被保险人和受益人的利益。

《保险法》第四十四条第（一）款规定："以被保险人死亡为给付保险金条件的合同，自合同成立或者合同效力恢复之日起二年内，被保险人自杀的，保险人不承担给付保险金的责任，但被保险人自杀时为无民事行为能力人的除外。"该条第（二）款规定："保险人依照前款规定不承担给付保险金责任的，应当按照合同约定退还保险单的现金价值。"需要注意的是，若保险合同中止之后复效，自杀条款将从合同复效之日起重新计算两年的年限。

（六）不丧失价值条款

人寿保险的保险费含有储蓄成分，特别是在带有生存给付的长期人寿保险合同中，储蓄保险费占纯保险费的比重很大。因此，投保人经过一定时间的交费后，保单积存的责任准备金金额将不断增加，形成了可观的保单现金价值。

不丧失价值条款旨在保障寿险保单的现金价值不因合同效力的变化而丧失。现金价值虽然由保险人占有，但仍为投保人、被保险人的资产。保险合同解除时，保险人应当向投保人退还保单现金价值，即使投保人或被保险人、受益人违反合同规定的某些义务而致使保险合同解除，保单的现金价值也不会丧失。

《保险法》中虽然未对现金价值进行详细解释，但其中很多条款均体现出不丧失价值条款的精神，如第三十七条、第四十三条、第四十四条、第四十五条、第四十七条等有关解除合同、保险人不承担给付保险金责任的规定中，均有"退还保险单的现金价值"字样。

投保人有权选择有利于自己的方式来处理保单现金价值。其处理方式有如下几种：

（1）申请退保。在申请退保时，现金价值往往体现为退保金。

（2）把原保险单改为交清保险单，即原保险单的保险责任、保险期限均不变，只是依据现金价值金额，相应降低保险金额，此后投保人不必再交纳保险费。

（3）将原保险单改为展期保险单，即将原保险单改为与原保险单保险金额相同的死亡保险，保险期限相应缩短，此后投保人不必再交纳保险费。

（七）保单贷款条款

从一定意义上说，人寿保险单是一种有价值的单证，也是投保人拥有保险单现金价值的权利凭证。投保人可以以具有现金价值的保险单作为质押，向保险人申请贷款。在进行质押贷款时，投保人必须将保险单移交给保险人。

保单贷款通常是投保人以保险单作质押向保险人贷款，贷款数额按有关法律或合同约定，一般不超过保单现金价值的一定比例。由于贷款会影响保险人的资金运用，有可能使保险人减少资金收益，因此投保人需承担合同约定的贷款利息。合同约定的贷款期届满时，投保人应返还所借款项本息；逾期不能归还借款，投保人可申请延期；贷款本息累计已达到其保险单的现金价值时，投保人又未按期归还借款，保险人有权终止保险合同效力。若在贷款本息清偿之前，保险合同已发生保险事故，保险人从应给付的保险金中扣除投保人所借贷款本息，其余部分作为保险金支付。

《保险法》第三十四条第（二）款规定："按照以死亡为给付保险金条件的合同所签发的保险单，未经被保险人书面同意，不得转让或者质押。"

（八）自动垫交保费条款

自动垫交保费条款的基本内容：保险合同生效满一定期限（一般是1年或2年）之后，如果投保人不按期缴纳保险费，保险人则自动以保单项下积存的现金价值垫交保险费。对于此项垫交保险费，投保人要偿还并支付利息。在垫交保险费期间，如果发生保险事故，保险人要从应给付的保险金中扣除已垫交的保险费及利息；当垫交的保险费及利息达到退保金的数额时，保险合同即行终止。自动垫交保险费条款适用于分期交费的寿险合同，不过，自动垫交保险费条款必须经保单持有人同意，否则该条款不能生效。

任务三　处理保险合同变更、中止及终止等事项

情境导入

张先生一家投保1年之后，张太太的手机号码发生了变化。同时，张先生之前投保的寿险和重大疾病保险，欲变更受益人，增加其父亲和母亲为受益人。保险经纪人了解以上信息之后，帮助张先生办理了保险合同变更手续。

在保险合同履行过程中，投保人或被保险人的情况有可能会出现一些变化，例如联系地址、联系电话的变更，或者投保人、被保险人的保险需求或缴费能力发生了变化，这都极有可能影响保费的缴纳、保险金额的提高或降低，这时候就会涉及保险合同的变更或效力的变化。

在保险实务中，"保全"是一个特有的名词。就广义而言，人寿保险契约自成立起至终止，凡在保险期间内发生的一切事物都可称为保全。故广义的保全不仅包括保险费的收缴、契约内容的变更，更包括保险金、给付金、保单贷款、退保金、红利等各类给付事务。狭义的保全仅仅包括契约内容的各种变更、保单错误的更正以及保险金和退保金的给付。保全服务是寿险公司业务量最大的服务，寿险公司一般都设有处理保全业务

的职能部门。

一、保险合同的变更

保险合同的变更是指保险合同没有履行或没有完全履行之前，当事人根据情况变化，按照法律规定的条件和程序，对保险合同的某些条款或事项进行修改或补充。保险合同的变更，主要包括保险合同主体的变更和内容的变更。

（一）保险合同主体的变更

保险合同主体的变更是指保险人以及投保人、被保险人、受益人的变更。在保险实务中，保险人的变更比较少见，较多见的是投保人、被保险人及受益人的变更。

1. 保险人的变更

保险人的变更是指保险企业因破产、解散、合并、分立而发生的变更，经国家保险管理机构批准，将其所承担的部分或全部保险合同责任转移给其他保险公司或政府有关基金承担。在保险实务中实行较为严格的监管，保险公司出现破产的情况极其少见。

知识拓展 7-7

《保险法》第八十九条规定：保险公司因分立、合并需要解散，或者股东会、股东大会决议解散，或者公司章程规定的解散事由出现，经国务院保险监督管理机构批准后解散。经营有人寿保险业务的保险公司，除因分立、合并或者被依法撤销外，不得解散。保险公司解散，应当依法成立清算组进行清算。

《保险法》第九十二条规定：经营有人寿保险业务的保险公司被依法撤销或者被依法宣告破产的，其持有的人寿保险合同及责任准备金，必须转让给其他经营有人寿保险业务的保险公司；不能同其他保险公司达成转让协议的，由国务院保险监督管理机构指定经营有人寿保险业务的保险公司接受转让。转让或者由国务院保险监督管理机构指定接受转让前款规定的人寿保险合同及责任准备金的，应当维护被保险人、受益人的合法权益。

阅读材料 7-3

从高歌猛进走向黯然落幕——安邦保险覆灭的启示

2. 投保人、被保险人、受益人的变更

在保险实践活动中，投保人、被保险人和受益人的变更最为常见，而且在财产保险合同与人身保险合同中情况各不相同。

（1）财产保险。在财产保险中，由于保险财产的买卖、转让、继承等法律行为而引起保险标的所有权转移，会引起投保人或被保险人的变更。由于保险合同的主要形式是保险单，因此，投保人或被保险人的变更又涉及保险单的转让。对此，有两种不同的做法：

第一种做法是允许保险单随保险标的所有权的转移而自动转让，投保人、被保险人也可随保险标的转让而自动变更，无须征得保险人的同意，保险合同继续有效。如货物运输保险合同，由于货物在运输过程中，不是由被保险人而是由承运人保管，加之货物所有权随着货物运输过程中提单的转移屡次发生转移，所以，允许保险单随着货物所有权的转移而自动转让，无须征得保险人的同意。

第二种做法是保险单的转让要征得保险人的同意方可有效。对大多数财产保险合同而言，保险标的所有权转移后，新的财产所有人是否符合保险人的承保条件，能否成为新的被保险人，需要进行考察。《保险法》第四十九条规定："保险标的转让的，保险标的的受让人承继被保险人的权利和义务。保险标的转让的，被保险人或者受让人应当及时通知保险人，但货物运输保险合同和另有约定的合同除外。因保险标的转让导致危险程度显著增加的，保险人自收到前款规定的通知之日起三十日内，可以按照合同约定增加保险费或者解除合同。保险人解除合同的，应当将已收取的保险费，按照合同约定扣除自保险责任开始之日起至合同解除之日止应收的部分后，退还投保人。被保险人、受让人未履行本条第（二）款规定的通知义务的，因转让导致保险标的的危险程度显著增加而发生的保险事故，保险人不承担赔偿保险金的责任。"

（2）人身保险。在人身保险中，因为被保险人本人的寿命或身体是保险标的，所以被保险人的变更可能导致保险合同终止，因此，人身保险一般不允许变更被保险人。

人身保险合同主体变更主要涉及投保人与受益人的变更：①投保人的变更。只要新的投保人对被保险人具有保险利益，而且愿意并能够交付保险费，无须经保险人同意，但必须告知保险人。但是，如果是以死亡为给付保险金条件的保险合同，必须经被保险人本人书面同意，才能变更投保人。②受益人的变更。受益人是由被保险人指定的，或经被保险人同意由投保人指定的，其变更主要取决于被保险人的意志。被保险人或者投保人可以随时变更受益人，无须经保险人同意，但投保人变更受益人时须经被保险人同意。但无论如何，受益人的变更，要书面通知保险人，保险人收到变更受益人的书面通知后，应当在保险单上批注。

（二）保险合同内容的变更

保险合同内容的变更主要表现为保险合同条款及事项的变更。《保险法》第二十条规定："投保人和保险人可以协商变更合同内容。"这说明投保人和保险人均有变更保险合同内容的权利。但是，保险合同具有保障性和附合性的特征，在保险实务中，一般不允许保险人擅自对已经成立的保险合同条款进行修订，因而其修订后的条款只能约束新签单的投保人和被保险人，对修订前的保险合同的投保人和被保险人并不具有约束力。

在实务中，保险合同内容的变更更多的是由投保方原因引起的，具体包括：①保险标的的数量、价值增减而引起的保险金额的增减；②保险标的的种类、存放地点、占用性质、航程和航期等的变更引起风险程度的变化，从而导致保险费率的调整；③保险期限的变更；④人寿保险合同中被保险人职业、居住地点的变化等。

（三）保险合同变更的程序与形式

无论是保险合同内容的变更还是主体变更，都要遵循法律、法规规定的程序，采取一定的形式完成。保险合同变更必须经过一定的程序才可完成。在原保险合同的基础上，投保人及时提出变更保险合同事项的要求，经保险人审核，并按规定增减保险费，最后签发书面单证，变更完成。

保险合同变更必须采用书面形式，对原保单进行批注。对此一般要出具批单或者由投保人和保险人订立变更的书面协议，以注明保险单的变动事项。

二、保险合同的中止

保险合同中止是指在保险合同存续期间，由于某种原因的发生而使保险合同的效力暂时失效。在合同中止期间发生的保险事故，保险人不承担赔偿或给付保险金的责任。保险合同的中止在人寿保险合同中最常见。人寿保险合同大多期限较长，其保险费大都是分期缴纳，如果投保人在约定的保险费交付时间内没有按时缴纳，且在宽限期内（我国规定为60天）仍未缴纳，则保险合同中止。各国保险法均规定，被中止的保险合同可以在合同中止后的2年内申请复效。满足复效条件复效后的合同与原合同具有同样的效力，可以继续履行。当然，被中止的保险合同也可能因投保人不提出复效申请，或保险人不能接受已发生变化的保险标的（如被保险人在合同中止期间患有保险人不能按条件承保的疾病），或其他原因被解除，而不再有效。

三、保险合同的终止

保险合同的终止是指保险合同成立后，因法定的或约定的事由发生，使合同确定的当事人之间的权利、义务关系不再继续，法律效力完全消灭的事实。终止是保险合同发展的最终结果。

（一）期限届满终止

由于保险事故的发生概率较小，大部分保险标的没有发生保险事故，因此期限届满而终止是保险合同终止的最普遍、最基本的原因。凡保险合同订明的保险期限届满时，无论在保险期限内是否发生过保险事故以及是否得到过保险赔付，保险合同都要终止。保险合同期满后，需要继续获得保险保障的，要重新签订保险合同，即续保。

（二）因保险人完全履行赔偿或给付义务而终止

这是指保险人已经履行赔偿或给付全部保险金义务后，如无特别约定，保险合同即告终止，即使保险期限尚未届满，合同也告终止。需要说明的是，如果保险标的遭受部分损失，保险公司的赔款没有达到保险金额，保险合同在保险期限内继续有效，只不过保险金额会相应减少。

（三）因合同主体行使合同终止权而终止

这是指合同主体在合同履行期间，遇到某种特定情况，行使终止合同的权利而使合同终止，无须征得对方的同意。依据《保险法》第五十八条的规定，当财产保险中的保险标的发生部分损失后，保险标的本身的状态及面临的风险已经有所变化，因而允许双方当事人在法定期间内行使保险合同终止权。

（四）因保险标的灭失而终止

这是指由于非保险事故发生，造成保险标的灭失，保险标的实际已不存在，保险合同自然终止，例如在人身意外伤害保险中，被保险人因疾病而死亡就属于这种情况。

（五）因解除而终止

这是指在保险合同有效期尚未届满前，合同一方当事人依照法律或约定解除原有的法律关系，提前终止保险合同效力的法律行为。

对于投保人来说，除《保险法》另有规定或者保险合同另有约定外，保险合同成立后，投保人有权随时解除保险合同。但保险人不得解除保险合同，除非发现投保方有违法或违约行为，例如危险程度显著增加、没有履行维护标的安全的义务、发现投保人没有如实告知等。但是，对于货物运输保险合同和运输工具航程保险合同，保险责任开始后，合同当事人不得解除保险合同。

四、保险合同的解释与争议处理

保险合同当事人双方在履行合同过程中，因保险合同条款本身文字表达不清、不够准确甚至表述模棱两可，或者是双方对保险合同条款理解上有分歧都会引起争议。

（一）保险合同条款的解释

若保险合同当事人双方对保险条款的理解出现争议，首先要遵循文义解释的原则，即按照保险合同条款通常的文字含义并结合上下文解释的原则；其次要遵循意图解释原则，即必须尊重双方当事人在订约时的真实意图进行解释。

由于保险合同的附合性，按照国际惯例，对单方面起草的合同进行解释时，应遵循有利于非起草人的解释原则。由于保险合同条款大多是由保险人拟定的，当保险条款出现含糊不清的意思时，应做有利于被保险人和受益人的解释。但这种解释原则的适用应有一定的规则，不能随意滥用。根据《保险法》相关规定，采用保险人提供的格式条款订立的保险合同，保险人与投保人、被保险人或者受益人对合同条款有争议的，应当按照通常理解予以解释。对合同条款有两种以上解释的，人民法院或者仲裁机构应当做出有利于被保险人和受益人的解释。

（二）保险合同争议的处理方式

1. 协商

协商是指合同双方在自愿、互谅、实事求是的基础之上，对出现的争议直接沟通，友好磋商，消除纠纷，求大同存小异，对所争议问题达成一致意见，自行解决争议的办法。协商解决争议不仅可以节约时间、节约费用，更重要的是可以在协商过程中，彼此增进了解，强化信任，有利于圆满解决纠纷，并继续执行合同。

2. 仲裁

仲裁是指由仲裁机构的仲裁员对当事人双方发生的争执、纠纷进行居中调解，并做出裁决。仲裁做出的裁决，由国家规定的合同管理机关制作仲裁决定书。申请仲裁必须以双方在自愿基础上达成的仲裁协议为前提。

仲裁机构主要是指依法设立的仲裁委员会，它是独立于国家行政机关的民间团体，而且不实行级别管辖和地域管辖。仲裁委员会由争议双方当事人协议选定，不受级别管辖和地域管辖的限制。仲裁裁决具有法律效力，当事人必须执行。仲裁实行“一裁终局”的制度，即裁决书做出之日即发生法律效力，一方不履行仲裁裁决的，另一方当事人可以根据民事诉讼的有关规定向法院申请执行仲裁裁决。当事人就同一纠纷不得向同一仲裁委员会或其他仲裁委员会再次提出仲裁申请，也不得向法院提起诉讼，仲裁委员会和法院也不予受理，除非申请撤销原仲裁裁决。

3. 诉讼

诉讼是指保险合同当事人的任何一方按法律程序，通过法院对另一方当事人提出权益主张，由人民法院依法定程序解决争议、进行裁决的一种方式。这是解决争议最激烈的方式。

在我国，保险合同纠纷案属民事诉讼法规范。与仲裁不同，法院在受理案件时，实行级别管辖和地域管辖、专属管辖和选择管辖相结合的方式。《中华人民共和国民事诉讼法》第二十四条规定：“因保险合同纠纷提起的诉讼，由被告住所地或者保险标的物所在地人民法院管辖。”所以，保险合同双方当事人只能选择有权受理的法院起诉。

我国现行保险合同纠纷诉讼案件与其他诉讼案一样实行两审终审制，即当事人不服一审法院判决的，可以在法定的上诉期内向高一级人民法院上诉申请再审。第二审判决为最终判决。一经终审判决，立即发生法律效力，当事人必须执行；否则，法院有权强制执行。当事人对二审判决还不服的，只能通过申诉和抗诉程序。

项目小结

保险合同是投保人与保险人约定保险权利义务关系的协议。保险合同的主体包括当事人（投保人和保险人）和关系人（被保险人和受益人），保险合同的客体是保险利益。保险合同的成立经过要约和承诺两个步骤，但保险合同成立并不意味着保险合同的生效，保险合同是附条件的合同，只有在缴纳保险费等条件得到满足之后才生效。在保险合同履行的过程中，投保人和保险人均需要履行相应的义务。

保险保全，在人寿保险业务中主要是指契约内容的各种变更、保单错误的更正以及保险金和退保金的给付。保险合同的变更主要有主体的变更、合同内容的变更等，保险合同变更后必须在原保险合同上加印批注或出具批单，批单的效力优于原保单。

重点回顾

1. 保险合同的种类。
2. 保险合同的要素。
3. 保险合同的订立、生效与履行。

基础知识练习

一、单项选择题

1. 与保险人订立保险合同并负有交付保险费义务的人是（　　）。

A. 投保人　　B. 被保险人　　C. 受益人　　D. 保险代理人

2. 在人身保险合同中，人身保险范畴的特定关系人是（　　）。

A. 受益人　　B. 投保人　　C. 被保险人　　D. 保险人

3. 保险人在审核投保人填写的投保单后并在投保单上签章表示同意承保时意味着（　　）。

A. 保险责任开始　　B. 保险合同成立　　C. 保险合同有效　　D. 保险合同生效

4.以下关于保险合同主体的说法，错误的是（ ）。

A.受益人是指其财产或者人身受保险合同保障，享有保险金请求权的人

B.投保人可以是法人，也可以是自然人，但必须具有民事行为能力

C.在人身保险合同中，法人不能作为被保险人

D.投保人、被保险人可以作为受益人

5.某人将价值为100万元的汽车投保机动车辆损失险，保险金额为80万元，此合同属于（ ）。

A.足额保险合同 B.不足额保险合同

C.超额保险合同 D.定值保险合同

6.保险合同当事人中的投保人最基本的义务是（ ）。

A.如实告知义务 B.缴纳保费义务

C.维护保险标的安全的义务 D.保险事故发生通知义务

7.保险合同当事人中的保险人最基本的义务是（ ）。

A.说明合同条款的义务 B.为客户保密的义务

C.承担赔偿或给付保险金的义务 D.维护保险标的安全的义务

8.保险合同中保险人是否履行赔偿或给付义务，取决于约定的保险事故是否发生，这说明保险合同属于（ ）。

A.双务合同 B.射幸合同 C.附合合同 D.最大诚信合同

9.保险合同由保险人事先拟定好条款，投保人只能做出同意或不同意的意思表示，这说明保险合同是（ ）。

A.双务合同 B.射幸合同 C.附合合同 D.最大诚信合同

10.保险合同成立后保险人向投保人签发的正式书面凭证为（ ）。

A.暂保单 B.小保单 C.投保单 D.保险单

11.以下关于暂保单的说法，不正确的是（ ）。

A.暂保单的有效期是30天 B.暂保单的效力等同于正式保单

C.正式保单签发后暂保单则失效 D.暂保单是签订保险合同的必经程序

12.如果投保人在约定的保险费交付时间内没有按时交纳，且超过60日未交纳保费的，则保险合同（ ）。

A.中止 B.终止 C.解除 D.无效

13.当投保人、被保险人未按约定维护保险标的安全的，保险人可以（ ）。

A.不承担保险责任 B.有权要求增加保险费或解除合同

C.给予保费优惠 D.退还保险费

14.按照我国保险法的规定，对于被保险人为防止或减少保险标的的损失所支付的必要、合理的费用，由（ ）承担。

A.保险人 B.投保人 C.被保险人 D.保险代理人

15.由于居住地点、职业的变化，人寿保险合同的被保险人要求变更保险合同，这一变更属于（ ）。

A.保险合同主体的变更 B.保险合同内容的变更

C.保险合同客体的变更　　D.保险合同关系人的变更

16.张某投保一年期家财险，保额10万元，保险期限内不幸发生火灾，使保险财产全部损毁，保险人赔偿10万元后保单终止，该保单终止的原因属于（　　）。

A.因期限届满而终止　　B.因保险标的全部灭失而终止

C.因解除终止　　D.因保险人完全履行义务而终止

二、多项选择题

1.保险合同的当事人包括（　　）。

A.投保人　　B.被保险人　　C.保险人　　D.受益人

2.以下关于保险合同种类的说法，正确的有（　　）。

A.各类财产保险合同都属于补偿性保险合同

B.人身保险中的医疗保险属于给付性保险合同

C.在保险实务中，定值保险合同多适用于某些不易确定价值的财产

D.在保险实务中，大多数财产保险业务均采用不定值保险合同的形式

3.以下关于保险合同形式的说法，正确的有（　　）。

A.保险单是正式书面凭证　　B.保险凭证又被称为小保单

C.暂保单被称为临时保单　　D.保险合同不可以采用协议书的形式

4.保险合同有效的条件包括（　　）。

A.主体合格　　B.客体合法　　C.主体合意　　D.内容合法

5.以下属于保险合同主体变更的有（　　）。

A.增加保险金额　　B.保险公司破产　　C.变更受益人　　D.变更投保人

6.保险合同争议处理的方式有（　　）。

A.协商　　B.仲裁　　C.诉讼　　D.申诉

三、简答题

1.保险合同具有哪些特征?

2.简述投保人应履行的义务。

四、案例分析题

案例1

案情：李先生在一家公司从事营销工作，家有妻子、老父和老母。2015年6月，他为自己投保了某保险公司终身寿险及附加住院补贴医疗保险。其中寿险保额10万元，身故受益人是妻子，附加住院补贴为60元/天，受益人是自己。投保不过半年，一向健康的李先生在出席一个酒会时，突感腹痛难忍并伴有恶心、呕吐，送至医院被诊断为急性坏死性胰腺炎。虽经抢救，但最终却因医治无效而于10天后不幸去世。李先生的妻子向保险公司提出了理赔申请。请问该如何处理此案？两份保险的保险金应支付给谁?

案例2

案情：张某于2013年9月1日投保终身寿险，2014年和2015年均按期缴费。2016年，张某因为生意失败无力支付保费。2017年6月，张某感到绝望并想以自杀的方式结

束生命，但又想在死后给家人留下一笔钱，于是提出复效申请并补交了保费，合同于2017年7月1日开始复效。张某于2017年8月5日自杀身亡。请问其家人能否获得保险金？

实战演练

1. 两个学生为一组，一人扮演保险经纪人，一人扮演客户，根据教师提供的保险合同条款，保险经纪人用准确、简练的语言向客户讲解保险合同。

2. 根据情境资料，填写保全业务申请书。

3. 在实训软件上完成财产保险和人身保险保全业务的操作。

项目七 练习题参考答案及解析

项目八 保险理赔

学习目标

知识目标：

1. 掌握近因原则和损失补偿原则的内容及运用；
2. 熟悉财产保险与人身保险理赔的流程和要点；
3. 掌握财产保险主要险种的赔偿处理和赔款计算；
4. 熟悉人身保险主要险种的理赔。

技能目标：

1. 能运用近因原则和损失补偿原则分析保险案例；
2. 能根据情境填写理赔申请书，并审核保险责任；
3. 能正确计算财产保险和人身保险主要险种的赔款；
4. 能在实训软件上完成财产保险和人身保险的理赔业务操作。

素养目标：

通过对本项目中保险理赔知识的学习，感受“实事求是”这一原则在保险理赔工作中的重要性，以及理赔工作的严谨性，这些正是“公平、公正”原则在保险中的体现。

情境导入

张先生的工厂在投保了企业财产保险综合险之后，在保险期限内，其所在城市发生一次台风灾害，台风登陆时带来了暴风雨，台风摧毁了张先生工厂的库房，暴雨使工厂库房里的存货被淹，给张先生的工厂造成了不小的损失。在这起灾害事故中，造成损失的原因既有台风也有暴雨，那么，应如何判断保险责任呢？

任务一　运用近因原则分析保险案例

当保险标的遭受风险事故导致损失时，被保险人能否获得保险公司赔偿取决于导致事故发生的原因是否属于保险责任。若属于保险责任，保险公司就要承担赔付责任；若不属于保险责任，保险公司则不予赔偿。但是，在实务中，有些风险事故发生的原因是错综复杂的，当事故的发生存在几个原因时，有些原因属于保险责任，有些原因不属于保险责任，在此种情况下应如何判定责任归属呢？这就要用到近因原则。

一、近因及近因的认定

（一）近因的含义

所谓近因是指造成损失的最直接、最有效、起主导性作用的原因，并不是指在时间或空间上与损失结果最为接近的原因。例如，船舶因遭受鱼雷的袭击而进水，导致沉没。若以时间上最接近沉船事故为理由而判定海水的进入为近因是不合理的，造成沉船的近因应是鱼雷的袭击。

（二）近因的认定方法

确定近因，就是确定损失与风险因素之间的因果关系。一般来说，认定近因的方法主要有顺序法和倒推法两种：

（1）顺序法。从最初事件出发，按逻辑推理，判断下一个事件可能是什么，再从可能发生的第二个事件，按照逻辑推理判断再下一个事件可能是什么，直到分析到最终损失为止。如果推理判断与实际发生的事实相符，那么，最初事件就是损失的近因。

（2）倒推法。倒推法是从结果出发推断导致该结果的原因，即从损失开始，按顺序自后向前追溯，在每一个阶段按照“为什么这一事件会发生？”的思路来找出前一个事件。如果追溯到最初的事件且没有中断，那么，最初事件即为近因。

例如，暴风吹倒了电线杆，电线短路引起火花，火花引燃房屋，导致财产损失。对此，我们无论运用上述哪一种方法，都会发现此案例中的暴风、电线杆被刮倒、电线短路、火花、起火之间具有必然的因果关系，因此，财产受损的近因——暴风也就随之确定了。

因此，当损失的原因有两个以上，且各个原因之间的因果关系尚未中断的情况下，其最先发生并造成一连串损失的原因即为近因。

二、近因原则及近因原则的应用

(一)近因原则的含义

近因是一种原因，近因原则是一种准则。根据近因的标准去判定数个原因中哪个是近因的准则就是近因原则。在保险中，近因原则是通过判明风险事故与保险标的损失之间的因果关系，以确定保险责任的一项基本原则。

具体来说，近因原则的基本含义是：如果造成保险标的损失的近因属于保险责任，保险人就应负赔偿责任。也就是说，当被保险人的损失是由于保险责任范围内的事故造成时，保险人才给予赔付；近因若属于除外风险或未保风险，则保险人不负赔偿责任。

近因原则是保险理赔中关键性的原则之一，在确定造成标的损失的事故是否属于保险事故、是否应进行赔付时起着至关重要的作用。在国际上，各国立法普遍规定保险理赔案判例遵循近因原则。坚持近因原则，有利于正确、合理地判定事故责任归属，从而有利于维护保险双方的合法权益。

(二)近因原则的运用

从近因的认定与保险责任的确定来看，主要包括下列几种情况：

1. 单一原因

单一原因，即损失由单一原因造成。如果事故发生所致损失的原因只有一个，显然该原因即为损失的近因。如果这个近因属于保险风险，保险人应对损失负赔付责任；如果这个近因是除外风险，则保险人不予赔付。

例如，企业的厂房因为洪水发生倒塌，在这起事故中，造成厂房损失的原因只有一个，那就是洪水，而洪水属于企业财产综合险中的保险责任范围，保险公司应予赔偿。

阅读材料8-1

英国保险判例一：遇车祸刺激落水身亡的汽车险索赔案（1938年）

2. 多种原因同时发生

多种原因同时发生，即损失由多种原因造成，且这些原因几乎同时发生，无法区分时间上的先后顺序。如果损失的发生同时存在的多种原因，且对损失都起决定性作用，则它们都是近因。而保险人是否承担赔付责任，应区分三种情况：

(1) 多种原因都属于保险风险。在这种情况下，保险人应承担赔付责任。例如，雷击和火灾同时造成了企业财产的损失，而雷击和火灾都属于企业财产基本险和综合险的承保范围，则保险公司应进行赔偿。

阅读材料8-2

英国保险判例二：腿伤后发炎导致败血症引发肺炎死亡的寿险索赔案（1903年）

(2) 多种原因都属于除外风险。如果造成标的损失的多个原因都属于除外风险，则保险人不承担赔付责任。例如，被保险人醉酒驾驶机动车辆，因为超速导致车祸，造成车辆损失的两个原因——醉酒和超速均属于除外风险，那么保险公司不予赔偿。

(3) 造成标的损失的多种原因中既有保险风险，又有除外风险。在这种情况下，保险人是否承担赔付责任，则要看损失结果是否容易分解，对于损失结果可以分别计算的，保险人只负责保险风险所致损失的赔付；对于损失结果难以划分的，在保险实务中，保险人通常与被保险人协商确定一个双方都能接受的分摊比例。

3. 多种原因连续发生

若损失是由若干个连续发生的原因造成，且各原因之间的因果关系没有中断，即各原因具有前因后果的关系，那么最先发生并造成一连串事故的原因为近因，如果该近因为保险责任，保险人应负赔付责任，反之，如果该近因不属于保险责任，则保险人不承担赔付责任。

4. 多种原因间断发生

多种原因间断发生，即损失是由间断发生的多种原因造成的，如果风险事故的发生与损失之间的因果关系由于另外独立的新原因介入而中断，则该新原因即为损失的近因。如果该新原因属于保险风险，则保险人应承担赔付责任；相反，如果该新原因属于除外风险，则保险人不承担赔付责任。例如，投保了人身意外伤害保险的某人，因车祸事故造成伤残住院治疗，在住院期间因为急性心肌梗塞而死亡，在这个事故中，被保险人死亡的近因是急性心肌梗死，保险人不承担死亡赔付责任，只能按伤残的情况赔付残疾保险金。

任务二　运用损失补偿原则分析保险案例

一、损失补偿原则及其意义

（一）损失补偿原则的含义

损失补偿原则的基本含义是，当保险标的在保险期限内发生了保险事故，造成保险标的毁损致使被保险人遭受经济损失时，被保险人有权按照保险合同约定获得保险赔偿，被保险人可获得的补偿量以其保险标的遭受的实际损失为限，即保险人的补偿恰好能使保险标的在经济上恢复到保险事故发生之前的状态，不能让被保险人通过保险获得额外的利益。损失补偿原则主要适用于财产保险以及其他补偿性保险合同。

（二）损失补偿原则的意义

（1）损失补偿原则体现了保险的基本职能。损失补偿是保险的基本职能之一，损失补偿原则恰好体现了保险的基本职能，损失补偿原则约束保险人必须在合同约定条件下履行保险赔偿责任；对被保险人而言，该原则保证了其正当权益的实现。因而，损失补偿原则是保险理赔中非常重要的一个原则。

（2）损失补偿原则有利于防止被保险人通过保险获取额外利益，减少道德风险。损失补偿原则对量的规定将使被保险人因损失所获得的补偿不能超过其所受到的实际损失，使被保险人只能获得与损失发生前相同经济利益水平的赔偿。因此，该原则可以防止被保险人利用保险而额外获利，从而有效减少了道德风险的发生。

二、损失补偿原则的内容

（一）损失补偿的条件

在保险实务中，保险人并不是对被保险人所有的损失都承担保险赔偿责任，只有当被保险人的损失满足以下条件时，保险人才予以赔偿。

1. 发生损失时被保险人对保险标的必须具有保险利益

在保险利益原则中，财产保险的保险利益时效要求在损失发生时，被保险人与保险标的之间必须存在保险利益，否则，保险人不予赔偿。

2. 该损失必须是保险责任范围内的损失

构成保险责任范围内的损失，要满足两个条件：一是必须是保险合同约定的保险标的发生的损失；二是造成保险标的损失的事故原因必须在保险合同保障范围之内，也就是说，必须是保险标的发生了保险事故。

微课8

损失补偿原则的内容和运用

3. 该损失必须是经济上的损失

被保险人所遭受的损失必须是经济上的损失，也就是说损失可以用货币计量，否则保险人无法核定损失，更无法履行赔偿责任。

（二）损失补偿原则的应用

1. 以实际损失为限

实际损失，是指标的的损失额按照保险事故发生时的市场价格来计量。按照损失补偿原则，保险人的补偿应该可以使被保险人恢复到受灾之前的状态，因此，保险人只能以发生事故时保险标的的市场价值来确定赔偿金额。因此，保险人的补偿应以被保险人的实际损失为限。例如，某居民为房屋投保家庭财产保险，投保时保险金额为50万元，投保不久房屋便发生保险事故全部损毁，而房屋遭毁时的市价为40万元，保险公司按照实际损失40万元赔偿被保险人的损失。

2. 以保险金额为限

保险金额是保险人收取保险费的基础和依据，是保险人承担赔偿或给付保险金责任的最高限额，保险人的赔偿金额只能等于或低于保险金额，而不能高于保险金额。例如，某居民为房屋投保家庭财产保险，投保时保险金额为50万元，投保不久房屋便发生保险事故全部损毁，而房屋遭毁时的市价为60万元。虽然被保险人的实际损失为60万元，但因保单上的保险金额为50万元，所以被保险人只能得到50万元的赔偿。

3. 以保险利益为限

发生保险事故造成损失后，保险人的赔付金额必须以被保险人对该标的所具有的保险利益为限。例如，某银行开展住房抵押贷款，向某人贷出款额30万元；同时，将抵押房屋投保了30万元的1年期房屋火灾险。按照约定，贷款人于半年后偿还了一半贷款。不久，该保险房屋发生重大火灾事故，贷款人也无力偿还剩余款项。由于银行在该房屋上的保险利益只有15万元，尽管房屋的实际损失及保险金额均为30万元，银行也只能得到15万元的赔偿。

需要注意的是，这三个限度是相互关联和相互制约的，当保险人在针对某一具体损失进行赔偿时，要选取实际损失、保险金额、保险利益这三者中最小者作为赔偿限度。

（三）计算损失补偿的赔偿方法

在保险赔偿方法中，有一些赔偿方法对实际损失补偿额的确定会有影响，使被保险人得到的赔偿金额小于实际损失，或者根本得不到赔偿。

1. 比例赔偿方法

比例赔偿方法，就是保险人按照一定的比例对被保险人的损失进行赔偿。在财产保险中，绝大多数业务采用不定值保险的方式，即出险时须重新估量保险标的的价值，不定值保险合同按照保障程度计算赔偿金额。其计算公式为：

赔偿金额=损失金额×保障程度

=损失金额×（保险金额÷损失时保险标的的实际价值）

从上述公式来看，在被保险人足额投保的情况下，第一种情况，如果损失发生时保险标的的价值没有发生变动，意味着保障程度为100%，被保险人的损失将获得全部赔偿；第二种情况，如果损失发生时保险标的市场价值上升，使得标的实际价值超过了保险金额，就构成不足额保险，此时保障程度小于100%，被保险人的损失将得不到全部赔偿；第三种情况，如果损失发生时保险标的市场价值下跌，使得保险金额超过了标的实际价值，构成超额保险，此时保障程度大于100%，但《保险法》有规定，超额保险超过保险价值的部分无效，不予赔偿，因此，也只能按100%的保障程度进行赔偿。

例如，某居民将自己的一套价值80万元的商品房投保家庭财产保险，保险金额80万元，投保后半年因发生保险事故导致房屋全部损毁，发生事故时该房屋市场价值为100万元，此种情况下构成了不足额保险，相当于该房屋只有80%的保障程度，因此，保险公司赔偿金额为80万元。

2. 第一危险赔偿方法

第一危险赔偿方法，也称第一损失赔偿方法，是指损失发生后，保险人不再根据保险金额与保险标的实际价值的比例来计算赔偿金额，而是仅在保险金额限度内按照实际损失予以赔偿，即只要损失金额没有超过保险金额，都可以得到赔偿，而对保险金额之外的损失不予赔偿。

这种赔偿方法常用于家庭财产保险中室内财产的赔偿，由于室内财产种类繁多，价值相对较小，若采用比例赔偿方法，会增加实际操作的难度，因此采用这种比较简易的赔偿方法。关于第一危险赔偿方式的例题，将在下一个任务中“家庭财产保险的赔偿处理”部分详细介绍。

3. 限额责任赔偿方法

这是指保险人只承担事先约定的损失额以内的赔偿，超过损失限额部分，保险人不负赔偿责任。这种赔偿方法多应用于农业保险中的种植业与养殖业保险，如农作物收获保险，保险人与投保人事先按照正常年景的平均收获量约定为保险人保障的限额，当实际收获量低于约定的保险产量时，保险人赔偿其差额；当实际产量已达到保险产量时，即使发生保险责任事故，保险人也不负赔偿责任。

4. 免赔额（率）赔偿方法

在保险实务中，保险人为了控制小额赔款支出，节约成本，同时也为了约束被保险人的行为，往往规定免赔额或免赔率。保险人对免赔额（率）以内的损失不予负责，而仅在损失超过免赔额（率）时才承担责任。免赔额（率）分为绝对免赔额（率）和相对免赔额（率）。

绝对免赔额（率）赔偿方法是指保险人规定一个免赔额（率），当保险财产受损程度超过免赔限度时，保险人扣除免赔额（率）后，只对超过部分负赔偿责任。规定免赔率的情况下，其计算公式是：

赔偿金额=保险金额×（损失率-免赔率）

相对免赔额（率）赔偿方法是指保险人规定一个免赔额（率），当保险财产受损程度超过免赔额（率）时，保险人按全部损失赔偿，不作任何扣除。规定免赔率的情况下，其计算公式是：

赔偿金额=保险金额×损失率

例如，某险种规定的绝对免赔额是500元，若被保险人因保险事故损失了800元，那么保险公司只赔偿超过免赔额的部分，即300元；若该险种规定的相对免赔额是500元，则保险公司赔偿800元。

可以看出，从投保方的角度来看，相对免赔额比较有利，被保险人可以获得更多的赔偿，但在保险实务中，保险公司为了控制成本，也为了约束和督促被保险人做好防灾、防损工作，往往规定的是绝对免赔额，免赔额（率）的规定在机动车辆保险业务中尤其多见。

三、损失补偿原则的派生原则——保险代位原则

（一）保险代位原则的含义与意义

1. 保险代位原则的含义

代位即取代他人的某种地位，保险中的代位是指保险人取代投保人取得对第三者的求偿权（又称“追偿权”）或对标的的所有权。

保险代位原则是指保险人依照法律或保险合同约定，对被保险人所遭受的损失进行赔偿后，依法取得向对财产损失负有责任的第三者进行求偿（或追偿）的权利或对保险标的的所有权。保险代位原则包括代位求偿权和物上代位权。

2. 保险代位原则的意义

（1）既有利于被保险人及时获得经济补偿，又能防止被保险人因同一损失获取不当利益。当保险标的发生的损害是由第三者的疏忽、过失或故意行为所造成，且该种损害的原因又属保险责任时，被保险人既可以依据民法向造成损害的第三者要求赔偿，又可以依据保险合同向保险人请求赔偿。这样，被保险人就会因同一损失而获得超过标的实际损失额的赔款，从而获得额外利益。同理，当保险标的发生保险事故而致实际全损或推定全损时，在保险人全额赔付的情况下，被保险人将标的的损余物资价值进行回收处理后，最终所得款额亦将超过其所遭受的实际损失额。这既违背了损失补偿原则，又违背了保险的宗旨，不利于保险及社会的健康发展。代位原则的规定，其目的就在于防止被保险人获得额外利益。

（2）维护社会公共安全，保障公民、法人的合法权益不受侵害。社会公共安全在法律上要求肇事者对其因疏忽、过失所造成的损失承担经济赔偿责任。如果被保险人因从保险人处获得赔偿而不追究责任者的经济赔偿责任，那么就会使肇事责任者逍遥法外，有违社会公平，而且也容易助长他人肇事行为的发生，从而干扰社会安全秩序。

（二）保险代位原则的内容

保险代位包括代位求偿权（权利代位）和物上代位权。

1. 代位求偿权

代位求偿权（又称“代位追偿权”）是指当保险标的因遭受保险事故而造成损失，

依法应当由第三者承担赔偿责任时，保险人自支付保险赔偿金之日起，在赔偿金额的限度内，相应取得向对此损失负有责任的第三者请求赔偿的权利。

（1）行使代位求偿权的前提条件。

第一，保险标的损失的原因是保险事故，同时又是由于第三者的行为所致。这样被保险人对保险人和第三者同时存在赔偿请求权，既可以依据保险合同向保险人要求赔偿，又可以依据法律向第三者要求赔偿。第二，保险人只有按照保险合同的规定向被保险人赔付保险金之后，才能依法取得对第三者请求赔偿的权利。

（2）代位求偿权的具体规定。

就保险人而言，首先，其行使代位求偿权的权限只能限制在赔偿金额范围以内。也就是说，如果保险人向第三者追偿到的款额小于或等于赔付给被保险人的款额，那么追偿到的款额归保险人所有；如果追偿所得的款额大于赔付给被保险人的款额，其超过部分应归还给被保险人所有。其次，保险人不得干预被保险人就未取得保险赔偿的部分向第三者请求赔偿。

就被保险人而言，主要的规定是不能损害保险人的代位求偿权并要协助保险人行使代位求偿权。第一，如果被保险人在获得保险人赔偿之前放弃了向第三者请求赔偿的权利，那么，就意味着他放弃了向保险人索赔的权利。第二，如果被保险人在获得保险人赔偿之后，未经保险人同意而放弃对第三者请求赔偿的权利，该行为无效。第三，如果发生事故后，被保险人已经从第三者处取得赔偿或者由于被保险人故意或者因重大过失致使保险人不能行使代位请求赔偿的权利的，保险人可以扣减或者要求返还相应的保险金。第四，在保险人向第三者行使代位求偿权时，被保险人应当向保险人提供必要的文件和其所知道的有关情况。

（3）行使代位求偿权的限制情况。

①限制对象。根据代位求偿权的规定，任何对保险标的的损失负有赔偿责任的第三者都可以成为代位求偿权的行使对象，然而，被保险人的亲属或雇员不能算作第三者。在实践中，各国立法都规定保险人不得对被保险人及其一定范围的亲属或雇员行使代位求偿权，除非保险事故是由上述人员故意造成的。因为，如果允许对上述对象行使代位求偿权，被保险人就得不到实际补偿，保险也就失去了意义。

知识拓展 8-1

《保险法》第六十二条规定："除被保险人的家庭成员或者其组成人员故意造成本法第六十条第一款规定的保险事故外，保险人不得对被保险人的家庭成员或者其组成人员行使代位请求赔偿的权利。"

②行使范围。代位求偿权一般不适用于人身保险。人身保险的标的是人的寿命或身体，其价值难以估量，因而不会发生多重获益的问题。所以，如果被保险人因第三者的原因在保险事故中致残或身亡，既可获得保险金，又可获得肇事的第三者的赔偿。

知识拓展 8-2

《保险法》第四十六条规定："被保险人因第三者的行为而发生死亡、伤残或者疾病等保险事故的，保险人向被保险人或者受益人给付保险金后，不享有向第三者追偿的权利，但被保险人或者受益人仍有权向第三者请求赔偿。"

2. 物上代位权

物上代位权是指保险标的因遭受保险事故而发生全损时，保险人在全额支付保险赔偿金后，依法拥有对该保险标的物的所有权，即代位取得受损保险标的物上的一切权利。与代位求偿权不同的是，保险人一旦取得物上代位权，就拥有了该受损标的的所有权。物上代位权的取得一般是通过委付实现的。委付是被保险人放弃物权的法律行为，是一种经常用于海上保险的赔偿制度。

在保险实践中，有关委付有以下规定：

（1）委付以保险标的处于推定全损状态为条件，推定全损是指保险标的还没有完全灭失或损毁，但已经没有了修复价值或者修复的成本太大。

（2）委付必须由被保险人用口头或书面形式向保险人提出申请，愿意将保险标的的所有权转移给保险人，并请求保险人全部赔偿的行为。

（3）委付必须经保险人同意。被保险人提出委付申请后，保险人可以接受委付，也可以不接受委付。因为保险人接受委付后，不仅取得保险标的物上的权利，而且包括标的物项下所应承担的义务。因此，保险人是否接受委付应谨慎从事。

物上代位是一种所有权的代位。在足额保险时，保险人支付全部保险金额后，受损标的的全部权益归保险人，即使该利益超过保险赔款，仍归保险人所有。在不足额保险时，保险人只能按照保险金额与保险价值的比例取得受损保险标的的部分权利。

四、损失补偿原则的派生原则——重复保险分摊原则

（一）重复保险分摊原则的含义

重复保险是指投保人以同一保险标的、同一保险利益，同时向两个或两个以上的保险人投保，且保险金额总和超过了保险价值。在存在重复保险的情况下，保险事故发生后，若被保险人就同一损失向不同的保险人索赔，就有可能获得超过损失的利益，这显然是违背损失补偿原则的。因此，为了防止被保险人利用重复保险获得多于实际损失额的赔偿金，确立了重复保险分摊原则，从而确保了损失补偿原则的顺利实现。

重复保险分摊原则是在被保险人重复保险的情况下产生的损失补偿原则的一个派生原则，即在重复保险情况下，被保险人所能得到的赔偿金由各保险人采用适当的方法进行分摊，从而使所得的总赔偿金额不超过实际损失额。

（二）重复保险分摊的方法

在重复保险情况下，保险人如何分摊损失后的赔款，各国做法有所不同。其主要分摊方法有：

（1）比例责任分摊方法，又称保险金额比例分摊制，该分摊方法是将各保险人所承

保的保险金额进行加总，各保险人按其承保的保额与各保险人承保的保额之和的比例分摊损失。其计算公式为：

$$各保险人应赔偿的金额=损失金额\times\frac{该保险人承保的保险金额}{各保险人承保的保险金额之和}$$

【例8-1】甲、乙保险人承保同一财产，甲承保保额为4万元，乙承保保额为6万元，构成了重复保险。在一次保险事故中保险标的损失为5万元，按照比例责任分摊方式，则赔款分摊情况为：

甲保险人应承担赔偿金额=5×［4÷（4+6）］

=2（万元）

乙保险人应承担赔偿金额=5×［6÷（4+6）］

=3（万元）

（2）限额责任分摊方法，又称赔款额比例责任制，即保险人分摊赔款额不以保额为基础，而是在无其他保险的情况下以各自单独应负的责任限额为基础进行赔款分摊，各保险人以其单独应负的责任限额占各保险人责任限额总和的比例来承担赔款。其计算公式为：

$$各保险人应赔偿的金额=损失金额\times\frac{该保险人单独承保时的赔偿限额}{各保险人单独承保时赔偿限额之和}$$

【例8-2】依上例，若按照限额责任分摊方式，甲保险公司单独应负的赔偿限额为4万元，乙保险公司单独应负的赔偿限额为5万元，则甲、乙两个保险公司各自应承担的赔款为：

甲保险人应承担赔偿金额=5×［4÷（4+5）］

=2.22（万元）

乙保险人应承担赔偿金额=5×［5÷（4+5）］

=2.78（万元）

（3）顺序责任分摊方法，又称主要保险制，即各保险人所负责任依签订保单顺序而定，由先订立保单的保险人首先负责赔偿，当赔偿不足时再由其他保单的保险人按照签订保单的顺序来承担不足的部分。

【例8-3】依上例，若按照顺序责任分摊方式，则应该由先出单的甲保险公司赔偿4万元，还有1万元的损失由后出单的乙保险公司承担。

顺序责任分摊方法对先订立合同的保险人有失公平，因而各国保险实务中已不采用，大多数国家采用前两种分摊方法，我国采用的是比例责任分摊方法。

知识拓展 8-3

《保险法》第五十六条规定：“重复保险的投保人应当将重复保险的有关情况通知各保险人。重复保险的各保险人赔偿保险金的总和不得超过保险价值。除合同另有约定外，各保险人按照其保险金额与保险金额总和的比例承担赔偿保险金的责任。重复保险的投保人可以就保险金额总和超过保险价值的部分，请求各保险人按比例返还保险费。”

五、损失补偿原则的例外情况

（一）定值保险

在定值保险中，当发生全部损失时，不论保险标的价值如何变化，保险人仍按保险合同上所约定的保险金额计算赔款。从以赔偿实际损失为本质的损失补偿原则的角度看，该保险是一种例外。

（二）重置成本保险

重置成本保险又称复旧保险或恢复保险，是按照重置成本确定损失额的保险。由于这种保险在确定损失赔付时不扣除折旧，而按重置成本确定损失额，所以，对于损失补偿原则而言，也是一种例外。

（三）人身保险

人身保险是一种标的无法用货币衡量，由投保人与保险人互相约定保险金额，并按照约定的保险金额给付的保险。所以当发生保险事故时，倘若其持有多份保单，被保险人或受益人可获得多重给付。因此，人身保险对于损失补偿原则也是一种例外（但人身保险中的医疗费用保险仍然适用损失补偿原则）。

任务三　完成财产保险理赔业务

保险理赔是指保险人在保险标的发生风险事故后，对被保险人或受益人提出的索赔要求进行处理的行为。保险理赔充分体现了保险的职能及作用，是保险经营的重要环节。保险理赔也是对承保业务和风险管理质量的检验，通过保险理赔可以发现保险条款、保险费率的制定以及防灾防损工作中存在的漏洞和问题，从而为提高承保业务质量、完善风险管理提供依据；保险理赔还可以提高保险公司的信誉，扩大保险在社会上的影响，促进保险业务的发展。

阅读材料8-3

保险欺诈常见的几种形式

保险理赔必须坚持“重合同、守信用”“主动、迅速、准确、合理”以及“实事求是”三项原则。“重合同、守信用”，是指保险人在处理赔案时要按照保险合同条款处理。保险合同对保险责任、赔偿处理及被保险人的义务等做了原则性的规定，保险人应遵守条款，恪守信用，既不要扩大保险责任范围，也不要惜赔。“主动、迅速、准确、合理”，是指保险公司在处理赔案时积极主动，及时深入现场进行查勘，正确找出致损原因，合理估计损失，对属于保险责任范围内的灾害损失，要迅速估算损失金额，及时赔付。“实事求是”，是指被保险人或受益人提出的索赔案千差万别，案发原因也错综复杂，对于某些损失发生的原因交织在一起的赔案，有时根据合同条款很难做出是否属于保险责任的明确判断，在这种情况下，保险人应合情合理、实事求是地对不同案情的具体情况进行具体分析，灵活处理赔案。

知识拓展 8-4

《保险法》第二十三条规定："保险人收到被保险人或者受益人的赔偿或者给付保险金的请求后，应当及时做出核定；情形复杂的，应当在三十日内做出核定，但合同另有约定的除外。保险人应当将核定结果通知被保险人或者受益人；对属于保险责任的，在与被保险人或者受益人达成赔偿或者给付保险金的协议后十日内，履行赔偿或者给付保险金义务。保险合同对赔偿或者给付保险金的期限有约定的，保险人应当按照约定履行赔偿或者给付保险金义务。"

《保险法》第二十五条规定："保险人自收到赔偿或者给付保险金的请求和有关证明、资料之日起六十日内，对其赔偿或者给付保险金的数额不能确定的，应当根据已有证明和资料可以确定的数额先予支付；保险人最终确定赔偿或者给付保险金的数额后，应当支付相应的差额。"

子任务一 了解财产保险的理赔流程

情境导入

张先生的工厂投保了企业财产保险综合险。在保险期限内，其所在城市发生了一次台风灾害，台风登陆时带来了暴风雨，台风摧毁了张先生工厂的库房，暴雨使工厂库房里的存货被淹，给张先生的工厂造成了不小的损失。灾害事故发生之后，张先生向保险公司报案，并通知了保险经纪人，保险经纪人立即来到事故现场，指导并帮助张先生的工厂向保险公司索赔。

一、损失通知

保险事故发生后，被保险人或受益人应将事故发生的时间、地点、原因及其他有关情况通知保险人，并提出索赔请求，发出损失通知是被保险人必须履行的义务。

（一）发出损失通知的方式

被保险人发出损失通知的方式可以是口头的，也可用函电等其他形式，但随后应及时补发正式书面通知，并提供各种必需的索赔单证，如保险单、账册、发票、出险证明书、损失鉴定书、损失清单、检验报告等。如果损失涉及第三者责任，被保险人还须出具权益转让书给保险人，由保险人代为行使向第三者责任方追偿的权益。

（二）发出损失通知的时间要求

根据险种不同，发出损失通知书会有不同的时间要求，例如，被保险人在保险财产遭受保险责任范围内的盗窃损失后，应当在24小时内通知保险人，否则保险人有权不予赔偿。此外，有的险种没有明确的时限规定，只要求被保险人在其可能做到的情况下，尽快将事故损失通知保险人，如果被保险人在法律规定或合同约定的索赔时效内未通知保险人，可视为其放弃索赔权利。《保险法》第二十六条规定："人寿保险以外的其他保险的被保险人或者受益人，向保险人请求赔偿或者给付保险金的诉讼时效期间为二年，自其知道或者应当知道保险事故发生之日起计算。”

二、财产保险理赔的流程

财产保险理赔的程序主要包括案件受理、现场查勘、审核保险责任、损失核定、赔付或拒赔、结案归档等几个步骤。财产保险理赔流程如图8-1所示。

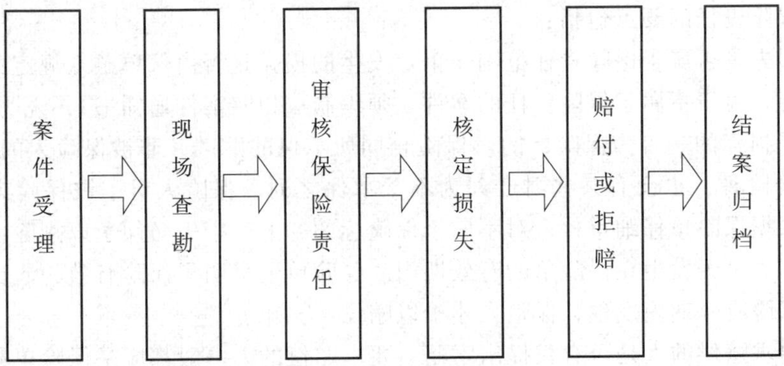

图8-1　财产保险理赔流程

（一）案件受理

案件受理就是对被保险人申报的出险案情进行记录、了解与核实。理赔人员接到报案时，应详细询问被保险人名称、投保险别、保险单号、出险时间和地点、估计损失等情况，做好记录，同时要求被保险人尽快填写“保险出险通知书”，以便及时立案。

（二）现场查勘

现场查勘是掌握出险情况的重要步骤，是做好理赔工作的重要条件。首先要做好查勘准备工作。接到报案之后，根据出险地点和案情立即派人进行现场查勘，查勘人员在赶赴现场之前，要先了解保险标的的基本情况，然后根据事故类别携带必要的查勘工具以及现场查勘记录本、保险单复印件等。对于应该查勘哪些内容，需要被保险人提供哪些资料，出发之前应当先做好初步计划。

查勘的主要内容包括：

（1）了解事故发生的详细过程。

（2）出险时间、地点，当时的自然条件和周围环境，必要时绘制现场草图。

（3）出险原因。初步判别是否属于该保单的保险责任，保险事故是否由第三者造成。

（4）受损标的是否为保单下的保险标的。

（5）现场清点。现场清点是确定损失金额的基础，现场清点时要求与被保险人共同清点，清点后双方签字。

（6）施救。出险后应立即督促、协助被保险人及时施救，减少保险财产损失，施救费用要列明并提供相关证明材料。

（7）现场拍照。进行现场查勘时应尽量拍摄事故现场照片，并尽可能准确、详细、全面地反映所有受损标的的数量、类型、受损程度等。

（8）事故证明。核赔人员应督促、协助被保险人尽快提供有关部门出具的出险证明、事故证明及有关单证。

（9）填写现场查勘报告。现场查勘完毕后，应填写现场查勘报告，写明事故的起因、经过、结果、所了解的情况、处理经过、损失情况、估损金额等。

（三）审核保险责任

审核保险责任的要点包括：

（1）损失是否属于保险责任范围。审定发生的损失是否由保单条款规定的保险责任事故所引起，对于不属于保险责任的案件，须编制《拒赔案件通知书》，说明拒赔理由。

（2）受损标的是否为保险标的。保险合同所承保的财产并非被保险人的一切财产，即使是综合险种，也会有某些财产列为不予承保之列。保险人对于被保险人的索赔财产，必须依据保险单仔细审核，对不属于保险标的的财产损失必须予以剔除。

（3）损失是否发生在保险单的有效期内。保险单上写明了保险有效的起讫时间，损失必须在保险有效期内发生，保险人才予以赔偿。

（4）要求赔偿的人是否有权提出索赔。要求赔偿的人一般都应是保险单载明的被保险人，因此，保险人在审核时要查明要求赔偿的人的身份，以决定其有无领取保险金的资格。

（5）被保险人是否尽到义务。保险合同中规定的被保险人的义务是保险人承担赔偿责任的前提条件。如果被保险人违背了这些事项，保险人可以以此为由不予赔偿。例如，当保险标的的危险增加时，被保险人是否履行了通知义务；当保险事故发生后，被保险人是否采取了必要的、合理的抢救措施等，这些问题直接影响被保险人索赔的权利。

（四）核定损失

受损财产经过施救、整理，明确保险责任之后，核定其损失是理赔工作关键的一环。损失核定是否准确，直接关系到保险人能否准确、合理地履行赔偿责任。保险人可根据保险单类别、损失程度、标的价值、保险利益、保险金额、损失补偿原则等理算赔偿金额。核定损失时，要注意查对被保险人的账册资料，准确掌握受损标的的实际价值，根据不同险种的情况正确选择赔款计算方法计算赔款，还要判定施救费用是否合理，计算施救费用必须以“直接、必要、合理”为原则。

（五）赔付或拒赔

保险人对被保险人请求赔偿保险金的要求应按照保险合同的规定办理，如保险合同没有约定，就应按照有关法律的规定办理。若损失属于保险责任范围内，经调查属实并估算赔偿金额后，保险人应立即履行赔偿给付的责任。财产保险合同赔偿的方式通常是货币补偿。不过，在财产保险中，保险人也可与被保险人约定其他方式，如恢复原状、修理、重置或以相同实物进行更换等方式。

拒赔也是理赔工作的结果之一，是保险人根据保险合同或保险法的有关条款对保险索赔提出拒绝赔偿的行为。被保险人在出险后遭到拒赔，主要有如下几种原因：

（1）未履行按期缴纳保险费的义务；

（2）未履行如实告知义务，保险合同对诚信要求很高，根据最大诚信原则，在订立合同之前投保人应如实告知有关标的的情况，否则，出险后保险人可以拒赔；

（3）保险事故不属于保险责任范围之内；

（4）保险事故属于除外责任的；

（5）双方所签订的保险合同为无效合同；

（6）缺少必要的索赔单证、材料；

（7）超过了索赔时效的索赔申请；

（8）投保人未履行保险合同规定的相关义务；

（9）有证据显示投保人（被保险人）有诈骗行为。

还有一种情况是通融赔付。在一些少数案例中，造成事故的原因并不在保险责任范围之内，但保险人出于人道主义或者社会舆论、公司形象上的考虑，有时也会采用通融赔付的办法，支付一部分或全部赔偿金。

（六）结案归档

理赔档案是全面地、真实地记载并反映保险财产出险情况的重要理赔资料，应按要求进行装订、归档，并做好理赔档案管理工作。理赔档案的单证材料要齐全，一般应包括以下单证材料：赔案批复文件、出险通知书、赔款计算书、查勘报告、保险单、批单抄件、出险证明、事故裁决书、损失鉴定书、损失清单及原始单据、赔款收据、事故现场照片及草图等相关材料。理赔案卷应做到一案一档，做好登记和保管，以便日后的查找和调阅。

在财产保险中，受损的财产如果有一定的残值，而保险人按全部损失赔偿，其残值应归保险人所有，或是从赔偿金额中扣除残值部分；如果按部分损失赔偿，保险人可将残余财产折价给被保险人以充抵赔偿金额。

另外，如果保险事故是由第三者的过失或非法行为引起的，第三者对被保险人的损失须负赔偿责任。保险人可按保险合同的约定或法律的规定，先行赔付被保险人，然后被保险人应当将追偿权转让给保险人，并协助保险人向第三者责任方追偿。

教学互动 8-1

张先生的工厂在保险期限内遭遇了台风和暴雨的袭击，导致了损失。请判断，这是否属于企业财产综合险的承保范围？张先生索赔的过程要经历哪些流程？

子任务二 熟悉财产保险主要险种的理赔

一、企业财产保险的赔偿处理

企业财产保险属于“火灾保险”的范畴，强调财产的相对静止状态和地址的固定性，主要险种包括基本险、综合险，还有一些针对地震、矿下物资、盗窃、预期利润损失的附加险。综合险与基本险的主要区别在于增加了一些自然灾害，承保范围更广。

（一）索赔单证

当保险标的发生保险责任范围内的损失时，企业财产保险的被保险人按照保险合同约定向保险人申请赔偿。申请赔偿时被保险人应当提供保险单、财产损失清单、有关保险财产的财务资料（如出险时的资产负债表、受损财产的明细账页复印件、受损财产购入原始发票等）技术鉴定证明、事故报告书、救护费用发票、单据和有关部门的事故证明等材料。

（二）赔偿金额的计算

保险标的发生保险责任范围内的损失时，保险人采用的是比例赔偿方式，将保险标的的保险金额与其出险时的保险价值相比较，按照保险金额与保险价值的比例承担赔偿责任。企业财产保险的具体赔偿金额的计算方法如下：

（1）全部损失。当受损财产的保险金额等于或高于保险价值时，其赔偿金额以不超过保险价值为限；当保险金额低于保险价值时，按保险金额赔偿。

【例8-4】某企业投保房屋一栋，保额100万元，在保险期限内发生火灾，全部损毁。出险时类似房屋重新建造价为120万元，赔款应为100万元。

（2）部分损失。当受损财产的保险金额等于或高于保险价值时，其赔偿金额按实际损失计算；当保险金额低于保险价值时，其赔偿金额按保险金额与保险价值的比例计算。

【例8-5】某企业按账面原值投保设备一台，保额为500万元。在保险期限内发生洪水被浸泡，发生修复费用5.5万元，出险时该设备重新购置价550万元，则赔款计算如下：

赔款=损失金额×（保险金额÷保险价值）=5.5×（500÷550）=5（万元）

（三）施救费用的赔偿

发生保险事故时，被保险人所支付的必要、合理的施救费用的赔偿金额在保险标的损失之外另行计算，但最高不超过保险金额。若受损保险标的按比例赔偿，则该项费用也按与财产损失相同的比例赔偿。

（四）残值处理

保险标的遭受损失后的残余部分，一般按照协议作价折归被保险人，从赔偿金额中扣除。作价折归被保险人的金额也按照合同中的约定，视保险金额与保险标的的保险价值的具体情况，按比例扣除。

（五）代位求偿权的行使

如果保险标的的损失是由第三者造成的，保险人自向被保险人赔偿保险金之日起，在赔偿金额范围内可代位行使被保险人对第三者请求赔偿的权利。

（六）对原保单的批改

保险标的遭受部分损失，经保险人赔偿后，保险合同的保险金额相应减少。如投保人或被保险人需恢复原保险金额，应补交保险费，由保险人出具批单批注。

二、家庭财产保险的赔偿处理

当保险标的发生保险责任范围内的损失时，投保人或被保险人按照保险合同约定向保险人申请赔偿。投保人或被保险人一般应提供保险单、财产损失清单、发票、费用单据和有关部门的证明，各项单证、证明必须真实、可靠，不得有任何欺诈。

保险人在收到单证后应当迅速审定、核实，及时赔付。在赔偿处理中，由于家庭财产保险中的承保财产种类较多而且性质不一，因此在保险事故发生后，家庭财产保险的赔偿处理一般会根据财产性质采用不同的赔偿方式。另外，由于室内财产投保是分类投保，理赔时也分类计算赔偿金额。

（一）房屋及室内附属设备、室内装潢的赔偿

房屋及室内附属设备、室内装潢一般价值较大，在城乡居民家庭财产中占的比重较大，在家庭财产保险中，保险事故发生后，保险人对于房屋及室内附属设备、室内装潢的赔偿处理主要采用比例赔偿方式，这一赔偿处理方式与企业财产保险相同。

（1）全部损失。当保险金额等于或高于保险价值时，其赔偿金额以不超过保险价值为限；当保险金额低于保险价值时，按保险金额赔偿。

（2）部分损失。当保险金额等于或高于保险价值时，按实际损失计算赔偿金额；当保险金额低于保险价值时，应根据实际损失或恢复原状所需修复费用乘以保险金额与保险价值的比例计算赔偿金额。

（二）室内财产的赔偿

在家庭财产保险中，保险事故发生后，保险人对于室内财产的赔偿处理主要采用第一危险赔偿方式。第一危险赔偿方式又称第一损失赔偿方式。这种方式把保险财产价值分为两部分：一部分为与保险金额相等的部分，称为第一危险责任，发生的损失称为第一损失；另一部分为超过保险金额的部分，称为第二危险责任，发生的损失称为第二损失。保险人只对第一危险责任负责，只赔偿第一损失，即只要损失金额在保险金额之内，保险人都负有赔偿责任。赔偿金额的多少只取决于保险金额与损失价值，而不考虑保险金额与财产价值之间的比例关系。其计算公式为：

当损失金额≤保险金额时，赔偿金额=损失金额

当损失金额＞保险金额时，赔偿金额=保险金额

【例8-6】某居民投保普通家财险，只投保室内财产，家电保额10 000元，家具保额8 000元。在保险期限内发生火灾，导致家电和家具烧毁。家电和家具原价分别为10 000元和8 000元，使用了1年。经协商，家电和家具折旧率均为10%，赔款计算为：

家电赔款=10 000×（1−10%）=9 000（元）

家具赔款=8 000×（1−10%）=7 200（元）

因家电的赔款为9 000元在保额10 000元的限度内，家具的赔款为7 200元在保额8 000元的限度内，因此都属于第一危险部分，能够得到保险公司的赔偿。

（三）施救费用的赔偿

对于被保险人所支付的必要和合理的施救费用，按实际支出另行计算，最高不超过受损标的的保险金额。若该保险标的按比例赔偿，则该项费用也按相同的比例赔偿。

（四）残值处理

保险标的遭受损失后的残余部分，协议作价折归被保险人，并在赔款中扣除。

（五）代位追偿权的行使

如果保险标的发生保险责任范围内的损失应由第三者负责赔偿，被保险人可以先向第三者索赔。如果第三者不予赔偿，被保险人应提起诉讼。保险人也可根据被保险人提

出的书面赔偿请求，按照保险合同予以赔偿，但被保险人必须把向第三者追偿的权利转让给保险人，并协助保险人向第三者追偿。

（六）赔偿后对原保单的处理

保险标的在一个保险年度内遭受部分损失经保险人赔偿后，保险金额应相应减少，其有效保险金额应当是原分项保险金额减去分项保险标的的损失赔偿金额后的余额；如被保险人需恢复保险金额，应补交相应的保险费，由保险人出具批单批注。对于保险期限为3年、5年的家庭财产两全保险，若在保险期限内发生部分损失而获得赔偿，在当年剩余期限内，保险金额相应减少，但下一保险年度，会自动恢复至原保险金额。

三、机动车辆保险的赔偿处理

（一）机动车辆保险赔偿的一般规定

1. 索赔单证

当发生保险事故，被保险人提出索赔时，应当向保险人提供与确认保险事故的性质、原因、损失程度等有关的证明和资料，具体包括保险单、损失清单、有关费用单据、保险车辆行驶证和发生事故时驾驶人员的驾驶证。属于道路交通事故的保险事故，被保险人应当提供公安交通管理部门或法院等机构出具的事故证明，以及有关的法律文书（裁定书、裁决书、调解书和判决书等）；属于非道路交通事故或公安交通管理部门不进行处理的事故，应提供相关的事故证明。被保险人提供的各种必要的单证齐全后，保险人应当迅速审查核定。赔款金额经保险合同双方确认后，保险人在10天内一次性赔偿结案。

2. 赔偿原则

商业车险的赔偿实行过错责任赔偿的原则，保险人依据保险车辆驾驶人在事故中所负责任比例，承担相应的赔偿责任。被保险人依据有关法律法规选择自行协商或由公安交通管理部门处理事故。未确定事故责任比例的，保险人按照下列规定确定事故责任比例：保险车辆方负事故主要责任的，责任比例为70%；保险车辆方负事故同等责任的，责任比例为50%；保险车辆方负事故次要责任的，责任比例为30%。

3. 有关免赔率的常见规定

以家庭自用汽车为例，介绍某保险公司在商业车险中的免赔率的规定。

（1）负次要事故责任的免赔率为5%，负同等事故责任的免赔率为8%，负主要事故责任的免赔率为10%，负全部事故责任或单方肇事事故的免赔率为15%。

（2）被保险机动车的损失应当由第三方负责赔偿的，无法找到第三方时，免赔率为30%。

（3）被保险人根据有关法律、法规规定选择自行协商方式处理交通事故，不能证明事故原因的，免赔率为20%。

（4）投保时指定驾驶人，保险事故发生时为非指定驾驶人使用被保险车辆的，增加免赔率10%。

（5）投保时约定行驶区域，保险事故发生在约定行驶区域外的，增加免赔率10%。

（二）机动车辆损失险的赔偿处理

在机动车辆保险合同有效期内，对保险车辆发生保险事故而遭受的损失或费用支出，保险人的赔偿处理一般如下：

1. 赔款的计算

（1）全部损失。全部损失是指保险车辆整体损毁或保险车辆受损严重失去修复价值，或保险车辆的修复费用达到或超过出险当时的实际价值，保险人按推定全损赔偿。

保险车辆发生全部损失后，以保险金额与出险当时的实际价值进行比较，确定赔款数额。如果保险金额高于出险当时的实际价值，按出险当时的实际价值计算赔偿。其计算公式为：

赔款=（实际价值-残值）×事故责任比例×（1-免赔率之和）-绝对免赔额

如果保险金额等于或低于出险当时的实际价值，按保险金额计算赔偿。其计算公式为：

赔款=（保险金额-残值）×事故责任比例×（1-免赔率之和）-绝对免赔额

保险车辆出险当时的实际价值的确定方法主要有两种：一是按出险时同类型车辆的市场购置价减去该车已使用年限折旧金额后的价值确定；二是按出险当时同类车型、相似使用时间、相似使用状况的车辆在市场上的交易价格确定。折旧按每满1年扣除1年计算；折旧率按国家有关规定执行，最高不超过新车购置价的80%。

【例8-7】2019年7月15日，冯某购买家庭用桑塔纳轿车一辆，新车购置价13万元，在某保险公司投保了商业车损险，车损险保额8万元。2019年8月5日晚，冯某驾驶被保险车辆在高速路上撞上路边护栏，致使车辆报废，出险时车辆实际价值10万元，经保险公司鉴定残值12 000元，此事故经交警裁定冯某负事故全部责任，试计算商业车损险赔款。

赔款=（保险金额-残值）×事故责任比例×（1-免赔率之和）

=（80 000-12 000）×100%×（1-15%）

=57 800（元）

（2）部分损失。部分损失是指保险车辆受损后，未达到“整体损毁”或“推定全损”程度的局部损失。保险车辆发生部分损失后，根据保险金额与投保时新车购置价，确定赔款数额。

保险车辆的保险金额按投保时新车购置价确定的，无论保险金额是否低于出险当时的新车购置价，均按照实际修复费用赔偿，其计算公式为：

赔款=（实际修复费用-残值）×事故责任比例×（1-免赔率之和）-绝对免赔额

保险车辆的保险金额低于投保时的新车购置价的，按照保险金额与投保时的新车购置价比例计算赔偿，其计算公式为：

$$赔款=\left(\text{实际修复费用}-残值\right)\times\frac{保险金额}{新车购置价}\times\text{事故责任比例}\times\left(1-\text{免赔率之和}\right)-\text{绝对免赔额}$$

保险车辆最高赔款金额以保险金额为限。当保险车辆部分损失一次赔款金额与免赔金额之和大于或等于保险金额时，车辆损失险的保险责任即行终止。保险车辆在保险期限内，不论发生几次保险责任范围内的部分损失或费用支出，只要每次赔款加免赔金额之和未达到保险金额，其保险责任就仍然有效。

2. 施救费用的分摊

施救费用仅限于对保险车辆的必要、合理的施救费用支出。如果施救的财产中含有保险车辆以外的财产，则应按保险车辆的实际价值占施救总财产实际价值的比例分摊施救费用。

3. 残值处理

保险车辆遭受损失后的剩余部分，应由保险人与被保险人协商处理。

4. 代位求偿权的行使

当保险车辆发生保单列明的保险责任范围内的损失是由第三方造成，应由第三方负责赔偿时，被保险人应当先向第三方索赔。如果第三方不予支付，被保险人应提起诉讼。在法院立案的情况下，保险人可以根据被保险人提出的书面赔偿请求，按照保险合同的规定予以赔偿，但被保险人应将向第三方追偿的权利部分或全部转让给保险人，并协助保险人向第三方追偿。由于被保险人放弃对第三方请求赔偿的权利或因其过错致使保险人不能行使代位追偿权利的，保险人不承担赔偿责任或相应扣减保险赔偿金。

（三）机动车交通事故责任强制保险的赔偿处理

在赔偿顺序上，交强险是第一顺序，商业机动车保险是第二顺序。因此，交强险的赔款理算，将影响商业机动车保险的赔款理算。交强险对死亡伤残、医疗费用、财产损失三类分别设定了赔偿限额，同时设定了无责任赔偿限额，其赔款理算比较烦琐。

1. 交强险赔偿范围

被保险人在使用被保险机动车过程中发生交通事故，致使受害人（不包括被保险机动车辆本车车上人员、被保险人）遭受人身伤亡或者财产损失的，依法应当由被保险人承担的损害赔偿责任，保险人按照交强险合同的约定对每次事故在分项赔偿限额内负责赔偿。

2. 交强险赔偿项目

（1）受害人的死亡伤残费用，包括死亡补偿费、丧葬费、受害人亲属办理交通事故支出的合理交通费、残疾赔偿费、残疾辅助器具费、护理费、康复费、被抚养人生活费、住宿费、误工费、被保险人依照法院判决或者调解所承担的精神抚慰金。

（2）受害人的医疗费用，包括医药费、诊疗费、住院费、住院伙食补助费、必要和合理的后续治疗费、整容费、营养费等。

（3）受害人的财产损失费用和施救费用。

3. 赔偿限额

根据交强险的规定，车辆在道路交通事故中有责任的赔偿限额为：死亡伤残赔偿限额110 000元，医疗费用赔偿限额10 000元，财产损失赔偿限额2 000元；车辆在道路交通事故中无责任的赔偿限额为：死亡伤残赔偿限额11 000元、医疗费用赔偿限额1 000元、财产损失赔偿限额100元。

【例 8-8】被保险机动车甲发生交通事故，导致骑车人王某受伤，事故造成伤者王某发生医药费 12 000 元，护理费 800 元，误工费 4 500 元，自行车损失 200 元。甲车交强险赔款计算如下（因医疗费用 12 000 元超过医疗费用责任限额，按责任限额计算）：

赔款=死亡伤残费用赔款+医疗费用赔款+财产损失赔款

=（4 500+800）+10 000+200=15 500（元）

4. 交强险的连续赔偿制

机动车交通事故责任强制保险实行的是连续责任制，第三者责任事故赔偿后，保险责任继续有效，直至保险期满。之所以采用这样的赔偿制，是为了最大限度地保护交通事故中受害人的权益。

（四）机动车商业第三者责任保险的赔偿处理

1. 赔偿范围

保险车辆发生责任事故时涉及第三者损失，保险人依照法律、法规和该保险合同的约定，在保险单载明的赔偿限额内核定应由被保险人承担的超出交强险赔偿限额部分的赔款。

2. 事故赔偿责任比例和免赔率的规定

商业第三者责任险的赔偿责任比例与免赔率的规定等同于机动车辆损失保险。

3. 赔款计算

（1）当应承担赔偿金额超过赔偿限额时：

赔款=赔偿限额×（1−免赔率之和）

（2）当应承担赔偿金额超过赔偿限额时：

赔款=应承担赔偿金额×（1−免赔率之和）

（注：应承担赔偿金额是指被保险人在事故中按照责任比例应承担的损失金额，即应承担赔偿金额=损失金额×事故责任比例）

【例 8-9】甲车于 2017 年 7 月 5 日在某公司投保了交强险和 50 000 元的商业第三者责任险，于 2017 年 8 月 3 日与乙车发生碰撞事故，造成乙车车损 13 000 元。经交警裁定，甲车负 70% 的责任，乙车负 30% 的责任，计算甲车的赔款。

交强险赔款：乙车损失 13 000 元，已经超过了交强险财产损失赔偿限额 2 000 元，交强险按 2 000 元赔偿。

商业第三者责任险赔款：

甲车应承担赔偿金额=（13 000−2 000）×70%=7 700（元）

第三者责任险赔款=应承担赔偿金额×（1−免赔率之和）=7 700×（1−15%）=6 545（元）

4. 连续责任制

机动车商业第三者责任保险实行的是连续责任制，所以，第三者责任事故赔偿后，保险责任继续有效，直至保险期满。

当机动车辆发生第三者责任事故后，被保险人提出索赔时，应当向保险人提供与确认保险事故的性质、原因、损失程度等相关的证明和资料。另外，在机动车商业第三者责任保险的赔偿处理中还需要注意以下几个方面：

（1）对于不属于保险合同中规定的赔偿项目但被保险人已自行承诺或支付的费用，保险人有权重新核定或拒绝赔偿。

（2）主车、挂车在不同保险公司投保的，保险人按照保险单上载明的机动车交通事故责任强制保险赔偿限额比例分摊赔款。

（3）法院判决被保险人应赔偿第三者的损失包含间接损失的，保险人不予承担。

（4）保险人对第三者责任事故赔偿结案后，对受害第三者的任何赔偿费用的增加，保险人不再负责赔偿。

任务四 完成人身保险理赔业务

子任务一 了解人身保险的理赔流程

情境导入

张先生在投保了一份终身重大疾病保险之后（观察期已过），被医院确诊为尿毒症（终末期肾病），并立即入院接受治疗。在医院治疗期间，张先生向保险公司报案，并委托保险经纪人代为办理索赔事宜，保险经纪人去医院看望了张先生，指导张先生填写理赔申请书，并帮助他搜集相关单证向保险公司索赔。

从保险事故的发生到保险人做出赔款决定以及被保险人或受益人领到保险金的整个过程，需要经过一系列工作环节和处理流程。在通常情况下，一个索赔案件的处理要经过接案、立案、初审、调查、核定、复核与审批、结案与归档七个环节。每个环节都有不同的处理要求和规定，以保证理赔有序、高效进行。

一、接案

接案是指发生保险事故后，保险人接受客户的报案和索赔申请的过程。这一过程包括报案和索赔申请两个环节。

1. 报案

报案是指保险事故发生后，投保人或被保险人、受益人通知保险人发生保险事故的行为。《保险法》第二十一条规定：“投保人、被保险人或者受益人知道保险事故发生后，应当及时通知保险人。”

（1）报案的方式。报案人可以采用多种方式将保险事故通知保险人，可以亲自到保险公司当面口头通知，也可以用电话、电报、传真、信函等方式通知公司，当然也可以填写保险公司事先印制的事故通知书。其目的是将保险事故信息及时传递到保险公司，以便保险公司采取相应措施及时处理。

（2）报案的内容。报案人应在保险条款规定的时间内，及时将有关的重要信息通知保险公司的接案人。报案时需要提供的信息包括：投保人的姓名、被保险人或受益人的姓名及身份证件号码、被保险人的保单号、险种名称、出险时间、地点、简要经过和结果、就诊医院、病案号、联系地址及电话等。

（3）接案的要求。接案人员对报案人提供的信息应做好报案登记，准确记录报案时间，引导和询问报案人，尽可能掌握必要的信息。接案人员应根据所掌握的案情，依据相关的理赔规定，判断案件性质以及是否需要采取适当的应急措施，并在“报案登记表”中注明。对于应立即展开调查的案件，例如预计赔付金额较大或社会影响较大的案件，应尽快通知理赔主管及调查人员展开调查；对于应保留现场的案件，还应通知报案人采取相应的保护措施。

2. 索赔申请

索赔是指保险事故发生后，被保险人或受益人依据保险合同向保险人请求赔偿损失或给付保险金的行为。客户报案只是履行将保险事故及时通知保险公司的一项义务，并不等同于保险索赔。报案是投保人、被保险人或受益人的义务，索赔是保险事故发生后被保险人或受益人的权利。

（1）对索赔申请人资格的要求。索赔申请人是对保险金具有请求权的人，如被保险人、受益人。例如，人身保险身故保险金给付应由保险合同约定的身故受益人提出申请，没有指定受益人时，则由被保险人的法定继承人作为申请人提出申请；如果受益人或继承人系无民事行为能力者，则由其法定监护人提出申请。人身保险中被保险人在生存状态下的保险金给付申请，如伤残保险金给付、医疗保险（津贴）给付、重疾保险金案件，受益人均为被保险人本人，应由被保险人本人提出申请，如被保险人系无民事行为能力者，则由其法定监护人提出申请。

（2）索赔时效。保险事故发生后，被保险人或受益人必须在规定的时间内向保险人请求赔偿或给付保险金，这一期间称为索赔时效期间。在索赔时效期间内，被保险人或受益人享有向保险人索赔的权利。超过索赔时效期间以后，被保险人或受益人向保险人索赔的权利丧失，保险人对索赔不再受理。《保险法》第二十六条规定：“人寿保险的被保险人或者受益人向保险人请求给付保险金的诉讼时效期间为五年，自其知道或者应当知道保险事故发生之日起计算。”

（3）索赔的举证责任。索赔的举证责任指索赔权利人向保险人索赔时应承担的提供证据的义务，证明保险事故已经发生，保险人应当承担赔偿或给付保险金的责任。《保险法》第二十二条规定：“保险事故发生后，按照保险合同请求保险人赔偿或者给付保险金时，投保人、被保险人或者受益人应当向保险人提供其所能提供的与确认保险事故的性质、原因、损失程度等有关的证明和资料。保险人按照合同的约定，认为有关的证明和资料不完整的，应当及时一次性通知投保人、被保险人或者受益人补充提供。”

人身保险索赔项目应备的文件和资料见表8-1。索赔申请资料获取的途径见表8-2。

二、立案

立案是指保险公司核赔部门受理客户索赔申请，并进行登记和编号，使案件进入正式的处理阶段。

1. 索赔资料的提交

申请人按一定的格式要求填写“索赔申请书”，并提交相应的证明和资料给保险公司；如果申请人不能亲自到保险公司办理，而是委托他人代为办理，受托人还应提交申请人签署的“理赔授权委托书”。

2. 索赔资料受理

保险公司的受理人员在审核材料后，在一式两联的“理赔资料受理凭证”上注明已接收的证明和资料，注明受理时间并签名，一联留存公司，一联交申请人存执，作为日后受理索赔申请的凭据。受理人如发现证明材料不齐，应向申请人说明原因，并通知其尽快补齐证明材料。

3. 立案条件

要立案的索赔申请必须符合以下条件：保险合同责任范围内的保险事故已经发生；保险事故在保险合同有效期内发生；在《保险法》规定时效内提出索赔申请；提供的索赔资料齐备。

表 8-1 **索赔项目应备的文件和资料**

索赔资料	索赔项目								
	死亡			健康给付				残疾给付	
	疾病	意外	宣告死亡	住院医疗	意外医疗	住院津贴	重大疾病	疾病	意外
理赔申请书	√	√	√	√	√	√	√	√	√
保险合同原件	√	√	√	√	√	√	√	√	√
被保险人身份证或户籍证明	√	√	√	√	√	√	√	√	√
受益人身份证或户籍证明	√	√	√						
死亡证明、户籍注销证明及火化证明三者中的二者	√	√	√						
意外事故证明		√			√				√
病历报告/诊断证明书							√		
残疾程度鉴定书								√	√
门、急诊或住院病历	√			√	√	√	√	√	√
医疗费原始发票				√	√	√			
出院证明						√		√	√
住院费用清单				√	√				

表 8-2　**索赔申请资料获取途径**

索赔申请资料	获取途径
理赔申请书、授权委托书	可通过保险公司网站下载，也可在客户服务网点领取或向保险业务员索取
诊断证明	在医院就诊后医生可以为病人开具诊断证明
住院费用收据明细及清单	在办理出院手续时医院会向病人提供住院费用收据明细及清单、出院小结或出院记录
门/急诊病历（手册）及处方	在医院门/急诊就诊时，医院会提供门/急诊病历（手册）及处方
病理报告及其他各项检查结果	病理等相关检查用以明确诊断，在进行检查后请及时向医生索要检查报告
伤残鉴定书	理赔部首先为客户出具鉴定通知书，客户带身份证明、相关病理资料、诊断证明及检查结果到鉴定机构进行鉴定
意外事故证明	交通事故应向交警部门索要“交通事故责任认定书”，意外被打伤或遭抢劫等应提供公安机关的“事故证明”，若是工伤事故由相关单位开具工伤证明
死亡证明书	在医院内身故，医院会出具“居民医学死亡证明书”，若在医院以外的地方身故，公安机关会核实死亡原因，并出具“死亡证明”

4. 立案处理

对经审核符合立案条件的索赔申请进行立案登记，并生成赔案编号，记录立案时间、经办人等情况，然后将所有资料按一定顺序存放在案卷内，移交到下一工作环节。

三、初审

初审是指核赔人员对索赔申请案件的性质、合同的有效性初步审查的过程。初审的要点包括：

（1）审核出险时保险合同是否有效。初审人员根据保险合同、最近一次缴费凭证或缴费记录等材料，判断申请索赔的保险合同在出险时是否有效，特别注意出险日期前后，保险合同是否有复效或其他变动的处理。

（2）审核出险事故的性质。初审人员还应该审核出险事故是否在保险责任条款约定的事故范围之内，或者出险事故是否属于保险合同责任免除条款或是否符合约定的免责规定。

（3）审核申请人所提供的证明材料是否完整、有效。首先，根据客户的索赔申请和事故材料，判断出险事故索赔申请的类型，如医疗给付、残疾给付等；其次，检查证明材料是否为相应事故类型所需的各种证明材料；最后，检查证明材料是否合法、真实、有效、完整，是否为相应的机关或部门如公安、医院等所出具。

（4）审核出险事故是否需要理赔调查。初审人员根据索赔提供的证明材料以及案件的性质、案情的状况等判断该案件是否需要进一步理赔调查，并依判断结果分别做出相应处理。对需要调查的案件，提出调查重点和调查要求，提交调查人员进行调查；待调查人员提交调查报告后，再提出初审意见。对不需要调查的案件，提出初审意见后，将案件移交理算人员计算理赔。

四、调查

核赔调查在核赔处理中占有重要的位置，对核赔处理结果有决定性影响。调查就是对客观事实进行核实和查证的过程，核赔调查时需要注意以下几个方面：调查必须本着实事求是的原则；调查应力求迅速、准确、及时、全面；调查人员在查勘过程中禁止就理赔事项做出任何形式的承诺；调查应遵循回避原则；调查完毕应及时撰写调查报告，真实、客观地反映调查情况。

五、核定

核定的含义是对索赔案件做出给付、拒付、豁免处理并计算给付保险金额的过程。理赔人员在对案卷进行理算前，应审核案卷所附资料是否足以做出正确的给付或拒付处理，如资料不完整，应及时通知相关人员一次性补齐相关资料；对资料尚有疑义的案件，需通知调查人员进一步调查核实。理赔人员根据保险合同以及类别的划分进行理赔计算，缮制“理赔计算书”和“理赔案件处理呈批表”。具体地说，核定的内容包括：

（1）给付理赔计算。对于正常给付的索赔案件，应根据保险合同的内容、险种、给付责任、保额和出险情况等计算出给付的保险金额。例如，身故保险金根据合同中的身故责任进行计算；伤残保险金则根据伤残程度及鉴定结果，按规定比例计算；医疗保险金则根据客户支付的医疗费用进行计算。

（2）拒付。对应拒付的案件，理赔人员做拒付确认，并记录拒付处理意见及原因；对于由此终止的保险合同，应在处理意见中注明，并按条款约定计算应退还保费或现金价值以及补扣款项及金额；对于继续有效的保险合同，应在处理意见中注明，将合同置为继续有效状态。

（3）豁免保费计算。对于应豁免保费的案件，理赔人员应做豁免的确认，同时将合同置于豁免保险费状态。

（4）理赔计算的注意事项。理赔计算的结果直接涉及客户的经济利益，因此必须保证给付保险金额计算准确无误；同时在理赔计算中涉及补扣款的项目，须一并计算。在理赔计算时应扣款的项目包括：在宽限期内出险，应扣除欠交保险费；客户有借款及应收利息的，应扣除借款及利息；有预付赔款应将预付赔款金额扣除；其他应扣除的项目。应补款项目包括：预交保险费；未领取满期保险金；未领取红利、利差等其他应补款项目。

六、复核与审批

复核是核赔业务处理中具有把关作用的一个关键环节。通过复核，能够发现业务处理过程中的疏忽和错误并及时予以纠正；同时，复核对核赔人员也具有监督和约束的作用，防止核赔人员的个人因素对核赔结果产生影响，保证核赔处理的客观性和公正性，因而也是核赔部门内部风险防范的一个重要环节。复核的内容及要点包括：出险人的确认；保险期间的确认；出险事故原因及性质的确认；保险责任的确认；证明材料完整性与有效性的确认；理赔计算准确性与完整性的确认。

审批是指根据案件的性质、给付金额、核赔权限以及审批制度对已复核的案件逐级呈报，由有相应审批权限的主管进行审批的环节。一般对于一些重大、特殊、疑难案件，还须成立赔案审查委员会，集体对案件进行审理，根据审批结果进行相应处理。批复需重新理赔计算的案件，应退回由理赔计算人员重新理算；批复需进一步调查的案件，应通知调查人员继续调查；批复同意的案件，则移入下一个处理环节。

七、结案与归档

阅读材料 8-4

倒签单骗保案例

结案人员根据理赔案件呈批的结果，缮制《给（拒）付通知书》或《豁免保险通知书》，并寄送申请人。拒付案件应注明拒付原因及保险合同效力终止的原因，如有退费款项，应同时在通知书中予以反映，并注明金额及领款人，提示前来领款。给付案件应注明给付金额、受益人姓名，提示受益人凭相关证件前来办理领款手续。领款人凭《给（拒）付通知书》和相关证件办理领款手续，保险公司应对领款人的身份进行确认，以保证保险金正确支付给合同规定的受益人。领款人可以通过现金、现金支票、银行转账或其他允许的方式领取应得款项，并由保险公司的财务部门按规定支付相应金额的款项。结案人员根据保险合同效力是否终止，修改保险合同的状态，并做结案标识。最后，结案人员将已结案的理赔案件的所有材料按规定的顺序排放，并按业务档案管理的要求进行归档管理，以便将来查阅和使用。

教学互动 8-2

请思考，人身保险的理赔流程与财产保险的理赔流程有哪些不同？导致这些不同的主要原因是什么？

人身保险理赔流程如图 8-2 所示。

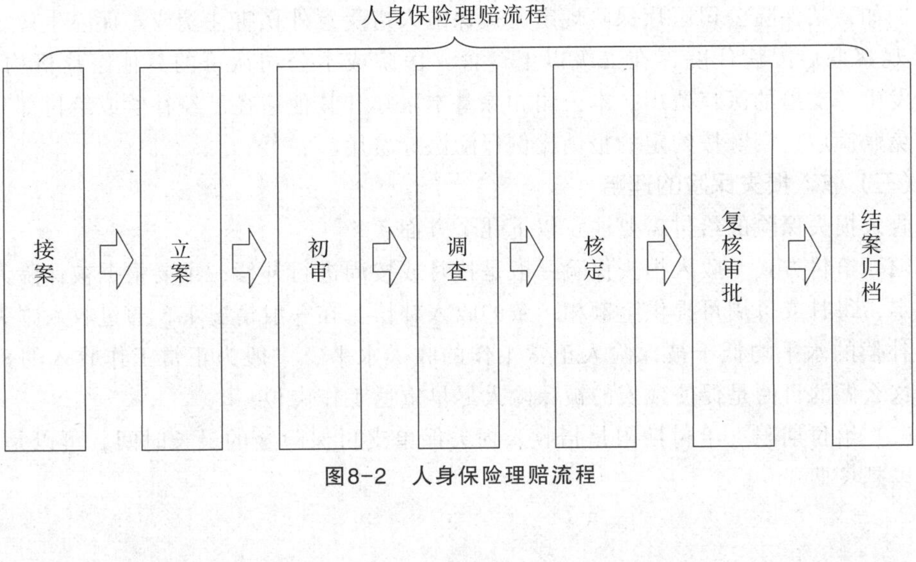

图8-2 人身保险理赔流程

子任务二　熟悉人身保险主要险种的理赔

一、人寿保险的理赔

人寿保险的理赔大都是死亡给付，部分人寿保险产品也承保高度残疾。人寿保险注重的是被保险人高度残疾或死亡的结果，只要能证明被保险人高度残疾或死亡，保险人即按照合同约定的保险金额给付保险金。而且，人寿保险的除外责任和争议都较少，一般能尽快履行赔付责任。

人寿保险的死亡给付包括生理死亡和宣告死亡。死亡即机体生命活动和新陈代谢的终止，在法律上发生效力的死亡包括两种情况：一是生理死亡，即已被证实的死亡；二是宣告死亡，即按照法律程序推定的死亡。《中华人民共和国民法典》第四十六条规定："公民有下列情形之一的，利害关系人可以向人民法院申请宣告该自然人死亡：（一）下落不明满四年的；（二）因意外事故下落不明，从事故发生之日起满二年的。"

二、健康保险的理赔

（一）疾病保险的理赔

在保险实务中，大部分疾病保险是重大疾病保险，重大疾病保险一般属于定额给付型的保险，只要被保险人患有保险合同中约定的重大疾病，保险公司即一次性给付重大疾病保险金。另外，目前国内绝大部分重大疾病保险均包含了死亡责任，死亡责任一般争议较少。而重疾责任的理赔难点在于疾病的认定需要专业人员来裁定，因此重疾责任的理赔相对来说比较专业和复杂。

（二）医疗保险的理赔

医疗保险与其他定额给付型的人身保险不同，其属于补偿性合同，按照被保险人实际支付的医疗费用，在扣除免赔额之后按照一定的比例进行报销，即以被保险人的实际损失（医疗费用）为限，被保险人获得的医疗保险金最高不超过其所支出的医疗费用。

例如，某保险公司医疗保险规定，被保险人遭受意外伤害住院或本保险生效之日起90日观察期后因病住院，在二级以上（含）医院或本公司认可的其他医疗机构诊疗，实际发生并支出的医疗费用，本公司扣除基本医疗和其他途径已经补偿或给付部分及约定的免赔额后，余额按约定的报销比例保险医疗费用。

（三）收入损失保险的理赔

收入损失保险的给付需要注意以下几个方面：

（1）给付方式。收入损失保险一般是按月或按周进行补偿，主要根据被保险人的选择而定，每月或每周可提供金额相一致的收入补偿。在一般情况下，通过收入损失保险获得补偿的水平均低于被保险人正常工作的收入水平，一般为正常工作收入的80%左右。这么做的目的是促使残疾的被保险人尽早重返工作岗位。

（2）给付期限。给付期限是指收入损失保单支付保险金的最长时间，可以是短期，也可以是长期。

（3）规定免责期间。免责期间是指在发生残疾失能后无保险金可领取的一段时间。免责期间类似于医疗费用保险中的免责期或自负额，在此期间保险人不给付任何补偿。设定免责期主要是为了减少小额赔付支出，同时控制医疗成本，避免浪费。

目前，在我国保险市场中，收入损失保险主要针对疾病或意外伤害住院期间的收入损失提供保障，给付方式通常采取住院天数乘以每日收入津贴的方式，不过保险公司为了避免医疗资源浪费，一般会规定免责期以及最长给付天数。

【例8-10】某收入损失保险的保险期限为1年，规定免责期为3日，1年之内最长给付天数为180天。某人投保此险种时选择的收入津贴为200元每天，投保后此人在保险期限内因病住院10天，则保险公司赔付1 400元，即（10-3）×200=1 400（元）。

三、人身意外伤害保险的理赔

（一）人身意外伤害保险的保险责任

人身意外伤害保险的保险责任是被保险人因意外伤害所致的死亡和残疾。人身意外伤害保险的保险责任由三个必要条件构成。

1. 被保险人遭受了意外伤害

被保险人在保险期限内遭受意外伤害是构成意外伤害保险的保险责任的首要条件。这一首要条件包括两方面的要求：

（1）被保险人遭受意外伤害必须是客观发生的事实，而不是臆想的或推测的。

（2）被保险人遭受意外伤害的客观事实必须发生在保险期限之内。如果被保险人在保险期限开始以前曾遭受意外伤害，而在保险期限内死亡或残疾，不构成保险责任。

2. 被保险人死亡或残疾

被保险人在保险期限或责任期限内死亡或残疾是构成意外伤害保险的保险责任的必要条件之一。这一必要条件包括以下两方面的要求：

（1）被保险人死亡或残疾。

（2）被保险人的死亡或残疾发生在保险期限或责任期限之内。

被保险人遭受意外伤害，并自该意外伤害发生之日起180日内因该意外伤害导致身故，保险公司按照约定的保险金额给付身故保险金。

责任期限对于意外伤害造成的残疾实际上是确定残疾程度的期限。如果被保险人在保险期限内遭受意外伤害，治疗结束后被确定为残疾时责任期限尚未结束，当然可以根据确定的残疾程度给付残疾保险金。但是，如果被保险人在保险期限内遭受意外伤害，责任期限结束时治疗仍未结束，尚不能确定最终是否造成残疾以及造成何种程度的残疾时，应该推定在责任期限结束的这一时点上，被保险人的组织残缺或器官正常机能的丧失是否为永久性的，即以这一时点的情况确定残疾程度，并按照这一残疾程度给付残疾保险金。即使以后被保险人经过治疗痊愈或残疾程度减轻，保险人也不能追回全部或部分残疾保险金。同理，如果以后被保险人残疾程度加重或死亡，保险人也不追加给付保险金。

对于被保险人在保险期限内因意外事故下落不明，自事故发生之日起满2年，法院宣告被保险人死亡后责任期限已经超过的情况，可以在人身意外伤害保险条款中订明失踪条款或在保险单上签注关于失踪的特别约定，规定被保险人确因意外伤害事故下落不明超过一定期限（如3个月、6个月等）时，视同被保险人死亡，保险人给付死亡保险金；如果被保险人以后生还，受领保险金的人应把保险金返还给保险人。

3. 意外伤害是死亡或残疾的直接原因或近因

在人身意外伤害保险中，被保险人在保险期限内遭受了意外伤害，并且在责任期限内死亡或残疾，并不意味着必然构成保险责任。只有当意外伤害与死亡、残疾之间存在因果关系，即意外伤害是死亡或残疾的直接原因或近因时，才构成保险责任。

构成人身意外伤害保险的保险责任的三个必要条件必须同时具备，缺一不可。

（二）人身意外伤害保险的保险金给付

当人身意外伤害保险责任构成时，保险人按保险合同中约定的保险金额给付死亡保险金或残疾保险金。

在人身意外伤害保险合同中，死亡保险金的数额是保险合同规定的，当被保险人死亡时如数支付。残疾保险金的数额由保险金额和残疾程度两个因素确定。残疾程度一般以百分率表示，残疾保险金数额的计算公式是：

残疾保险金=保险金额×残疾程度百分率

在意外伤害保险合同中，应列举残疾程度百分率，列举得越详尽，在给付残疾保险金时，保险人和被保险人就越不易发生争执。但是，列举不可能完备穷尽，无论残疾程度百分率列举得如何详尽，也不可能包括所有的情况。对于残疾程度百分比率中未列举的情况，只能由当事人之间按照公平合理的原则，参照列举的残疾程度百分率协商确定。协商不一致时，可提请有关机关仲裁或由人民法院审判。

意外伤害保险的保险金额不仅是确定死亡保险金、残疾保险金数额的依据，而且是保险人给付保险金的最高限额，即保险人给付每一被保险人的死亡保险金和残疾保险金，累计以不超过该被保险人的保险金额为限。当一次意外伤害造成被保险人身体若干部位残疾时，保险人按保险金额与被保险人身体各部位残疾程度百分率之和的乘积计算残疾保险金；如果各部位残疾程度百分率之和超过100%，则按保险金额给付残疾保险金。被保险人在保险期限内多次遭受意外伤害时，保险人对每次意外伤害造成的残疾或死亡均按保险合同中的规定给付保险金，但给付的保险金以累计不超过保险金额为限。我国执行多年的七级三十四项残疾程度及给付比例表见表8-3。

表8-3 七级三十四项残疾程度及给付比例表

等级	项目	残疾程度	给付比例
第一级	1	双目永久完全失明的	100%
	2	两上肢腕关节以上或两下肢踝关节以上缺失的	
	3	一上肢腕关节以上及一下肢踝关节以上缺失的	
	4	一目永久完全失明及一上肢腕关节以上缺失的	
	5	一目永久完全失明及一下肢踝关节以上缺失的	

续表

等级	项目	残疾程度	给付比例
第一级	6	四肢关节机能永久完全丧失的	100%
	7	咀嚼、吞咽机能永久完全丧失的	
	8	中枢神经系统机能或胸、腹部脏器机能极度障碍，终身不能从事任何工作，为维持生命必要的日常活动，全需他人扶助的	
第二级	9	两上肢，或两下肢，或一上肢及一下肢，各有三大关节中的两个关节以上机能永久完全丧失的	75%
	10	十手指缺失的	
第三级	11	一上肢腕关节以上缺失或一上肢的三大关节全部机能永久完全丧失的	50%
	12	一下肢踝关节以上缺失或一下肢的三大关节全部机能永久完全丧失的	
	13	双耳听觉机能永久完全丧失的	
	14	十手指机能永久完全丧失的	
	15	十足趾缺失的	
第四级	16	一目永久完全失明的	30%
	17	一上肢的三大关节中，有二关节之机能永久完全丧失的	
	18	一下肢的三大关节中，有二关节之机能永久完全丧失的	
	19	一手含拇指及食指，有四手指以上缺失的	
	20	一下肢永久缩短5厘米以上	
	21	语言机能永久完全丧失的	
	22	十足趾机能永久完全丧失的	
第五级	23	一上肢三大关节中，有一关节之机能完全丧失的	20%
	24	一下肢三大关节中，有一关节之机能永久完全丧失的	
	25	两手拇指缺失的	
	26	一足五趾缺失的	
	27	两眼眼睑显著缺失的	
	28	一耳听觉机能永久完全丧失的	
	29	鼻部缺损且嗅觉机能遗存显著障碍的	

续表

等级	项目	残疾程度	给付比例
第六级	30	一手拇指及食指缺失，或含拇指或食指有三个或三个以上手指缺失的	15%
	31	一手含拇指或食指有三个或三个以上手指机能永久完全丧失的	
	32	一足五趾机能永久完全丧失的	
第七级	33	一手拇指或食指缺失，或中指、无名指和小指中有两个或两个以上缺失	10%
	34	一手拇指及食指机能永久完全丧失的	

项目小结

本项目的主要任务是完成财产保险和人身保险主要险种的理赔处理。

在理赔的过程中，需要遵循两个基本原则——近因原则和损失补偿原则。近因是造成损失的最直接、最有效、起主导性作用的原因。近因原则的基本含义是：如果造成保险标的损失的近因属于保险责任，保险人就应负赔偿责任。损失补偿原则的基本含义是：当保险标的在保险期限内发生了保险事故并造成损失时，被保险人获得的保险赔偿以其遭受的实际损失为限，不能让被保险人通过保险获得额外的利益。

财产保险理赔的程序主要包括案件受理、现场查勘、审核保险责任、损失核定、赔付或拒赔处理、结案归档等几个步骤。本书主要介绍了企业财产保险、家庭财产保险和机动车辆保险的理赔处理。

人身保险的理赔流程在通常情况下，一般要经过接案、立案、初审、调查、核定、复核与审批、结案与归档七个环节。本书主要介绍了人寿保险、健康保险（包括疾病保险、医疗保险、收入损失保险）和人身意外伤害保险的理赔。

重点回顾

1. 损失补偿原则的含义及应用。
2. 企业财产保险的赔偿处理。
3. 机动车辆保险的赔偿处理。
4. 人身意外伤害保险的理赔。

基础知识练习

一、单项选择题

1. 某居民以房屋投保家庭财产保险，投保时保额为50万元，投保不久房屋便发生保险事故全部损毁，房屋遭损时的市价为40万元，保险公司应赔偿（　　）保险金。

A. 50万元　　B. 40万元　　C. 0元　　D. 90万元

2.某人投保财产保险，保额为10万元，因保险事故损失了1 000元，若保险公司规定绝对免赔额为500元，保险公司应赔偿（　　）保险金。

A. 1 000元　　B. 500元　　C. 300元　　D. 10万元

3.我国保险法规定的重复保险分摊采用的方式是（　　）。

A.顺序责任制　　B.比例责任制

C.限额责任制　　D.由保险公司自行确定

4.以下不适用损失补偿原则的是（　　）。

A.人寿保险　　B.医疗费用保险

C.家庭财产保险　　D.机动车辆保险

5.保险人行使代位求偿权时，若追偿到的款额大于其赔偿给被保险人的款额，对超过部分的正确处理方式是（　　）。

A.据为己有　　B.归被保险人所有

C.由保险人与被保险人平分　　D.上交有关部门

6.物上代位权的取得一般是通过委付实现的，而委付常用于（　　）。

A.海上保险　　B.责任保险

C.火灾保险　　D.家庭财产保险

7.意外伤害保单的被保险人王某，在保险期间的某日被一骑车人撞倒跌入路边水渠内，因吸入水导致高烧合并肺炎，最后因严重肺炎而死亡，对于王某妻子的索赔，保险人正确的处理方式是（　　）。

A. 王某死亡的近因是肺炎，属于除外责任，保险人不给付保险金

B. 王某死亡的近因是被撞，属于保险责任，保险人应给付保险金

C. 肺炎属于新介入的原因，与被撞之间无因果关系，保险人不给付保险金

D. 王某死亡与被撞和肺炎均有关，保险人只给付50%的保险金

8.人寿保险的被保险人或者受益人向保险人申请给付保险金的诉讼时效期间为（　　）年。

A. 2　　B. 1　　C. 5　　D. 3

9.某一年期医疗保险，保额为1万元，观察期90天，报销比例为90%，绝对免赔额为100元，若被保险人投保半年后生病住院，符合报销范围的医疗费用为8 100元，保险公司应赔偿（　　）。

A. 8100元　　B. 10 000元　　C. 7 200元　　D. 7 290元

10.某企业投保企业财产综合保险，保额为100万元，在保险期间内出现一次保险事故导致财产部分损失了10万元，出险时财产实际价值为90万元，则保险公司应赔偿（　　）。

A.100万元　　B.90万元　　C.9万元　　D.10万元

二、多项选择题

1.从近因的认定与保险责任的确定来看，主要包括（　　）。

A. 单一原因　　B. 多种原因同时发生

C. 多种原因连续发生　　D. 多种原因间断发生

2. 计算损失补偿的赔偿方法包括（　　）。

A. 比例赔偿方法　　B. 第一危险赔偿方法

C. 限额责任赔偿方法　　D. 免赔额（率）赔偿方法

3. 保险理赔必须坚持的原则包括（　　）。

A. 重合同、守信用　　B. 主动、迅速、准确、合理

C. 实事求是　　D. 有案必赔

4. 重复保险的分摊方法有（　　）。

A. 算术平均法　　B. 比例责任分摊方法

C. 限额责任分摊方法　　D. 顺序责任分摊方法

三、计算题

1. 甲、乙保险人承保同一财产，甲承保保额为50万元，乙承保保额为70万元，损失金额为60万元，根据比例责任制，则甲和乙各自应承担的赔偿金额为多少？

2. 张某投保车辆损失险，保额为10万元，在一次保险事故中车辆全损，出险时车辆的实际价值为8万元，残值为1万元，张某在事故中负80%的责任，请计算机动车辆损失险的赔款（负主要责任时事故责任免赔率为10%）。

3. 某人将其所有的房屋及附属设备、室内装潢、室内财产投保了家庭财产保险，房屋及附属设备和室内装潢保额为90万元，室内财产总保额10万元，其中，家用电器保额为2万元，家具保额为6万元，衣物及床上用品保额为2万元。

出险时，房屋及附属设备和室内装潢的实际价值为100万元，发生部分损失30万元；室内财产的实际损失为：家用电器1.5万元，家具7万元，衣物及床上用品0.5万元。

（1）房屋及附属设备和室内装潢应赔偿多少保险金？

（2）根据第一危险赔偿方式，室内财产应赔偿多少保险金？

实战演练

1. 在实训软件上完成财产保险和人身保险的理赔操作。

2. 根据情境资料填写“理赔申请书”（见表8-4）。

情境：2016年6月2日，张辉先生因身体不适去医院检查，2016年6月5日，经某市第一人民医院确诊，张先生患有尿毒症（终末期肾病），确诊后张先生立即入院治疗。张先生于2016年6月6日向保险公司提出理赔申请，索赔时张先生仍在治疗中。

被保险人信息：

张辉，职业：企业管理人员，身份证号450106198005183000，证件有效期至2025年5月6日，手机号13911188788，联系地址：某市滨海区永乐小区7号楼603室。

投保险种信息：

张辉先生投保了中国人寿康宁重大疾病保险，保单生效日为2015年5月24日，保

险合同号2015-285-NN-763489342，该险种保险期间保至70周岁，保险金额为10万元。授权转账银行卡为中国工商银行，账号0200218301021231457。

该险种承保的重大疾病有：恶性肿瘤、急性心肌梗死、脑中风后遗症、重大器官移植术或造血干细胞移植术、冠状动脉搭桥术、终末期肾病（或称慢性肾功能衰竭尿毒症期）、急性或重症肝炎、良性脑肿瘤、严重脑损伤、阿尔茨海默病、帕金森病、深度昏迷、终末期肺病、重型再生障碍性贫血、主动脉手术、重症肌无力、严重原发性心肌病、严重原发性肺动脉高压、严重运动神经元病、脑动脉瘤开颅手术。

表8-4　　理赔申请书示例

中国人寿保险股份有限公司
China Life Insurance Company Limted

填写前请您阅读本申请书具体字及背面收益提示理赔申请书 报案编号：

申请人信息	姓名		性别		与出险人关系	□本人 □配偶 □父母 □子女 □其他：______		
	证件类型	□身份证 □其他____	证件号码					
	保险金达到1万元人民币或1 000美元请填写本行		证件有效期限	年　月　日	国籍		职业	
	固定电话	—	手机		电子邮箱			
	联系地址	省/直辖市　　市　　区/县						
	付款方式	□银行转账 □现金	开户银行					
	银行账号							
出险人	姓名		性别		联系地址			
	证件类型	□身份证 □ 其他______	证件号码					
	保险金达到1万元人民币或1 000美元请填写本行		证件有效期限	年　月　日	国籍		职业	
	提示：若出险人与申请人为同一人，则无须填写本栏。							
事故经过	时间：　年　月　日　时		地点：					
	详细经过：（如曾住院，请填写住院资料，如：医院名称、起始日期、疾病诊断名称等。）							
出险人现状	□治疗中　□治疗结束　□身故（身故日：　　年　　月　　日）　□残疾（失能）							

续表

<table>
<tr><td colspan="3">保险合同号码</td><td>授权变更项目</td></tr>
<tr><td>1</td><td colspan="2"></td><td>□固定电话 □手机 □电子邮箱 □联系地址
□连带变更本人其他保险合同的上述项目</td></tr>
<tr><td>2</td><td colspan="2"></td><td>□固定电话 □手机 □电子邮箱 □联系地址</td></tr>
<tr><td>3</td><td colspan="2"></td><td>□固定电话 □手机 □电子邮箱 □联系地址</td></tr>
<tr><td>4</td><td colspan="2"></td><td>□固定电话 □手机 □电子邮箱 □联系地址</td></tr>
<tr><td colspan="4">保险合同变更授权：若本申请书载明的本人固定电话、手机、电子邮箱或联系地址与本人保险合同相关项目不一致，本人同意贵公司按本申请书内容变更保险合同相关项目。</td></tr>
<tr><td colspan="2">□出险人在其他保险公司投保</td><td>承保公司</td><td></td></tr>
<tr><td colspan="2">□出险人已获第三方给付（赔偿）</td><td>给付机构</td><td></td></tr>
<tr><td colspan="4">申请人声明及授权：
1.本人承诺本申请书内容完全属实，并授权贵公司选择任意联系方式向本人发送各类通知并保留相关录音、回执或电子文档；若因本申请书填写不准确导致贵公司无法及时、准确给付保险金或送达各类通知书，贵公司不承担责任。
2.本人承诺向贵公司提交符合保险合同约定且完善、真实、有效的理赔资料，否则贵公司有权拒绝受理理赔申请。
3.本人承诺在向贵公司提交本申请书时，同时提供本人及委托人身份证明原件，否则贵公司有权拒绝受理理赔申请。
4.本人谨此授权凡知道或拥有任何有关被保险人健康及其他情况的任何医生、医院、保险公司、其他机构或人士，均可将所需的有关资料提供给贵公司。此申请书的影印本具有同等效力。</td></tr>
<tr><td colspan="4">申请人签名：申请日期： 年 月 日</td></tr>
</table>

受理人签名： 作业流水号：受理日期： 年 月 日

项目八 练习题参考答案及解析

主要参考文献

[1] 中国保险行业协会. 保险基础知识 [M]. 北京：中国金融出版社，2020.

[2] 梁涛，南沈卫. 保险实务 [M]. 北京：中国金融出版社，2012.

[3] 王健康，周灿. 机动车辆保险实务操作 [M]. 3版. 北京：电子工业出版社，2016.

[4] 李玉菲，蒋菲. 保险实务综合技能训练 [M]. 北京：电子工业出版社，2011.

[5] 中国保险行业协会. 2016互联网保险行业发展报告 [M]. 北京：中国金融出版社，2017.

[6] 付荣辉，李丞北. 保险原理与实务 [M]. 2版. 北京：清华大学出版社，2014.

[7] 张洪涛，王国良. 保险核保与理赔 [M]. 北京：中国人民大学出版社，2006.

[8] 应世昌. 中外精选保险案例评析 [M]. 上海：上海财经大学出版社，2005.

[9] 张洪涛，王国良. 财产保险案例分析 [M]. 北京：中国人民大学出版社，2006.

[10] 张洪涛，庄作瑾. 人身保险案例分析 [M]. 北京：中国人民大学出版社，2006.

[11] 朱进元，刘勇，魏丽. 保险科技 [M]. 北京：中信出版集团，2018.

[12] 王和. 保险的未来 [M]. 北京：中信出版集团，2019.

[13] 中国保险行业协会. 2020年度保险诉讼典型案例报告 [M]. 北京：法律出版社，2021.

中华人民共和国保险法

（1995年6月30日第八届全国人民代表大会常务委员会第十四次会议通过；根据2002年10月28日第九届全国人民代表大会常务委员会第三十次会议《关于修改〈中华人民共和国保险法〉的决定》第一次修正；2009年2月28日第十一届全国人民代表大会常务委员会第七次会议修订；根据2014年8月31日第十二届全国人民代表大会常务委员会第十次会议《关于修改〈中华人民共和国保险法〉等五部法律的决定》第二次修正；根据2015年4月24日第十二届全国人民代表大会常务委员会第十四次会议《关于修改〈中华人民共和国计量法〉等五部法律的决定》第三次修正）

目　录

第一章　总则

第一条　为了规范保险活动，保护保险活动当事人的合法权益，加强对保险业的监督管理，维护社会经济秩序和社会公共利益，促进保险事业的健康发展，制定本法。

第二条　本法所称保险，是指投保人根据合同约定，向保险人支付保险费，保险人对于合同约定的可能发生的事故因其发生所造成的财产损失承担赔偿保险金责任，或者当被保险人死亡、伤残、疾病或者达到合同约定的年龄、期限等条件时承担给付保险金责任的商业保险行为。

第三条 在中华人民共和国境内从事保险活动，适用本法。

第四条 从事保险活动必须遵守法律、行政法规，尊重社会公德，不得损害社会公共利益。

第五条 保险活动当事人行使权利、履行义务应当遵循诚实信用原则。

第六条 保险业务由依照本法设立的保险公司以及法律、行政法规规定的其他保险组织经营，其他单位和个人不得经营保险业务。

第七条 在中华人民共和国境内的法人和其他组织需要办理境内保险的，应当向中华人民共和国境内的保险公司投保。

第八条 保险业和银行业、证券业、信托业实行分业经营、分业管理，保险公司与银行、证券、信托业务机构分别设立。国家另有规定的除外。

第九条 国务院保险监督管理机构依法对保险业实施监督管理。

国务院保险监督管理机构根据履行职责的需要设立派出机构。派出机构按照国务院保险监督管理机构的授权履行监督管理职责。

第二章 保险合同

第一节 一般规定

第十条 保险合同是投保人与保险人约定保险权利义务关系的协议。

投保人是指与保险人订立保险合同，并按照合同约定负有支付保险费义务的人。

保险人是指与投保人订立保险合同，并按照合同约定承担赔偿或者给付保险金责任的保险公司。

第十一条 订立保险合同，应当协商一致，遵循公平原则确定各方的权利和义务。

除法律、行政法规规定必须保险的外，保险合同自愿订立。

第十二条 人身保险的投保人在保险合同订立时，对被保险人应当具有保险利益。

财产保险的被保险人在保险事故发生时，对保险标的应当具有保险利益。

人身保险是以人的寿命和身体为保险标的的保险。

财产保险是以财产及其有关利益为保险标的的保险。

被保险人是指其财产或者人身受保险合同保障，享有保险金请求权的人。投保人可以为被保险人。

保险利益是指投保人或者被保险人对保险标的具有的法律上承认的利益。

第十三条 投保人提出保险要求，经保险人同意承保，保险合同成立。保险人应当及时向投保人签发保险单或者其他保险凭证。

保险单或者其他保险凭证应当载明当事人双方约定的合同内容。当事人也可以约定采用其他书面形式载明合同内容。

依法成立的保险合同，自成立时生效。投保人和保险人可以对合同的效力约定附条件或者附期限。

第十四条　保险合同成立后，投保人按照约定交付保险费，保险人按照约定的时间开始承担保险责任。

第十五条　除本法另有规定或者保险合同另有约定外，保险合同成立后，投保人可以解除合同，保险人不得解除合同。

第十六条　订立保险合同，保险人就保险标的或者被保险人的有关情况提出询问的，投保人应当如实告知。

投保人故意或者因重大过失未履行前款规定的如实告知义务，足以影响保险人决定是否同意承保或者提高保险费率的，保险人有权解除合同。

前款规定的合同解除权，自保险人知道有解除事由之日起，超过三十日不行使而消灭。自合同成立之日起超过二年的，保险人不得解除合同；发生保险事故的，保险人应当承担赔偿或者给付保险金的责任。

投保人故意不履行如实告知义务的，保险人对于合同解除前发生的保险事故，不承担赔偿或者给付保险金的责任，并不退还保险费。

投保人因重大过失未履行如实告知义务，对保险事故的发生有严重影响的，保险人对于合同解除前发生的保险事故，不承担赔偿或者给付保险金的责任，但应当退还保险费。

保险人在合同订立时已经知道投保人未如实告知的情况的，保险人不得解除合同；发生保险事故的，保险人应当承担赔偿或者给付保险金的责任。

保险事故是指保险合同约定的保险责任范围内的事故。

第十七条　订立保险合同，采用保险人提供的格式条款的，保险人向投保人提供的投保单应当附格式条款，保险人应当向投保人说明合同的内容。

对保险合同中免除保险人责任的条款，保险人在订立合同时应当在投保单、保险单或者其他保险凭证上作出足以引起投保人注意的提示，并对该条款的内容以书面或者口头形式向投保人作出明确说明；未作提示或者明确说明的，该条款不产生效力。

第十八条　保险合同应当包括下列事项：

（一）保险人的名称和住所；

（二）投保人、被保险人的姓名或者名称、住所，以及人身保险的受益人的姓名或者名称、住所；

（三）保险标的；

（四）保险责任和责任免除；

（五）保险期间和保险责任开始时间；

（六）保险金额；

（七）保险费以及支付办法；

（八）保险金赔偿或者给付办法；

（九）违约责任和争议处理；

（十）订立合同的年、月、日。

投保人和保险人可以约定与保险有关的其他事项。

受益人是指人身保险合同中由被保险人或者投保人指定的享有保险金请求权的人。

投保人、被保险人可以为受益人。

保险金额是指保险人承担赔偿或者给付保险金责任的最高限额。

第十九条 采用保险人提供的格式条款订立的保险合同中的下列条款无效：

（一）免除保险人依法应承担的义务或者加重投保人、被保险人责任的；

（二）排除投保人、被保险人或者受益人依法享有的权利的。

第二十条 投保人和保险人可以协商变更合同内容。

变更保险合同的，应当由保险人在保险单或者其他保险凭证上批注或者附贴批单，或者由投保人和保险人订立变更的书面协议。

第二十一条 投保人、被保险人或者受益人知道保险事故发生后，应当及时通知保险人。故意或者因重大过失未及时通知，致使保险事故的性质、原因、损失程度等难以确定的，保险人对无法确定的部分，不承担赔偿或者给付保险金的责任，但保险人通过其他途径已经及时知道或者应当及时知道保险事故发生的除外。

第二十二条 保险事故发生后，按照保险合同请求保险人赔偿或者给付保险金时，投保人、被保险人或者受益人应当向保险人提供其所能提供的与确认保险事故的性质、原因、损失程度等有关的证明和资料。

保险人按照合同的约定，认为有关的证明和资料不完整的，应当及时一次性通知投保人、被保险人或者受益人补充提供。

第二十三条 保险人收到被保险人或者受益人的赔偿或者给付保险金的请求后，应当及时作出核定；情形复杂的，应当在三十日内作出核定，但合同另有约定的除外。保险人应当将核定结果通知被保险人或者受益人；对属于保险责任的，在与被保险人或者受益人达成赔偿或者给付保险金的协议后十日内，履行赔偿或者给付保险金义务。保险合同对赔偿或者给付保险金的期限有约定的，保险人应当按照约定履行赔偿或者给付保险金义务。

保险人未及时履行前款规定义务的，除支付保险金外，应当赔偿被保险人或者受益人因此受到的损失。

任何单位和个人不得非法干预保险人履行赔偿或者给付保险金的义务，也不得限制被保险人或者受益人取得保险金的权利。

第二十四条 保险人依照本法第二十三条的规定作出核定后，对不属于保险责任的，应当自作出核定之日起三日内向被保险人或者受益人发出拒绝赔偿或者拒绝给付保险金通知书，并说明理由。

第二十五条 保险人自收到赔偿或者给付保险金的请求和有关证明、资料之日起六十日内，对其赔偿或者给付保险金的数额不能确定的，应当根据已有证明和资料可以确定的数额先予支付；保险人最终确定赔偿或者给付保险金的数额后，应当支付相应的差额。

第二十六条 人寿保险以外的其他保险的被保险人或者受益人，向保险人请求赔偿或者给付保险金的诉讼时效期间为二年，自其知道或者应当知道保险事故发生之日起计算。

人寿保险的被保险人或者受益人向保险人请求给付保险金的诉讼时效期间为五年，

自其知道或者应当知道保险事故发生之日起计算。

第二十七条　未发生保险事故，被保险人或者受益人谎称发生了保险事故，向保险人提出赔偿或者给付保险金请求的，保险人有权解除合同，并不退还保险费。

投保人、被保险人故意制造保险事故的，保险人有权解除合同，不承担赔偿或者给付保险金的责任；除本法第四十三条规定外，不退还保险费。

保险事故发生后，投保人、被保险人或者受益人以伪造、变造的有关证明、资料或者其他证据，编造虚假的事故原因或者夸大损失程度的，保险人对其虚报的部分不承担赔偿或者给付保险金的责任。

投保人、被保险人或者受益人有前三款规定行为之一，致使保险人支付保险金或者支出费用的，应当退回或者赔偿。

第二十八条　保险人将其承担的保险业务，以分保形式部分转移给其他保险人的，为再保险。

应再保险接受人的要求，再保险分出人应当将其自负责任及原保险的有关情况书面告知再保险接受人。

第二十九条　再保险接受人不得向原保险的投保人要求支付保险费。

原保险的被保险人或者受益人不得向再保险接受人提出赔偿或者给付保险金的请求。

再保险分出人不得以再保险接受人未履行再保险责任为由，拒绝履行或者迟延履行其原保险责任。

第三十条　采用保险人提供的格式条款订立的保险合同，保险人与投保人、被保险人或者受益人对合同条款有争议的，应当按照通常理解予以解释。对合同条款有两种以上解释的，人民法院或者仲裁机构应当作出有利于被保险人和受益人的解释。

第二节　人身保险合同

第三十一条　投保人对下列人员具有保险利益：

（一）本人；

（二）配偶、子女、父母；

（三）前项以外与投保人有抚养、赡养或者扶养关系的家庭其他成员、近亲属；

（四）与投保人有劳动关系的劳动者。

除前款规定外，被保险人同意投保人为其订立合同的，视为投保人对被保险人具有保险利益。

订立合同时，投保人对被保险人不具有保险利益的，合同无效。

第三十二条　投保人申报的被保险人年龄不真实，并且其真实年龄不符合合同约定的年龄限制的，保险人可以解除合同，并按照合同约定退还保险单的现金价值。保险人行使合同解除权，适用本法第十六条第三款、第六款的规定。

投保人申报的被保险人年龄不真实，致使投保人支付的保险费少于应付保险费的，保险人有权更正并要求投保人补交保险费，或者在给付保险金时按照实付保险费与应付保险费的比例支付。

投保人申报的被保险人年龄不真实，致使投保人支付的保险费多于应付保险费的，保险人应当将多收的保险费退还投保人。

第三十三条 投保人不得为无民事行为能力人投保以死亡为给付保险金条件的人身保险，保险人也不得承保。

父母为其未成年子女投保的人身保险，不受前款规定限制。但是，因被保险人死亡给付的保险金总和不得超过国务院保险监督管理机构规定的限额。

第三十四条 以死亡为给付保险金条件的合同，未经被保险人同意并认可保险金额的，合同无效。

按照以死亡为给付保险金条件的合同所签发的保险单，未经被保险人书面同意，不得转让或者质押。

父母为其未成年子女投保的人身保险，不受本条第一款规定限制。

第三十五条 投保人可以按照合同约定向保险人一次支付全部保险费或者分期支付保险费。

第三十六条 合同约定分期支付保险费，投保人支付首期保险费后，除合同另有约定外，投保人自保险人催告之日起超过三十日未支付当期保险费，或者超过约定的期限六十日未支付当期保险费的，合同效力中止，或者由保险人按照合同约定的条件减少保险金额。

被保险人在前款规定期限内发生保险事故的，保险人应当按照合同约定给付保险金，但可以扣减欠交的保险费。

第三十七条 合同效力依照本法第三十六条规定中止的，经保险人与投保人协商并达成协议，在投保人补交保险费后，合同效力恢复。但是，自合同效力中止之日起满二年双方未达成协议的，保险人有权解除合同。

保险人依照前款规定解除合同的，应当按照合同约定退还保险单的现金价值。

第三十八条 保险人对人寿保险的保险费，不得用诉讼方式要求投保人支付。

第三十九条 人身保险的受益人由被保险人或者投保人指定。

投保人指定受益人时须经被保险人同意。投保人为与其有劳动关系的劳动者投保人身保险，不得指定被保险人及其近亲属以外的人为受益人。

被保险人为无民事行为能力人或者限制民事行为能力人的，可以由其监护人指定受益人。

第四十条 被保险人或者投保人可以指定一人或者数人为受益人。

受益人为数人的，被保险人或者投保人可以确定受益顺序和受益份额；未确定受益份额的，受益人按照相等份额享有受益权。

第四十一条 被保险人或者投保人可以变更受益人并书面通知保险人。保险人收到变更受益人的书面通知后，应当在保险单或者其他保险凭证上批注或者附贴批单。

投保人变更受益人时须经被保险人同意。

第四十二条 被保险人死亡后，有下列情形之一的，保险金作为被保险人的遗产，由保险人依照《中华人民共和国继承法》的规定履行给付保险金的义务：

（一）没有指定受益人，或者受益人指定不明无法确定的；

（二）受益人先于被保险人死亡，没有其他受益人的；

（三）受益人依法丧失受益权或者放弃受益权，没有其他受益人的。

受益人与被保险人在同一事件中死亡，且不能确定死亡先后顺序的，推定受益人死亡在先。

第四十三条　投保人故意造成被保险人死亡、伤残或者疾病的，保险人不承担给付保险金的责任。投保人已交足二年以上保险费的，保险人应当按照合同约定向其他权利人退还保险单的现金价值。

受益人故意造成被保险人死亡、伤残、疾病的，或者故意杀害被保险人未遂的，该受益人丧失受益权。

第四十四条　以被保险人死亡为给付保险金条件的合同，自合同成立或者合同效力恢复之日起二年内，被保险人自杀的，保险人不承担给付保险金的责任，但被保险人自杀时为无民事行为能力人的除外。

保险人依照前款规定不承担给付保险金责任的，应当按照合同约定退还保险单的现金价值。

第四十五条　因被保险人故意犯罪或者抗拒依法采取的刑事强制措施导致其伤残或者死亡的，保险人不承担给付保险金的责任。投保人已交足二年以上保险费的，保险人应当按照合同约定退还保险单的现金价值。

第四十六条　被保险人因第三者的行为而发生死亡、伤残或者疾病等保险事故的，保险人向被保险人或者受益人给付保险金后，不享有向第三者追偿的权利，但被保险人或者受益人仍有权向第三者请求赔偿。

第四十七条　投保人解除合同的，保险人应当自收到解除合同通知之日起三十日内，按照合同约定退还保险单的现金价值。

第三节　财产保险合同

第四十八条　保险事故发生时，被保险人对保险标的不具有保险利益的，不得向保险人请求赔偿保险金。

第四十九条　保险标的转让的，保险标的的受让人承继被保险人的权利和义务。

保险标的转让的，被保险人或者受让人应当及时通知保险人，但货物运输保险合同和另有约定的合同除外。

因保险标的转让导致危险程度显著增加的，保险人自收到前款规定的通知之日起三十日内，可以按照合同约定增加保险费或者解除合同。保险人解除合同的，应当将已收取的保险费，按照合同约定扣除自保险责任开始之日起至合同解除之日止应收的部分后，退还投保人。

被保险人、受让人未履行本条第二款规定的通知义务的，因转让导致保险标的危险程度显著增加而发生的保险事故，保险人不承担赔偿保险金的责任。

第五十条　货物运输保险合同和运输工具航程保险合同，保险责任开始后，合同当事人不得解除合同。

第五十一条　被保险人应当遵守国家有关消防、安全、生产操作、劳动保护等方面的规定，维护保险标的的安全。

保险人可以按照合同约定对保险标的的安全状况进行检查，及时向投保人、被保险人提出消除不安全因素和隐患的书面建议。

投保人、被保险人未按照约定履行其对保险标的的安全应尽责任的，保险人有权要求增加保险费或者解除合同。

保险人为维护保险标的的安全，经被保险人同意，可以采取安全预防措施。

第五十二条　在合同有效期内，保险标的的危险程度显著增加的，被保险人应当按照合同约定及时通知保险人，保险人可以按照合同约定增加保险费或者解除合同。保险人解除合同的，应当将已收取的保险费，按照合同约定扣除自保险责任开始之日起至合同解除之日止应收的部分后，退还投保人。

被保险人未履行前款规定的通知义务的，因保险标的的危险程度显著增加而发生的保险事故，保险人不承担赔偿保险金的责任。

第五十三条　有下列情形之一的，除合同另有约定外，保险人应当降低保险费，并按日计算退还相应的保险费：

（一）据以确定保险费率的有关情况发生变化，保险标的的危险程度明显减少的；

（二）保险标的的保险价值明显减少的。

第五十四条　保险责任开始前，投保人要求解除合同的，应当按照合同约定向保险人支付手续费，保险人应当退还保险费。保险责任开始后，投保人要求解除合同的，保险人应当将已收取的保险费，按照合同约定扣除自保险责任开始之日起至合同解除之日止应收的部分后，退还投保人。

第五十五条　投保人和保险人约定保险标的的保险价值并在合同中载明的，保险标的发生损失时，以约定的保险价值为赔偿计算标准。

投保人和保险人未约定保险标的的保险价值的，保险标的发生损失时，以保险事故发生时保险标的的实际价值为赔偿计算标准。

保险金额不得超过保险价值。超过保险价值的，超过部分无效，保险人应当退还相应的保险费。

保险金额低于保险价值的，除合同另有约定外，保险人按照保险金额与保险价值的比例承担赔偿保险金的责任。

第五十六条　重复保险的投保人应当将重复保险的有关情况通知各保险人。

重复保险的各保险人赔偿保险金的总和不得超过保险价值。除合同另有约定外，各保险人按照其保险金额与保险金额总和的比例承担赔偿保险金的责任。

重复保险的投保人可以就保险金额总和超过保险价值的部分，请求各保险人按比例返还保险费。

重复保险是指投保人对同一保险标的、同一保险利益、同一保险事故分别与两个以上保险人订立保险合同，且保险金额总和超过保险价值的保险。

第五十七条　保险事故发生时，被保险人应当尽力采取必要的措施，防止或者减少损失。

保险事故发生后，被保险人为防止或者减少保险标的的损失所支付的必要的、合理的费用，由保险人承担；保险人所承担的费用数额在保险标的损失赔偿金额以外另行计算，最高不超过保险金额的数额。

第五十八条　保险标的发生部分损失的，自保险人赔偿之日起三十日内，投保人可以解除合同；除合同另有约定外，保险人也可以解除合同，但应当提前十五日通知投保人。

合同解除的，保险人应当将保险标的未受损失部分的保险费，按照合同约定扣除自保险责任开始之日起至合同解除之日止应收的部分后，退还投保人。

第五十九条　保险事故发生后，保险人已支付了全部保险金额，并且保险金额等于保险价值的，受损保险标的的全部权利归于保险人；保险金额低于保险价值的，保险人按照保险金额与保险价值的比例取得受损保险标的的部分权利。

第六十条　因第三者对保险标的的损害而造成保险事故的，保险人自向被保险人赔偿保险金之日起，在赔偿金额范围内代位行使被保险人对第三者请求赔偿的权利。

前款规定的保险事故发生后，被保险人已经从第三者取得损害赔偿的，保险人赔偿保险金时，可以相应扣减被保险人从第三者已取得的赔偿金额。

保险人依照本条第一款规定行使代位请求赔偿的权利，不影响被保险人就未取得赔偿的部分向第三者请求赔偿的权利。

第六十一条　保险事故发生后，保险人未赔偿保险金之前，被保险人放弃对第三者请求赔偿的权利的，保险人不承担赔偿保险金的责任。

保险人向被保险人赔偿保险金后，被保险人未经保险人同意放弃对第三者请求赔偿的权利的，该行为无效。

被保险人故意或者因重大过失致使保险人不能行使代位请求赔偿的权利的，保险人可以扣减或者要求返还相应的保险金。

第六十二条　除被保险人的家庭成员或者其组成人员故意造成本法第六十条第一款规定的保险事故外，保险人不得对被保险人的家庭成员或者其组成人员行使代位请求赔偿的权利。

第六十三条　保险人向第三者行使代位请求赔偿的权利时，被保险人应当向保险人提供必要的文件和所知道的有关情况。

第六十四条　保险人、被保险人为查明和确定保险事故的性质、原因和保险标的的损失程度所支付的必要的、合理的费用，由保险人承担。

第六十五条　保险人对责任保险的被保险人给第三者造成的损害，可以依照法律的规定或者合同的约定，直接向该第三者赔偿保险金。

责任保险的被保险人给第三者造成损害，被保险人对第三者应负的赔偿责任确定的，根据被保险人的请求，保险人应当直接向该第三者赔偿保险金。被保险人怠于请求的，第三者有权就其应获赔偿部分直接向保险人请求赔偿保险金。

责任保险的被保险人给第三者造成损害，被保险人未向该第三者赔偿的，保险人不得向被保险人赔偿保险金。

责任保险是指以被保险人对第三者依法应负的赔偿责任为保险标的的保险。

第六十六条　责任保险的被保险人因给第三者造成损害的保险事故而被提起仲裁或

者诉讼的，被保险人支付的仲裁或者诉讼费用以及其他必要的、合理的费用，除合同另有约定外，由保险人承担。

第三章 保险公司

第六十七条 设立保险公司应当经国务院保险监督管理机构批准。

国务院保险监督管理机构审查保险公司的设立申请时，应当考虑保险业的发展和公平竞争的需要。

第六十八条 设立保险公司应当具备下列条件：

（一）主要股东具有持续盈利能力，信誉良好，最近三年内无重大违法违规记录，净资产不低于人民币二亿元；

（二）有符合本法和《中华人民共和国公司法》规定的章程；

（三）有符合本法规定的注册资本；

（四）有具备任职专业知识和业务工作经验的董事、监事和高级管理人员；

（五）有健全的组织机构和管理制度；

（六）有符合要求的营业场所和与经营业务有关的其他设施；

（七）法律、行政法规和国务院保险监督管理机构规定的其他条件。

第六十九条 设立保险公司，其注册资本的最低限额为人民币二亿元。

国务院保险监督管理机构根据保险公司的业务范围、经营规模，可以调整其注册资本的最低限额，但不得低于本条第一款规定的限额。

保险公司的注册资本必须为实缴货币资本。

第七十条 申请设立保险公司，应当向国务院保险监督管理机构提出书面申请，并提交下列材料：

（一）设立申请书，申请书应当载明拟设立的保险公司的名称、注册资本、业务范围等；

（二）可行性研究报告；

（三）筹建方案；

（四）投资人的营业执照或者其他背景资料，经会计师事务所审计的上一年度财务会计报告；

（五）投资人认可的筹备组负责人和拟任董事长、经理名单及本人认可证明；

（六）国务院保险监督管理机构规定的其他材料。

第七十一条 国务院保险监督管理机构应当对设立保险公司的申请进行审查，自受理之日起六个月内作出批准或者不批准筹建的决定，并书面通知申请人。决定不批准的，应当书面说明理由。

第七十二条 申请人应当自收到批准筹建通知之日起一年内完成筹建工作；筹建期间不得从事保险经营活动。

第七十三条 筹建工作完成后，申请人具备本法第六十八条规定的设立条件的，可以向国务院保险监督管理机构提出开业申请。

国务院保险监督管理机构应当自受理开业申请之日起六十日内，作出批准或者不批准开业的决定。决定批准的，颁发经营保险业务许可证；决定不批准的，应当书面通知申请人并说明理由。

第七十四条 保险公司在中华人民共和国境内设立分支机构，应当经保险监督管理机构批准。

保险公司分支机构不具有法人资格，其民事责任由保险公司承担。

第七十五条 保险公司申请设立分支机构，应当向保险监督管理机构提出书面申请，并提交下列材料：

（一）设立申请书；

（二）拟设机构三年业务发展规划和市场分析材料；

（三）拟任高级管理人员的简历及相关证明材料；

（四）国务院保险监督管理机构规定的其他材料。

第七十六条 保险监督管理机构应当对保险公司设立分支机构的申请进行审查，自受理之日起六十日内作出批准或者不批准的决定。决定批准的，颁发分支机构经营保险业务许可证；决定不批准的，应当书面通知申请人并说明理由。

第七十七条 经批准设立的保险公司及其分支机构，凭经营保险业务许可证向工商行政管理机关办理登记，领取营业执照。

第七十八条 保险公司及其分支机构自取得经营保险业务许可证之日起六个月内，无正当理由未向工商行政管理机关办理登记的，其经营保险业务许可证失效。

第七十九条 保险公司在中华人民共和国境外设立子公司、分支机构，应当经国务院保险监督管理机构批准。

第八十条 外国保险机构在中华人民共和国境内设立代表机构，应当经国务院保险监督管理机构批准。代表机构不得从事保险经营活动。

第八十一条 保险公司的董事、监事和高级管理人员，应当品行良好，熟悉与保险相关的法律、行政法规，具有履行职责所需的经营管理能力，并在任职前取得保险监督管理机构核准的任职资格。

保险公司高级管理人员的范围由国务院保险监督管理机构规定。

第八十二条 有《中华人民共和国公司法》第一百四十六条规定的情形或者下列情形之一的，不得担任保险公司的董事、监事、高级管理人员：

（一）因违法行为或者违纪行为被金融监督管理机构取消任职资格的金融机构的董事、监事、高级管理人员，自被取消任职资格之日起未逾五年的；

（二）因违法行为或者违纪行为被吊销执业资格的律师、注册会计师或者资产评估机构、验证机构等机构的专业人员，自被吊销执业资格之日起未逾五年的。

第八十三条 保险公司的董事、监事、高级管理人员执行公司职务时违反法律、行政法规或者公司章程的规定，给公司造成损失的，应当承担赔偿责任。

第八十四条 保险公司有下列情形之一的，应当经保险监督管理机构批准：

（一）变更名称；

（二）变更注册资本；

（三）变更公司或者分支机构的营业场所；

（四）撤销分支机构；

（五）公司分立或者合并；

（六）修改公司章程；

（七）变更出资额占有限责任公司资本总额百分之五以上的股东，或者变更持有股份有限公司股份百分之五以上的股东；

（八）国务院保险监督管理机构规定的其他情形。

第八十五条 保险公司应当聘用专业人员，建立精算报告制度和合规报告制度。

第八十六条 保险公司应当按照保险监督管理机构的规定，报送有关报告、报表、文件和资料。

保险公司的偿付能力报告、财务会计报告、精算报告、合规报告及其他有关报告、报表、文件和资料必须如实记录保险业务事项，不得有虚假记载、误导性陈述和重大遗漏。

第八十七条 保险公司应当按照国务院保险监督管理机构的规定妥善保管业务经营活动的完整账簿、原始凭证和有关资料。

前款规定的账簿、原始凭证和有关资料的保管期限，自保险合同终止之日起计算，保险期间在一年以下的不得少于五年，保险期间超过一年的不得少于十年。

第八十八条 保险公司聘请或者解聘会计师事务所、资产评估机构、资信评级机构等中介服务机构，应当向保险监督管理机构报告；解聘会计师事务所、资产评估机构、资信评级机构等中介服务机构，应当说明理由。

第八十九条 保险公司因分立、合并需要解散，或者股东会、股东大会决议解散，或者公司章程规定的解散事由出现，经国务院保险监督管理机构批准后解散。

经营有人寿保险业务的保险公司，除因分立、合并或者被依法撤销外，不得解散。

保险公司解散，应当依法成立清算组进行清算。

第九十条 保险公司有《中华人民共和国企业破产法》第二条规定情形的，经国务院保险监督管理机构同意，保险公司或者其债权人可以依法向人民法院申请重整、和解或者破产清算；国务院保险监督管理机构也可以依法向人民法院申请对该保险公司进行重整或者破产清算。

第九十一条 破产财产在优先清偿破产费用和共益债务后，按照下列顺序清偿：

（一）所欠职工工资和医疗、伤残补助、抚恤费用，所欠应当划入职工个人账户的基本养老保险、基本医疗保险费用，以及法律、行政法规规定应当支付给职工的补偿金；

（二）赔偿或者给付保险金；

（三）保险公司欠缴的除第（一）项规定以外的社会保险费用和所欠税款；

（四）普通破产债权。

破产财产不足以清偿同一顺序的清偿要求的，按照比例分配。

破产保险公司的董事、监事和高级管理人员的工资，按照该公司职工的平均工资计算。

第九十二条 经营有人寿保险业务的保险公司被依法撤销或者被依法宣告破产的，

其持有的人寿保险合同及责任准备金，必须转让给其他经营有人寿保险业务的保险公司；不能同其他保险公司达成转让协议的，由国务院保险监督管理机构指定经营有人寿保险业务的保险公司接受转让。

转让或者由国务院保险监督管理机构指定接受转让前款规定的人寿保险合同及责任准备金的，应当维护被保险人、受益人的合法权益。

第九十三条 保险公司依法终止其业务活动，应当注销其经营保险业务许可证。

第九十四条 保险公司，除本法另有规定外，适用《中华人民共和国公司法》的规定。

第四章 保险经营规则

第九十五条 保险公司的业务范围：

（一）人身保险业务，包括人寿保险、健康保险、意外伤害保险等保险业务；

（二）财产保险业务，包括财产损失保险、责任保险、信用保险、保证保险等保险业务；

（三）国务院保险监督管理机构批准的与保险有关的其他业务。

保险人不得兼营人身保险业务和财产保险业务。但是，经营财产保险业务的保险公司经国务院保险监督管理机构批准，可以经营短期健康保险业务和意外伤害保险业务。

保险公司应当在国务院保险监督管理机构依法批准的业务范围内从事保险经营活动。

第九十六条 经国务院保险监督管理机构批准，保险公司可以经营本法第九十五条规定的保险业务的下列再保险业务：

（一）分出保险；

（二）分入保险。

第九十七条 保险公司应当按照其注册资本总额的百分之二十提取保证金，存入国务院保险监督管理机构指定的银行，除公司清算时用于清偿债务外，不得动用。

第九十八条 保险公司应当根据保障被保险人利益、保证偿付能力的原则，提取各项责任准备金。

保险公司提取和结转责任准备金的具体办法，由国务院保险监督管理机构制定。

第九十九条 保险公司应当依法提取公积金。

第一百条 保险公司应当缴纳保险保障基金。

保险保障基金应当集中管理，并在下列情形下统筹使用：

（一）在保险公司被撤销或者被宣告破产时，向投保人、被保险人或者受益人提供救济；

（二）在保险公司被撤销或者被宣告破产时，向依法接受其人寿保险合同的保险公司提供救济；

（三）国务院规定的其他情形。

保险保障基金筹集、管理和使用的具体办法，由国务院制定。

第一百零一条 保险公司应当具有与其业务规模和风险程度相适应的最低偿付能力。保险公司的认可资产减去认可负债的差额不得低于国务院保险监督管理机构规定的数额；低于规定数额的，应当按照国务院保险监督管理机构的要求采取相应措施达到规定的数额。

第一百零二条 经营财产保险业务的保险公司当年自留保险费，不得超过其实有资本金加公积金总和的四倍。

第一百零三条 保险公司对每一危险单位，即对一次保险事故可能造成的最大损失范围所承担的责任，不得超过其实有资本金加公积金总和的百分之十；超过的部分应当办理再保险。

保险公司对危险单位的划分应当符合国务院保险监督管理机构的规定。

第一百零四条 保险公司对危险单位的划分方法和巨灾风险安排方案，应当报国务院保险监督管理机构备案。

第一百零五条 保险公司应当按照国务院保险监督管理机构的规定办理再保险，并审慎选择再保险接受人。

第一百零六条 保险公司的资金运用必须稳健，遵循安全性原则。

保险公司的资金运用限于下列形式：

（一）银行存款；

（二）买卖债券、股票、证券投资基金份额等有价证券；

（三）投资不动产；

（四）国务院规定的其他资金运用形式。

保险公司资金运用的具体管理办法，由国务院保险监督管理机构依照前两款的规定制定。

第一百零七条 经国务院保险监督管理机构会同国务院证券监督管理机构批准，保险公司可以设立保险资产管理公司。

保险资产管理公司从事证券投资活动，应当遵守《中华人民共和国证券法》等法律、行政法规的规定。

保险资产管理公司的管理办法，由国务院保险监督管理机构会同国务院有关部门制定。

第一百零八条 保险公司应当按照国务院保险监督管理机构的规定，建立对关联交易的管理和信息披露制度。

第一百零九条 保险公司的控股股东、实际控制人、董事、监事、高级管理人员不得利用关联交易损害公司的利益。

第一百一十条 保险公司应当按照国务院保险监督管理机构的规定，真实、准确、完整地披露财务会计报告、风险管理状况、保险产品经营情况等重大事项。

第一百一十一条 保险公司从事保险销售的人员应当品行良好，具有保险销售所需的专业能力。保险销售人员的行为规范和管理办法，由国务院保险监督管理机构规定。

第一百一十二条 保险公司应当建立保险代理人登记管理制度，加强对保险代理人的培训和管理，不得唆使、诱导保险代理人进行违背诚信义务的活动。

第一百一十三条 保险公司及其分支机构应当依法使用经营保险业务许可证，不得转让、出租、出借经营保险业务许可证。

第一百一十四条 保险公司应当按照国务院保险监督管理机构的规定，公平、合理拟订保险条款和保险费率，不得损害投保人、被保险人和受益人的合法权益。

保险公司应当按照合同约定和本法规定，及时履行赔偿或者给付保险金义务。

第一百一十五条 保险公司开展业务，应当遵循公平竞争的原则，不得从事不正当竞争。

第一百一十六条 保险公司及其工作人员在保险业务活动中不得有下列行为：

（一）欺骗投保人、被保险人或者受益人；

（二）对投保人隐瞒与保险合同有关的重要情况；

（三）阻碍投保人履行本法规定的如实告知义务，或者诱导其不履行本法规定的如实告知义务；

（四）给予或者承诺给予投保人、被保险人、受益人保险合同约定以外的保险费回扣或者其他利益；

（五）拒不依法履行保险合同约定的赔偿或者给付保险金义务；

（六）故意编造未曾发生的保险事故、虚构保险合同或者故意夸大已经发生的保险事故的损失程度进行虚假理赔，骗取保险金或者牟取其他不正当利益；

（七）挪用、截留、侵占保险费；

（八）委托未取得合法资格的机构从事保险销售活动；

（九）利用开展保险业务为其他机构或者个人牟取不正当利益；

（十）利用保险代理人、保险经纪人或者保险评估机构，从事以虚构保险中介业务或者编造退保等方式套取费用等违法活动；

（十一）以捏造、散布虚假事实等方式损害竞争对手的商业信誉，或者以其他不正当竞争行为扰乱保险市场秩序；

（十二）泄露在业务活动中知悉的投保人、被保险人的商业秘密；

（十三）违反法律、行政法规和国务院保险监督管理机构规定的其他行为。

第五章 保险代理人和保险经纪人

第一百一十七条 保险代理人是根据保险人的委托，向保险人收取佣金，并在保险人授权的范围内代为办理保险业务的机构或者个人。

保险代理机构包括专门从事保险代理业务的保险专业代理机构和兼营保险代理业务的保险兼业代理机构。

第一百一十八条 保险经纪人是基于投保人的利益，为投保人与保险人订立保险合同提供中介服务，并依法收取佣金的机构。

第一百一十九条 保险代理机构、保险经纪人应当具备国务院保险监督管理机构规定的条件，取得保险监督管理机构颁发的经营保险代理业务许可证、保险经纪业务许可证。

第一百二十条 以公司形式设立保险专业代理机构、保险经纪人，其注册资本最低限额适用《中华人民共和国公司法》的规定。

国务院保险监督管理机构根据保险专业代理机构、保险经纪人的业务范围和经营规模，可以调整其注册资本的最低限额，但不得低于《中华人民共和国公司法》规定的限额。

保险专业代理机构、保险经纪人的注册资本或者出资额必须为实缴货币资本。

第一百二十一条 保险专业代理机构、保险经纪人的高级管理人员，应当品行良好，熟悉保险法律、行政法规，具有履行职责所需的经营管理能力，并在任职前取得保险监督管理机构核准的任职资格。

第一百二十二条 个人保险代理人、保险代理机构的代理从业人员、保险经纪人的经纪从业人员，应当品行良好，具有从事保险代理业务或者保险经纪业务所需的专业能力。

第一百二十三条 保险代理机构、保险经纪人应当有自己的经营场所，设立专门账簿记载保险代理业务、经纪业务的收支情况。

第一百二十四条 保险代理机构、保险经纪人应当按照国务院保险监督管理机构的规定缴存保证金或者投保职业责任保险。

第一百二十五条 个人保险代理人在代为办理人寿保险业务时，不得同时接受两个以上保险人的委托。

第一百二十六条 保险人委托保险代理人代为办理保险业务，应当与保险代理人签订委托代理协议，依法约定双方的权利和义务。

第一百二十七条 保险代理人根据保险人的授权代为办理保险业务的行为，由保险人承担责任。

保险代理人没有代理权、超越代理权或者代理权终止后以保险人名义订立合同，使投保人有理由相信其有代理权的，该代理行为有效。保险人可以依法追究越权的保险代理人的责任。

第一百二十八条 保险经纪人因过错给投保人、被保险人造成损失的，依法承担赔偿责任。

第一百二十九条 保险活动当事人可以委托保险公估机构等依法设立的独立评估机构或者具有相关专业知识的人员，对保险事故进行评估和鉴定。

接受委托对保险事故进行评估和鉴定的机构和人员，应当依法、独立、客观、公正地进行评估和鉴定，任何单位和个人不得干涉。

前款规定的机构和人员，因故意或者过失给保险人或者被保险人造成损失的，依法承担赔偿责任。

第一百三十条 保险佣金只限于向保险代理人、保险经纪人支付，不得向其他人支付。

第一百三十一条　保险代理人、保险经纪人及其从业人员在办理保险业务活动中不得有下列行为：

（一）欺骗保险人、投保人、被保险人或者受益人；

（二）隐瞒与保险合同有关的重要情况；

（三）阻碍投保人履行本法规定的如实告知义务，或者诱导其不履行本法规定的如实告知义务；

（四）给予或者承诺给予投保人、被保险人或者受益人保险合同约定以外的利益；

（五）利用行政权力、职务或者职业便利以及其他不正当手段强迫、引诱或者限制投保人订立保险合同；

（六）伪造、擅自变更保险合同，或者为保险合同当事人提供虚假证明材料；

（七）挪用、截留、侵占保险费或者保险金；

（八）利用业务便利为其他机构或者个人牟取不正当利益；

（九）串通投保人、被保险人或者受益人，骗取保险金；

（十）泄露在业务活动中知悉的保险人、投保人、被保险人的商业秘密。

第一百三十二条　本法第八十六条第一款、第一百一十三条的规定，适用于保险代理机构和保险经纪人。

第六章　保险业监督管理

第一百三十三条　保险监督管理机构依照本法和国务院规定的职责，遵循依法、公开、公正的原则，对保险业实施监督管理，维护保险市场秩序，保护投保人、被保险人和受益人的合法权益。

第一百三十四条　国务院保险监督管理机构依照法律、行政法规制定并发布有关保险业监督管理的规章。

第一百三十五条　关系社会公众利益的保险险种、依法实行强制保险的险种和新开发的人寿保险险种等的保险条款和保险费率，应当报国务院保险监督管理机构批准。国务院保险监督管理机构审批时，应当遵循保护社会公众利益和防止不正当竞争的原则。其他保险险种的保险条款和保险费率，应当报保险监督管理机构备案。

保险条款和保险费率审批、备案的具体办法，由国务院保险监督管理机构依照前款规定制定。

第一百三十六条　保险公司使用的保险条款和保险费率违反法律、行政法规或者国务院保险监督管理机构的有关规定的，由保险监督管理机构责令停止使用，限期修改；情节严重的，可以在一定期限内禁止申报新的保险条款和保险费率。

第一百三十七条　国务院保险监督管理机构应当建立健全保险公司偿付能力监管体系，对保险公司的偿付能力实施监控。

第一百三十八条　对偿付能力不足的保险公司，国务院保险监督管理机构应当将其列为重点监管对象，并可以根据具体情况采取下列措施：

（一）责令增加资本金、办理再保险；

（二）限制业务范围；

（三）限制向股东分红；

（四）限制固定资产购置或者经营费用规模；

（五）限制资金运用的形式、比例；

（六）限制增设分支机构；

（七）责令拍卖不良资产、转让保险业务；

（八）限制董事、监事、高级管理人员的薪酬水平；

（九）限制商业性广告；

（十）责令停止接受新业务。

第一百三十九条 保险公司未依照本法规定提取或者结转各项责任准备金，或者未依照本法规定办理再保险，或者严重违反本法关于资金运用的规定的，由保险监督管理机构责令限期改正，并可以责令调整负责人及有关管理人员。

第一百四十条 保险监督管理机构依照本法第一百三十九条的规定作出限期改正的决定后，保险公司逾期未改正的，国务院保险监督管理机构可以决定选派保险专业人员和指定该保险公司的有关人员组成整顿组，对公司进行整顿。

整顿决定应当载明被整顿公司的名称、整顿理由、整顿组成员和整顿期限，并予以公告。

第一百四十一条 整顿组有权监督被整顿保险公司的日常业务。被整顿公司的负责人及有关管理人员应当在整顿组的监督下行使职权。

第一百四十二条 整顿过程中，被整顿保险公司的原有业务继续进行。但是，国务院保险监督管理机构可以责令被整顿公司停止部分原有业务、停止接受新业务，调整资金运用。

第一百四十三条 被整顿保险公司经整顿已纠正其违反本法规定的行为，恢复正常经营状况的，由整顿组提出报告，经国务院保险监督管理机构批准，结束整顿，并由国务院保险监督管理机构予以公告。

第一百四十四条 保险公司有下列情形之一的，国务院保险监督管理机构可以对其实行接管：

（一）公司的偿付能力严重不足的；

（二）违反本法规定，损害社会公共利益，可能严重危及或者已经严重危及公司的偿付能力的。

被接管的保险公司的债权债务关系不因接管而变化。

第一百四十五条 接管组的组成和接管的实施办法，由国务院保险监督管理机构决定，并予以公告。

第一百四十六条 接管期限届满，国务院保险监督管理机构可以决定延长接管期限，但接管期限最长不得超过二年。

第一百四十七条 接管期限届满，被接管的保险公司已恢复正常经营能力的，由国务院保险监督管理机构决定终止接管，并予以公告。

第一百四十八条 被整顿、被接管的保险公司有《中华人民共和国企业破产法》第二条规定情形的，国务院保险监督管理机构可以依法向人民法院申请对该保险公司进行重整或者破产清算。

第一百四十九条 保险公司因违法经营被依法吊销经营保险业务许可证的，或者偿付能力低于国务院保险监督管理机构规定标准，不予撤销将严重危害保险市场秩序、损害公共利益的，由国务院保险监督管理机构予以撤销并公告，依法及时组织清算组进行清算。

第一百五十条 国务院保险监督管理机构有权要求保险公司股东、实际控制人在指定的期限内提供有关信息和资料。

第一百五十一条 保险公司的股东利用关联交易严重损害公司利益，危及公司偿付能力的，由国务院保险监督管理机构责令改正。在按照要求改正前，国务院保险监督管理机构可以限制其股东权利；拒不改正的，可以责令其转让所持的保险公司股权。

第一百五十二条 保险监督管理机构根据履行监督管理职责的需要，可以与保险公司董事、监事和高级管理人员进行监督管理谈话，要求其就公司的业务活动和风险管理的重大事项作出说明。

第一百五十三条 保险公司在整顿、接管、撤销清算期间，或者出现重大风险时，国务院保险监督管理机构可以对该公司直接负责的董事、监事、高级管理人员和其他直接责任人员采取以下措施：

（一）通知出境管理机关依法阻止其出境；

（二）申请司法机关禁止其转移、转让或者以其他方式处分财产，或者在财产上设定其他权利。

第一百五十四条 保险监督管理机构依法履行职责，可以采取下列措施：

（一）对保险公司、保险代理人、保险经纪人、保险资产管理公司、外国保险机构的代表机构进行现场检查；

（二）进入涉嫌违法行为发生场所调查取证；

（三）询问当事人及与被调查事件有关的单位和个人，要求其对与被调查事件有关的事项作出说明；

（四）查阅、复制与被调查事件有关的财产权登记等资料；

（五）查阅、复制保险公司、保险代理人、保险经纪人、保险资产管理公司、外国保险机构的代表机构以及与被调查事件有关的单位和个人的财务会计资料及其他相关文件和资料；对可能被转移、隐匿或者毁损的文件和资料予以封存；

（六）查询涉嫌违法经营的保险公司、保险代理人、保险经纪人、保险资产管理公司、外国保险机构的代表机构以及与涉嫌违法事项有关的单位和个人的银行账户；

（七）对有证据证明已经或者可能转移、隐匿违法资金等涉案财产或者隐匿、伪造、毁损重要证据的，经保险监督管理机构主要负责人批准，申请人民法院予以冻结或者查封。

保险监督管理机构采取前款第（一）项、第（二）项、第（五）项措施的，应当经保险监督管理机构负责人批准；采取第（六）项措施的，应当经国务院保险监督管理机构负责人批准。

保险监督管理机构依法进行监督检查或者调查，其监督检查、调查的人员不得少于二人，并应当出示合法证件和监督检查、调查通知书；监督检查、调查的人员少于二人或者未出示合法证件和监督检查、调查通知书的，被检查、调查的单位和个人有权拒绝。

第一百五十五条 保险监督管理机构依法履行职责，被检查、调查的单位和个人应当配合。

第一百五十六条 保险监督管理机构工作人员应当忠于职守，依法办事，公正廉洁，不得利用职务便利牟取不正当利益，不得泄露所知悉的有关单位和个人的商业秘密。

第一百五十七条 国务院保险监督管理机构应当与中国人民银行、国务院其他金融监督管理机构建立监督管理信息共享机制。

保险监督管理机构依法履行职责，进行监督检查、调查时，有关部门应当予以配合。

第七章 法律责任

第一百五十八条 违反本法规定，擅自设立保险公司、保险资产管理公司或者非法经营商业保险业务的，由保险监督管理机构予以取缔，没收违法所得，并处违法所得一倍以上五倍以下的罚款；没有违法所得或者违法所得不足二十万元的，处二十万元以上一百万元以下的罚款。

第一百五十九条 违反本法规定，擅自设立保险专业代理机构、保险经纪人，或者未取得经营保险代理业务许可证、保险经纪业务许可证从事保险代理业务、保险经纪业务的，由保险监督管理机构予以取缔，没收违法所得，并处违法所得一倍以上五倍以下的罚款；没有违法所得或者违法所得不足五万元的，处五万元以上三十万元以下的罚款。

第一百六十条 保险公司违反本法规定，超出批准的业务范围经营的，由保险监督管理机构责令限期改正，没收违法所得，并处违法所得一倍以上五倍以下的罚款；没有违法所得或者违法所得不足十万元的，处十万元以上五十万元以下的罚款。逾期不改正或者造成严重后果的，责令停业整顿或者吊销业务许可证。

第一百六十一条 保险公司有本法第一百一十六条规定行为之一的，由保险监督管理机构责令改正，处五万元以上三十万元以下的罚款；情节严重的，限制其业务范围、责令停止接受新业务或者吊销业务许可证。

第一百六十二条 保险公司违反本法第八十四条规定的，由保险监督管理机构责令改正，处一万元以上十万元以下的罚款。

第一百六十三条 保险公司违反本法规定，有下列行为之一的，由保险监督管理机构责令改正，处五万元以上三十万元以下的罚款：

（一）超额承保，情节严重的；

（二）为无民事行为能力人承保以死亡为给付保险金条件的保险的。

第一百六十四条　违反本法规定，有下列行为之一的，由保险监督管理机构责令改正，处五万元以上三十万元以下的罚款；情节严重的，可以限制其业务范围、责令停止接受新业务或者吊销业务许可证：

（一）未按照规定提存保证金或者违反规定动用保证金的；

（二）未按照规定提取或者结转各项责任准备金的；

（三）未按照规定缴纳保险保障基金或者提取公积金的；

（四）未按照规定办理再保险的；

（五）未按照规定运用保险公司资金的；

（六）未经批准设立分支机构的；

（七）未按照规定申请批准保险条款、保险费率的。

第一百六十五条　保险代理机构、保险经纪人有本法第一百三十一条规定行为之一的，由保险监督管理机构责令改正，处五万元以上三十万元以下的罚款；情节严重的，吊销业务许可证。

第一百六十六条　保险代理机构、保险经纪人违反本法规定，有下列行为之一的，由保险监督管理机构责令改止，处二万元以上十万元以下的罚款；情节严重的，责令停业整顿或者吊销业务许可证：

（一）未按照规定缴存保证金或者投保职业责任保险的；

（二）未按照规定设立专门账簿记载业务收支情况的。

第一百六十七条　违反本法规定，聘任不具有任职资格的人员的，由保险监督管理机构责令改正，处二万元以上十万元以下的罚款。

第一百六十八条　违反本法规定，转让、出租、出借业务许可证的，由保险监督管理机构处一万元以上十万元以下的罚款；情节严重的，责令停业整顿或者吊销业务许可证。

第一百六十九条　违反本法规定，有下列行为之一的，由保险监督管理机构责令限期改正；逾期不改正的，处一万元以上十万元以下的罚款：

（一）未按照规定报送或者保管报告、报表、文件、资料的，或者未按照规定提供有关信息、资料的；

（二）未按照规定报送保险条款、保险费率备案的；

（三）未按照规定披露信息的。

第一百七十条　违反本法规定，有下列行为之一的，由保险监督管理机构责令改正，处十万元以上五十万元以下的罚款；情节严重的，可以限制其业务范围、责令停止接受新业务或者吊销业务许可证：

（一）编制或者提供虚假的报告、报表、文件、资料的；

（二）拒绝或者妨碍依法监督检查的；

（三）未按照规定使用经批准或者备案的保险条款、保险费率的。

第一百七十一条 保险公司、保险资产管理公司、保险专业代理机构、保险经纪人违反本法规定的，保险监督管理机构除分别依照本法第一百六十条至第一百七十条的规定对该单位给予处罚外，对其直接负责的主管人员和其他直接责任人员给予警告，并处一万元以上十万元以下的罚款；情节严重的，撤销任职资格。

第一百七十二条 个人保险代理人违反本法规定的，由保险监督管理机构给予警告，可以并处二万元以下的罚款；情节严重的，处二万元以上十万元以下的罚款。

第一百七十三条 外国保险机构未经国务院保险监督管理机构批准，擅自在中华人民共和国境内设立代表机构的，由国务院保险监督管理机构予以取缔，处五万元以上三十万元以下的罚款。

外国保险机构在中华人民共和国境内设立的代表机构从事保险经营活动的，由保险监督管理机构责令改正，没收违法所得，并处违法所得一倍以上五倍以下的罚款；没有违法所得或者违法所得不足二十万元的，处二十万元以上一百万元以下的罚款；对其首席代表可以责令撤换；情节严重的，撤销其代表机构。

第一百七十四条 投保人、被保险人或者受益人有下列行为之一，进行保险诈骗活动，尚不构成犯罪的，依法给予行政处罚：

（一）投保人故意虚构保险标的，骗取保险金的；

（二）编造未曾发生的保险事故，或者编造虚假的事故原因或者夸大损失程度，骗取保险金的；

（三）故意造成保险事故，骗取保险金的。

保险事故的鉴定人、评估人、证明人故意提供虚假的证明文件，为投保人、被保险人或者受益人进行保险诈骗提供条件的，依照前款规定给予处罚。

第一百七十五条 违反本法规定，给他人造成损害的，依法承担民事责任。

第一百七十六条 拒绝、阻碍保险监督管理机构及其工作人员依法行使监督检查、调查职权，未使用暴力、威胁方法的，依法给予治安管理处罚。

第一百七十七条 违反法律、行政法规的规定，情节严重的，国务院保险监督管理机构可以禁止有关责任人员一定期限直至终身进入保险业。

第一百七十八条 保险监督管理机构从事监督管理工作的人员有下列情形之一的，依法给予处分：

（一）违反规定批准机构的设立的；

（二）违反规定进行保险条款、保险费率审批的；

（三）违反规定进行现场检查的；

（四）违反规定查询账户或者冻结资金的；

（五）泄露其知悉的有关单位和个人的商业秘密的；

（六）违反规定实施行政处罚的；

（七）滥用职权、玩忽职守的其他行为。

第一百七十九条 违反本法规定，构成犯罪的，依法追究刑事责任。

第八章 附则

第一百八十条 保险公司应当加入保险行业协会。保险代理人、保险经纪人、保险公估机构可以加入保险行业协会。

保险行业协会是保险业的自律性组织，是社会团体法人。

第一百八十一条 保险公司以外的其他依法设立的保险组织经营的商业保险业务，适用本法。

第一百八十二条 海上保险适用《中华人民共和国海商法》的有关规定；《中华人民共和国海商法》未规定的，适用本法的有关规定。

第一百八十三条 中外合资保险公司、外资独资保险公司、外国保险公司分公司适用本法规定；法律、行政法规另有规定的，适用其规定。

第一百八十四条 国家支持发展为农业生产服务的保险事业。农业保险由法律、行政法规另行规定。

强制保险，法律、行政法规另有规定的，适用其规定。

第一百八十五条 本法自2009年10月1日起施行。